원격수업 마스터하기

줌 & 구글 클래스룸 MS팀즈

줌&영상편집 편

BM (주)도서출판 성안당

예제 파일 다운로드

1 성안당 홈페이지(http://www.cyber.co.kr)에 접속하여 회원가입한 뒤 로그인하세요.

2 메인 화면 왼쪽의 (자료실)을 클릭하고 (자료실)의 버튼을 클릭한 다음 검색 창에서 '줌' 등 도서명 일부를 입력하고 (검색) 버튼을 클릭하세요.

3 검색된 목록을 클릭하고 자료 다운로드 바로가기 를 클릭하여 예제 파일을 다운로드한 다음 찾기 쉬운 위치에 압축을 풀어 사용하세요.

한 권으로 끝내는 비대면 수업을 위한
줌 & 구글 클래스룸, MS 팀즈

'환경이 변해도 교육만큼은 끊이지 않게 이어 나가야 한다.'

일선에서 교육을 담당하는 선생님과 부모님들의 한결같은 마음일 것입니다. 비단 코로나19로 인해 교육 환경이 어려워지더라도 최선의 방법을 찾아 최대한 효율적으로 교육을 진행시키려는 의지는 창의적이고 다양한 수업 방식으로 개발되고 있습니다. 그 방법 중의 하나가 바로 줌이나 구글 클래스룸, MS 팀즈, EBS 클래스 등 다양한 도구를 사용하여 온라인 수업을 진행하는 것입니다.

이 책에서는 대면 작업의 장점과 비대면 작업의 단점을 보완하여 회의나 수업을 할 수 있도록 구성된 줌의 효율적인 방법부터 소개합니다. 원격 수업이나 강의를 위한 줌 프로그램은 사용 방법이 간편하고, 쉽게 배울 수 있어 비대면 커뮤니케이션 도구로 많은 사랑을 받고 있습니다. 온라인 수업이나 사이버 강의를 위한 영상 편집 부분은 현재 중앙대학교의 온라인 수업 영상을 편집하는 과정 그대로를 담았습니다. 따라만하면 간결하고 심플한 영상 편집 방법을 학습할 수 있습니다.

또한, 비대면 수업을 위해 구글 클래스룸과 MS 팀즈, EBS 클래스도 핵심 기능을 뽑아 선보이고 있습니다. 수업을 개설한 다음 과제를 제작, 등록할 수 있으며, 학생들의 과제는 기준표를 이용하여 평가할 수 있습니다. 설문지 기능으로 단답형이나 장문형, 퀴즈 형태의 과제를 만들 수 있으며, 학생들에게 질문을 하고 해당 답변을 주고받을 수 있는 쌍방향 피드백이 가능합니다. 이러한 프로그램들은 온라인 수업에 최적화된 스마트폰 앱도 제공하여 언제 어디서나 수업이 가능합니다. 기본 학습 방식에서 창의성을 발휘하여 프로그램이나 앱을 적재적소에 함께 공유하고 사용하면 보다 효율적인 온라인 수업이 진행될 것입니다.

수업 일정을 짜고, 과제를 업로드하고, 평가하고 학생들이나 동료 선생님들과 커뮤니케이션 등 꼭 필요한 정보와 자료를 비대면 수업과 영상을 통해 피드백하고 효율적으로 작업하는 패턴은 앞으로도 더 확대될 것입니다. 비록 코로나19로 인해 비대면 수업을 할 수밖에 없는 상황이지만, 오히려 이러한 환경에서도 교육 방법을 개발하고 창의적으로 풀어나갈 수 있는 기회가 될 수 있을 것입니다.

이 책을 위해 원고를 집필해 주신 문택주 선생님, 이문형 교수님에게 감사함을 전합니다. 또한, 책이 기획되고 나오기까지 신경 써 주신 (주)성안당의 조혜란 부장님과 최옥현 상무이사님, 기획 편집 디자인을 담당한 앤미디어 박기은, 이미자, 이송이 님, 온라인 수업 촬영에 도움을 준 정선민, 유준상, 신혜수, 김범수 님, 베타테스터 전미애 님, 중앙대학교 윤지영 교수님, 영상 편집을 담당한 전은재 님에게 진심으로 고마움을 전합니다.

앤미디어

이 책의 구성

빠르고 손쉽게 화상 회의 및 온라인 강의를 개설하고 과제 제작, 평가, 강의 영상을 편집할 수 있도록
체계적인 구성을 제공하고 있습니다.

인터페이스 소개

화상 회의와 영상 편집을 위한
화면을 손쉽게 검색하고 기능
을 사용할 수 있도록 구성하였
습니다.

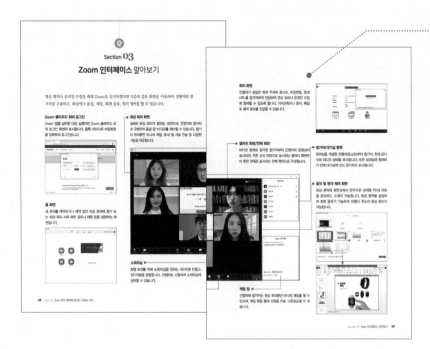

Zoom 사용 방법 소개

Zoom 사용 시 꼭 알아 두어야
할 내용들을 상세하게 소개하
고 있습니다. 영상 강의를 위
한 준비부터 촬영 방법까지 학
습해 보세요.

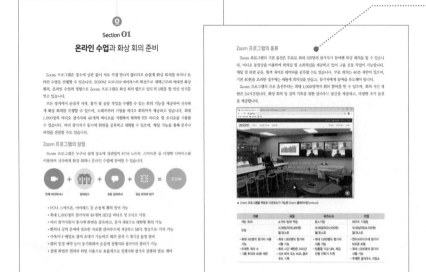

구글 클래스룸을 이용한 온라인
수업의 개설부터 과제 제작 &
평가, 수업 관리까지 따라하기
형식으로 구성하였습니다. 단계
별로 따라해 보세요.

알아두기

온라인 수업을 진행하면서 알아
두면 좋을 내용들을 참고 이미
지와 함께 정리하여 소개합니다.

MS 팀즈 사용 방법 소개

MS 팀즈를 이용한 수업 준비
부터 팀 만들기, 과제 제작과
평가까지 소개하고 있습니다.
단계별로 학습해 보세요.

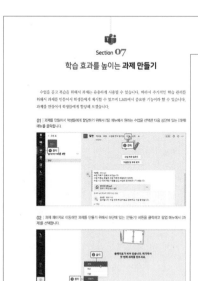

옵션 소개

MS 팀즈 사용 시 제공하는 옵
션의 기능을 소개하고 있습니
다. 필요한 옵션을 찾아 기능
을 학습해 보세요.

Part

03 온라인 강의 녹화와 무료 영상 편집하기

Zoom 화상 회의와 온라인 수업 시작하기

화상 회의나 온라인 수업을 위해 Zoom 프로그램 설치부터 회의 일정을 설정하고, 회의실에 참가자들을 참여시키는 방법에 대해 알아봅니다. 또한 회의 성격에 맞게 회의실을 세팅하고, 진행자 입장에서 참가자를 관리하는 방법에 대해 알아봅니다.

Part 1

Section 01

온라인 수업과 화상 회의 준비

Zoom 프로그램은 장소에 상관 없이 서로 직접 만나지 않더라고 손쉽게 화상 회의를 하거나 온라인 수업을 진행할 수 있습니다. 2020년 코로나19 바이러스의 확산으로 재택근무와 비대면 화상 회의, 온라인 수업의 영향으로 Zoom 프로그램은 화상 회의 앱으로 압도적 1위를 할 만큼 인기를 얻고 있습니다.

모든 장치에서 손쉽게 시작, 참가 및 공동 작업을 수행할 수 있는 회의 기능을 제공하여 신속하게 화상 회의를 진행할 수 있으며, 소회의부터 기업용 비디오 회의까지 제공하고 있습니다. 최대 1,000명의 비디오 참가자와 49개의 비디오를 지원하여 회의에 HD 비디오 및 오디오를 사용할 수 있습니다. 여러 참가자가 동시에 화면을 공유하고 대화할 수 있으며, 채팅 기능을 통해 문자나 파일을 전달할 수도 있습니다.

Zoom 프로그램의 장점

Zoom 프로그램은 누구나 쉽게 장소에 상관없이 PC나 노트북, 스마트폰 등 다양한 디바이스를 이용하여 신속하게 화상 회의나 온라인 수업에 참여할 수 있습니다.

언제 어디에서나　　참여하고　　모든 장치에서　　영상 회의에 참가

- PC나 스마트폰, 아이패드 등 손쉽게 회의 참여 가능
- 최대 1,000명의 참가자와 49개의 HD급 비디오 및 오디오 지원
- 여러 참가자들이 동시에 화면을 공유하고, 문자 채팅으로 대화형 회의 가능
- 회의나 강의 준비에 필요한 자료를 클라우드에 저장하고 MP4 영상으로 기록 가능
- 카톡이나 메일로 참여 초대가 가능하고 회의 참석 시 대기실 운영 관리
- 회의 일정 예약 등이 동기화되어 손쉽게 진행자와 참가자의 관리가 가능
- 전체 화면과 갤러리 화면 사용으로 효율적으로 진행자와 참가자 진행과 발표 제어

Zoom 프로그램의 종류

Zoom 프로그램의 기본 옵션은 무료로 최대 100명의 참가자가 참여해 화상 회의를 할 수 있습니다. 비디오 동영상을 이용하여 회의실 및 소회의실을 제공하고 있어 그룹 공동 작업이 가능합니다. 채팅 및 화면 공유, 원격 제어로 데이터를 공유할 수도 있습니다. 무료 회의는 40분 제한이 있으며, 기본 40분을 초과한 경우에는 새롭게 회의실을 만들고, 참가자에게 참여를 유도해야 합니다.

Zoom 프로그램의 프로 옵션부터는 최대 1,000명까지 회의 참여를 할 수 있으며, 회의 시간 제한은 24시간입니다. 화상 회의 및 강의 기록을 위한 클라우드 공간을 제공하고, 다양한 추가 옵션을 제공합니다.

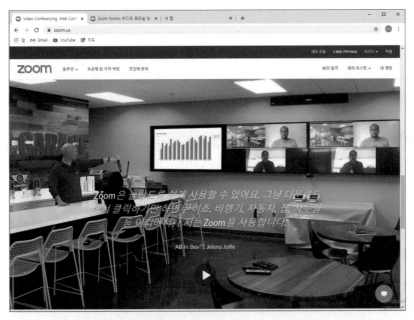

▲ Zoom 프로그램을 무료로 다운로드가 가능한 Zoom 홈페이지(Zoom.us)

기본	프로	비즈니스	기업
개인 회의	소규모 팀에 적합	중소기업	대규모 기업용
무료	149.9달러/연/라이선스	199.9달러/연/라이선스	199.9달러/연/라이선스
• 최대 100명의 참가자 사용 가능 • 무제한 회의 수 • 그룹 회의에 40분 제한	• 최대 100명의 참가자 사용 가능 • 회의 시간 제한은 24시간 • 1GB MP4 또는 M4A 클라우드 기록	• 최대 300명의 참가자 사용 가능 • 맞춤형 가상 URL 제공 • 전용 전화기 지원	• 엔터프라이즈에 참가자 500명 포함 • 최대 1,000명의 참가자 사용 가능 • 무제한 클라우드 저장소

▲ 줌 용도별 솔루션과 가격(출처 : zoom.us/pricing)

Section **O2**

줌(Zoom) 계정 만들기

화상 수업을 하기 위해 Zoom 프로그램을 설치해 보겠습니다. 먼저 Zoom 사이트(zoom.us)에 접속하여 Zoom 프로그램을 다운로드한 다음 설치를 진행합니다.

01 │ 웹 브라우저에서 'zoom.us'를 입력하여 Zoom 사이트에 접속합니다. 무료 회원 가입을 위해 (무료로 가입하세요) 버튼을 클릭합니다.

02 │ 인증을 위해 생년월일을 지정한 다음 (계속) 버튼을 클릭합니다.

03 │ 이메일 주소를 입력한 다음 (가입) 버튼을 클릭합니다. 만약 이미 계정이 있는 경우에는 (로그인)을 클릭합니다.

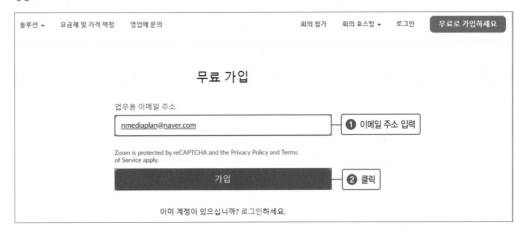

04 │ 입력한 메일 주소로 계정을 확인하는 메일이 발송됩니다.

05 │ 입력한 메일을 확인하면 계정 활성화 메일이 도착한 것을 확인할 수 있습니다. (계정 활성화) 버튼을 클릭합니다.

06 | Zoom 사이트로 연결되며, 학교를 대신하여 가입을 하는지 묻는 화면이 표시됩니다. '예' 또는 '아니오'를 선택하고 (계속) 버튼을 클릭합니다.

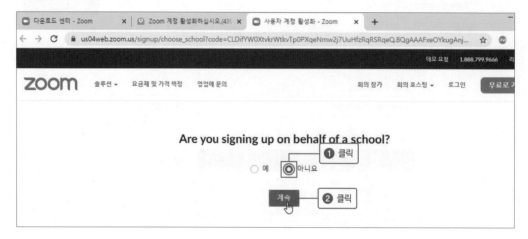

07 | 가입자 이름을 입력한 다음 비밀번호를 설정합니다. 비밀번호는 문자와 숫자, 대소문자의 조합으로 입력한 다음 (계속) 버튼을 클릭합니다.

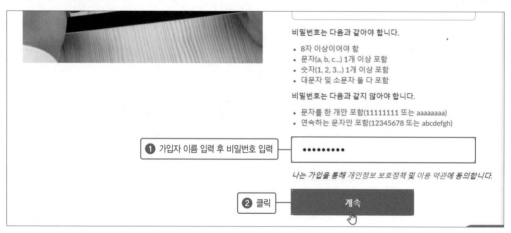

08 | 동료를 초대하는 화면이 표시되면 '로봇이 아닙니다' 체크박스를 체크하고, (이 단계 건너뛰기)를 클릭합니다.

09 │ Zoom 계정 설정이 완료되었습니다. 회의 테스트 화면이 표시되면 [내 계정으로 가기] 버튼을 클릭합니다.

10 │ 내 계정 화면이 표시됩니다. Zoom 계정이 설정되었습니다.

알아두기 │ **내 계정 수정 편집하기**

계정 설정한 내용을 내 계정 화면에서 수정, 편집이 가능합니다. 로그인 이메일부터 언어, 로그인 비밀번호까지 수정을 원하는 항목의 [편집]을 눌러 변경합니다.

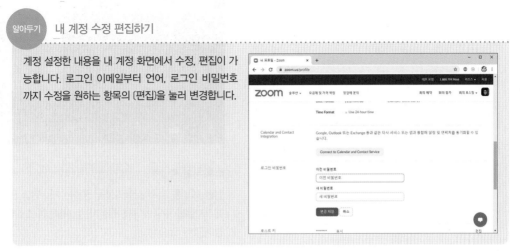

Section 03

Zoom 인터페이스 살펴보기

영상 회의나 온라인 수업을 위해 Zoom을 설치하였다면 다음과 같은 화면을 이용하여 진행자와
참가자를 구분하고, 화상이나 음성, 채팅, 화면 공유, 원격 제어를 할 수 있습니다.

Zoom 클라우드 회의 로그인

Zoom 앱을 설치한 다음 실행하면 Zoom 클라우드 회
의 로그인 화면이 표시됩니다. 등록 아이디와 비밀번호
를 입력하여 로그인합니다.

홈 화면

새 회의를 예약하거나 예약 없이 바로 회의에 참가 또
는 화상 회의 시에 화면 공유나 채팅 등을 설정하는 화
면입니다.

화상 회의 화면

실제로 화상 회의가 열리는 화면으로, 운영자와 참가자
로 구분하여 음성 및 비디오를 제어할 수 있습니다. 참가
자 관리뿐만 아니라 채팅 초대 및 자료 전송 등 다양한
기능을 제공합니다.

소회의실

팀별 회의를 위해 소회의실을 원하는 개수만큼 만들고,
참가자들을 할당합니다. 진행자는 선별하여 소회의실에
참여할 수 있습니다.

회의 화면

진행자가 설정한 회의 주제와 호스트, 비밀번호, 초대
URL을 참가자에게 전달하여 영상 회의나 온라인 수업
에 참여할 수 있도록 합니다. 카카오톡이나 문자, 메일
로 회의 정보를 전달할 수 있습니다.

갤러리 화면/전체 화면

비디오 참여로 참가한 참가자부터 진행자의 동영상이
표시되며, 작은 조각 이미지로 표시되는 갤러리 화면부
터 화면 전체로 표시되는 전체 화면으로 구성됩니다.

참가자/대기실 항목

회의실을 개설한 진행자(호스트)부터 참가자, 현재 오디
오와 비디오 상태를 표시합니다. 또한 회의실에 참여하
기 전에 대기실에 있는 참가자도 표시됩니다.

공유 및 원격 제어 화면

화상 회의와 화면상에서 원격으로 상대방 PC의 자료
를 공유하고, 수정이 가능합니다. 특정 영역을 설정하
여 화면 공유가 가능하여 진행자 주도의 화상 회의가
가능합니다.

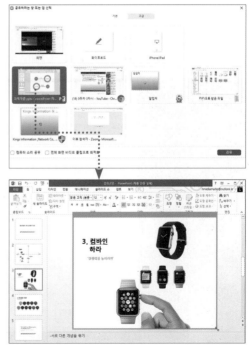

채팅 창

진행자와 참가자는 영상 회의뿐만 아니라 채팅을 할 수
있으며, 채팅 창을 통해 파일을 전송, 다운로드할 수 있
습니다.

Section 04

프로필 사진 설정하기

내 계정의 얼굴이 되는 프로필 사진을 설정해 보겠습니다. 프로필 사진은 미리 스마트폰이나 디지털 카메라로 촬영한 사진을 내 PC에 저장해 준비합니다.

01 | 내 계정 화면이 표시되면 프로필 사진을 완성하기 위해 (변경)을 클릭합니다.

02 | 사진 변경 대화상자가 표시되면 (업로드) 버튼을 클릭합니다.

03 | 자신의 프로필 사진이 저장되어 있는 폴더에서 사진을 선택한 다음 (열기) 버튼을 클릭합니다.

04 | 프로필 사진이 표시됩니다. 바운딩박스를 드래그하여 사진이 표시되는 영역을 지정한 다음 (저장) 버튼을 클릭합니다.

05 | 내 계정 설정이 완성되었습니다. 기본적으로 40분 동안 무료로 영상 회의를 할 수 있으며, 최대 100명의 참가자를 불러올 수 있습니다.

Section 05

Zoom 실행 파일 **다운로드하여 설치하기**

　내 계정이 만들어졌다면 Zoom 프로그램을 설치합니다. Zoom 사이트(zoom.us)에서 프로그램을 다운로드한 다음 실행 파일을 실행하여 프로그램을 설치해 보겠습니다.

01 │ Zoom 사이트(zoom.us)의 상단 메뉴에서 (리소스) → 'Zoom 클라이언트 다운로드'를 선택합니다.

02 │ 다운로드 센터의 회의용 Zoom 클라이언트 항목에서 (다운로드) 버튼을 클릭합니다.

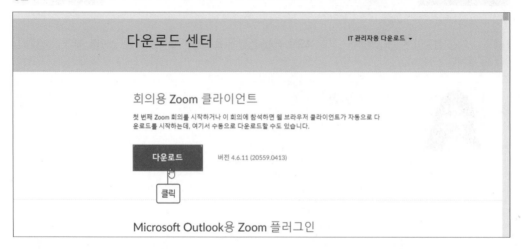

03 Zoom 프로그램이 다운로드됩니다. 웹 브라우저 하단에 'Zoominstaller.exe' 파일이 다운로드되면 더블 클릭하여 설치합니다.

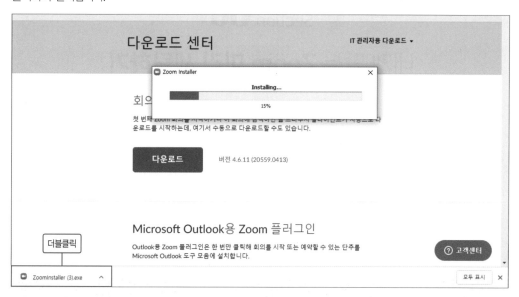

알아두기 **무료 Zoom에서 유료 Zoom 설치하기**

❶ 무료 Zoom 프로그램을 설치한 상태에서 유료 Zoom 프로그램으로 업그레이드하려 면 Zoom 회의 요금제(zoom.us/pricing)에 서 원하는 요금제를 선택합니다.

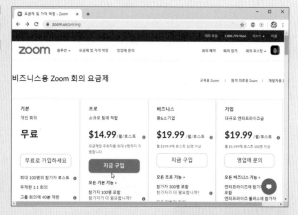

❷ 결제 방법을 위해 결제 카드 번호 및 유효 기간을 입력하여 카드 결제를 완료합니다.

Section 06

내게 맞는 Zoom 미리 세팅하기

Zoom 프로그램을 이용하여 회의를 시작하기 전에 내게 필요한 설정을 미리 세팅해 놓으면, 필요할 때마다 수정할 필요가 없습니다. Zoom 사이트에서 미리 설정하는 방법에 대해 알아보겠습니다.

01 | Zoom 사이트(zoom.us)에 가입한 다음 Zoom 프로그램을 사용하기 전에 (내 계정)을 클릭합니다.

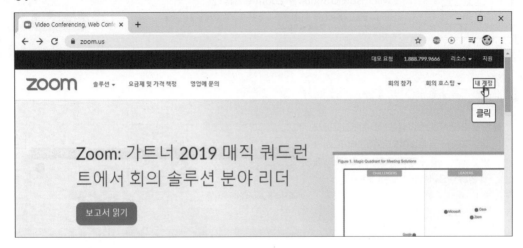

02 | 내 계정 정보가 표시됩니다. 왼쪽 메뉴에서 (설정)을 선택합니다.

03 | 설정 옵션이 표시됩니다. 설정 화면은 크게 회의와 기록, 전화로 구분되어 있습니다. 화면을 하단으로 내려 옵션을 확인합니다.

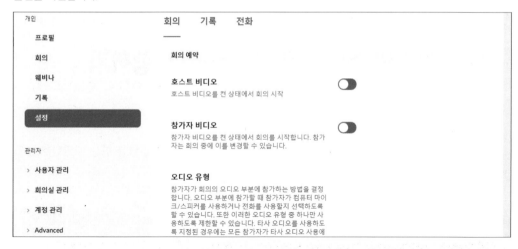

04 | 설정 옵션에서 (채팅) 옵션은 참가자에게 비디오 외에 문자로 메시지를 보낼 수 있는 옵션입니다. (파일 전송)은 옵션은 채팅 창을 이용하여 파일을 보낼 수 있습니다.

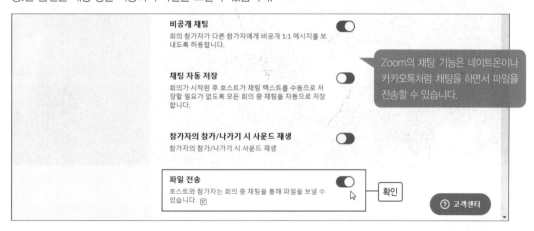

05 | (대기실) 옵션을 눌러 활성화합니다. 참가자가 회의에 참여할 때 일단 대기실에서 대기한 다음 진행자가 회의 참여를 수락하면 참여가 가능하도록 합니다.

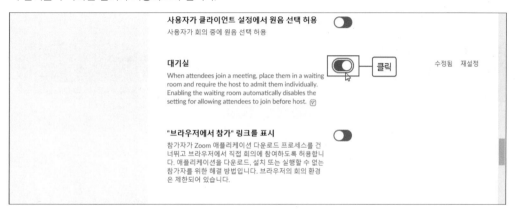

Section 07

온라인 수업을 위한 Zoom 실행하기

Zoom 프로그램을 실행하기 위해 계정 가입 시 등록한 메일 주소를 입력한 다음 비밀번호를 입력하여 홈 화면이 표시되도록 합니다.

01 | Zoom 프로그램을 실행하기 위해 윈도우 시작 버튼을 누른 다음 'Start Zoom' 메뉴를 선택합니다.

> **알아두기** 메뉴에 표시되어 있지 않다면 윈도우 검색창에 'zoom'이라고 입력하여 실행합니다.

02 | 웹 브라우저와는 상관없이 Zoom 프로그램이 실행됩니다. Zoom 클라우드 회의 대화상자가 표시되면 (로그인) 버튼을 클릭합니다.

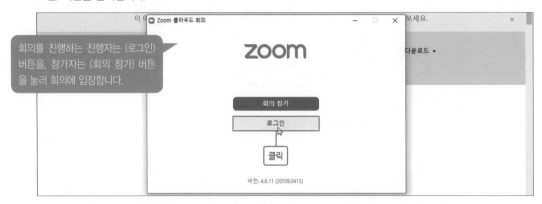

03 | 계정 가입 시 등록한 메일 주소를 입력한 다음 비밀번호를 입력하고, (로그인) 버튼을 클릭합니다.

04 | 홈 화면이 표시됩니다. 바로 회의를 시작할 수 있는 (새 회의) 버튼과 회의를 예약할 수 있는 (예약) 버튼, 회의에 참가할 수 있는 (참가) 버튼, 화면을 공유할 수 있는 (화면 공유) 버튼이 표시됩니다.

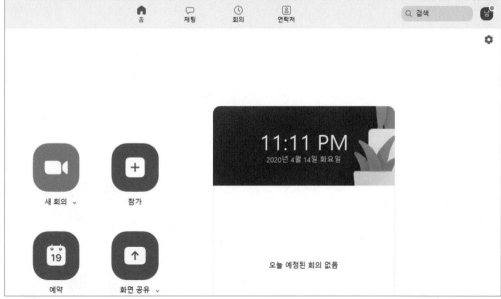

알아두기 로그인이 번거롭다면

Zoom 프로그램을 실행할 때마다 이메일과 비밀번호 입력이 번거롭다면 구글이나 페이스북을 사용하여 로그인할 수 있습니다. 페이스북 사용자라면 페이스북 계정으로 Zoom 계정을 만들면 이후 한 번의 클릭으로 Zoom 프로그램을 로그인할 수 있습니다.

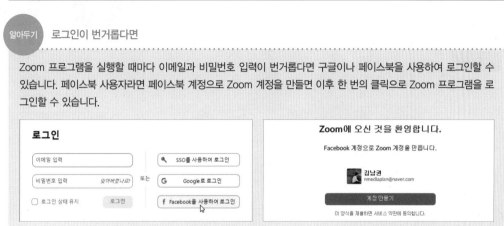

Section 08

Zoom 홈 화면 살펴보기

홈 화면은 화상 회의나 온라인 수업을 하기 전에 회의 시작과 세팅, 화면 공유, 참가자 초대 등을 할 수 있습니다. 홈 화면 구성은 크게 상단 메뉴와 메인 메뉴, 설정 아이콘으로 구성되어 있습니다.

❶ 새 회의

예약 없이 바로 회의실을 개설하여 화상 회의를 할 때 사용합니다.

❷ 연락처

참가자들의 연락처를 추가하거나 중요도 표시, 앱이나 클라우드 연락처로 등록이나 연결이 가능합니다.

❸ 내 상태 표시

현재 내 상태를 대화 가능, 자리 비움, 방해 금지 등으로 표시가 가능하며, 내 프로필과 도움말 등을 확인할 수 있습니다.

❹ 예약

회의를 예약할 때 사용합니다. 회의 날짜와 시간, 회의 기간, 비디오와 오디오 등 미리 설정이 가능합니다.

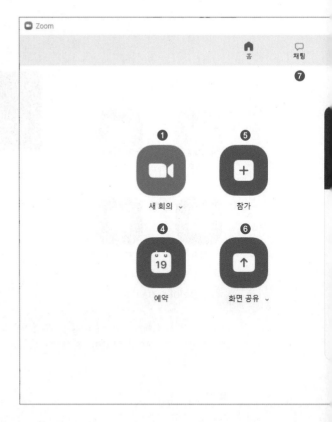

❺ 참가

회의에 참가하기 위해 회의 ID 또는 개인 이름을 입력하고 참가합니다. 회의 참가 시 오디오나 비디오를 연결하지 않고 참여할 수 있습니다.

❻ 화면 공유

자신이 사용하는 PC의 화면을 공유할 때 사용합니다. 화면 공유는 회의를 진행하면서 사용하는 경우가 대부분입니다.

❼ 채팅

참가자와 문자를 이용해 채팅을 하거나 회의 중에 채팅한 내용이 표시됩니다.

❽ 회의

예약한 회의 목록을 표시하며, 회의 정보를 편집하거나 삭제할 수 있습니다.

❾ 업데이트 확인

새로운 버전으로 업데이트할 경우 이 메뉴를 선택하여 줌 프로그램을 업데이트합니다.

Section 09

빠르게 **새 회의 개설하기**

화상 회의를 할 때 일정에 상관없이 바로 회의를 할 경우가 발생합니다. 이런 경우 선택의 여지 없이 자신의 얼굴을 공개하면서 바로 새 회의를 실행할 수 있습니다.

01 | Zoom 프로그램을 실행하기 위해 윈도우 시작 버튼을 클릭한 다음 Start Zoom 메뉴를 선택합니다. Zoom 클라우드 회의 대화상자가 표시되면 (로그인) 버튼을 클릭합니다.

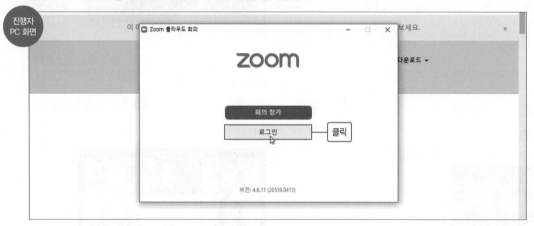

02 | 계정 가입 시 등록한 메일 주소를 입력한 다음 비밀번호를 입력하고, (로그인) 버튼을 클릭합니다. 홈 화면 이 표시되면 새 회의를 만들기 위해 (새 회의) 버튼을 클릭합니다.

03 | 오디오 참가 대화상자가 표시됩니다. 처음 접속한 사용자는 스피커와 마이크가 제대로 Zoom에서 작동하는지 확인하기 위해 (스피커 및 마이크 테스트)를 클릭합니다.

회의 진행자든, 참가자든 간에 (컴퓨터 오디오로 참가) 버튼을 눌러 회의 참여 시 비디오나 오디오가 제대로 작동하는지 꼭 확인해야 합니다.

04 | 스피커 테스트가 시작됩니다. 벨소리가 울리며, 벨소리가 들리면 (예) 버튼을 클릭합니다.

05 | 마이크 테스트가 시작됩니다. 마이크로 재생되는 소리가 들리면 (예) 버튼을 클릭합니다.

06 | 스피커와 마이크 테스트가 이상 없다면 〔컴퓨터 오디오로 참가〕 버튼을 클릭합니다.

07 | 새 회의를 개설하기 위해 〔컴퓨터 오디오로 참가〕 버튼을 클릭합니다. 회의에 참여할 때 자동 오디오로 참여하기를 원할 때는 대화상자 하단의 체크박스를 선택합니다.

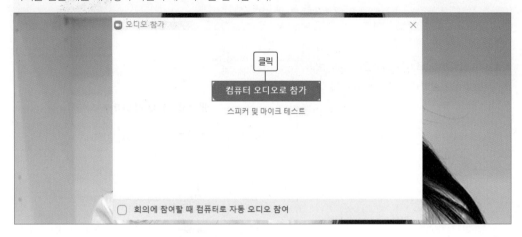

08 | 그림과 같이 화면에 진행자의 얼굴이 비디오로 표시됩니다. 〔참가자 관리〕를 클릭하면 오른쪽 화면에 참가자는 현재 1명으로 표시되며, 진행자는 이름과 호스트로 표시됩니다.

Section 10

일정에 맞게 **새 회의 예약하기**

온라인 수업이나 화상 회의를 하기 위해서는 참가자에게 일정과 시간을 메일이나 카톡으로 알려야 합니다. 진행자가 일정에 맞게 새 회의를 예약하는 방법에 대해 알아보겠습니다.

01 | Zoom 프로그램을 실행하기 위해 윈도우 시작 버튼(■)을 클릭한 다음 'Zoom' 메뉴를 선택합니다. Zoom 클라우드 회의 대화상자가 표시되면 [로그인] 버튼을 클릭합니다.

02 | 홈 화면이 표시되면 새 회의를 예약하기 위해 [예약] 버튼을 클릭합니다.

03 │ 회의 예약 대화상자가 표시되면 회의 주제를 주제 입력 창에 입력한 다음 시작 항목에서 날짜를 지정합니다.

04 │ 회의 ID는 '자동으로 생성'으로 지정한 다음 무료 회의일 경우에는 비밀번호는 필요 없으며, 유료 회의일 경우에는 '회의 비밀 번호 필요' 항목에 비밀번호를 입력합니다.

05 | 추가로 고급 옵션을 선택한 다음 참가자가 대기할 수 있는 '대기실 사용'을 체크합니다.

06 | 입장 시 참가자의 소음을 줄이기 위해 '입장 시 참가자 음소거'를 체크하고 (예약) 버튼을 클릭합니다. 회의 예약이 저장됩니다.

Section 11

예약 회의 **일정 변경하기**

회의나 수업을 예약하였다가 일정의 변화도 수정할 경우가 발생합니다. 이런 경우에 예약 회의 일정을 변경하는 방법을 알아보겠습니다.

01 | 새 회의를 예약한 상태에서 홈 화면에서 (회의)를 클릭합니다.

02 | 예약 회의 화면이 표시됩니다. 이전에 예약해 놓은 회의 날짜와 시간 등 예약 일정을 볼 수 있습니다.

03 │ 회의 일정을 변경하기 위해 (편집) 버튼을 클릭합니다.

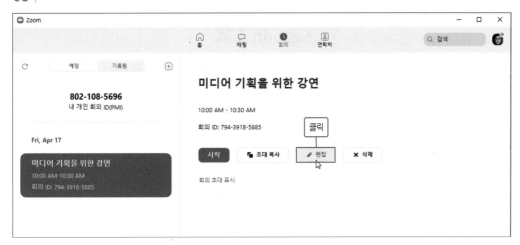

04 │ 시작 항목에서 주제명을 변경할 수도 있으며, 회의 날짜를 선택하여 변경할 수 있습니다. 회의 내용을 수정하였다면 (저장) 버튼을 클릭합니다.

Section 12

회의 참여를 **카카오톡으로 알리기**

회의나 강의에 참여시키려는 사용자에게 알림을 하기 위해 카카오톡을 사용할 수 있습니다. 초대 URL을 단톡방 등에 올려 참여할 수 있도록 설정해 보겠습니다.

01 | Zoom 프로그램을 실행하기 위해 윈도우 시작 버튼을 누른 다음 'Start Zoom' 메뉴를 선택합니다. Zoom 클라우드 회의 대화상자가 표시되면 [로그인] 버튼을 클릭합니다.

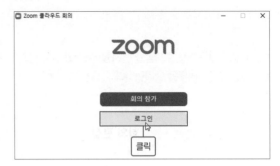

02 | 새 회의를 예약한 상태에서 홈 화면에서 [회의]를 클릭합니다. 홈 화면이 표시되면 회의를 시작하기 위해 [시작] 버튼을 클릭합니다.

03 | 오디오 참가 대화상자가 표시되면 화면 여백 부분으로 드래그해 위치를 이동합니다.

> 오디오 참가 대화상자를 여백으로 이동하는 이유는 초대 URL이 가려져 있기 때문입니다.

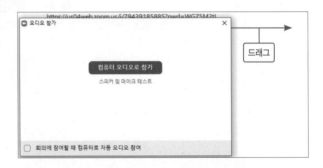

04 | 초대 URL 항목에서 (URL 복사)를 클릭하면 초대 URL이 한번에 복사됩니다.

05 | 카카오톡을 실행한 다음 회의에 참여시키려는 참가자에게 Ctrl + V 를 눌러 초대 URL을 전송합니다. 단톡방을 만들어 한번에 초대 URL을 전달하는 것도 좋은 방법입니다.

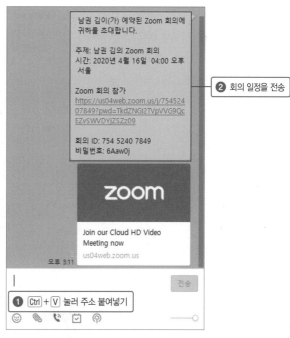

알아두기 화상 회의 중간에 초대 URL을 확인하려면

간혹 화상 회의나 온라인 수업 중간에 현재 회의실의 초대 URL이 필요한 경우가 있습니다. 예약 회의가 아닌 바로 (새 회의)를 만든 다음 참가자를 부를 때 유용합니다. 화상 화면 왼쪽 상단의 (🔘) 아이콘을 클릭하면 회의 ID와 초대 URL이 표시되며, 참가자에게 이러한 정보를 보내 회의 참여를 유도합니다.

Section 13

회의 참여를 **이메일로 알리기**

회의나 강의에 참여시키려는 사용자에게 알림을 하기 위해 이메일을 사용할 수 있습니다. 초대 URL을 기본 이메일인 아웃룩 메일이나 G 메일, 야후 메일을 선택하면 자동으로 알림 내용이 첨부됩니다.

01 │ Zoom 프로그램을 실행하기 위해 윈도우 시작 버튼(■)을 누른 다음 'Zoom' 메뉴를 선택합니다. Zoom 클라우드 회의 대화상자가 표시되면 [로그인] 버튼을 클릭합니다.

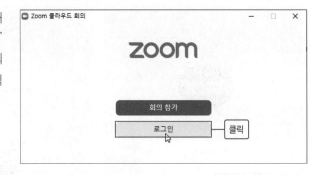

02 │ 새 회의를 예약한 상태에서 홈 화면에서 [회의(⏰)]를 클릭합니다.

03 │홈 화면이 표시되면 회의를 시작하기 위해 [시작] 버튼을 클릭합니다.

04 | 오디오 참가 대화상자가 표시되면 화면 여백 부분으로 드래그해 위치를 이동한 다음 (다른 사람 초대) 아이콘을 클릭합니다.

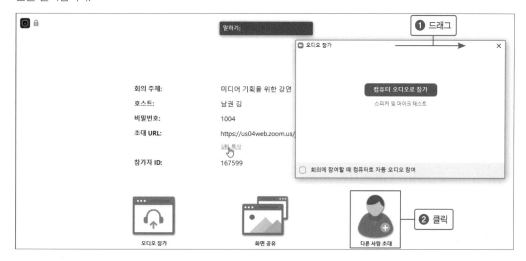

05 | 화면 상단에 (이메일)을 선택한 다음 초대를 보낼 이메일 서비스를 선택합니다. 메일 계정이 있는 메일을 선택하면 되며, 예제에서는 (기본 이메일) 아이콘을 클릭합니다.

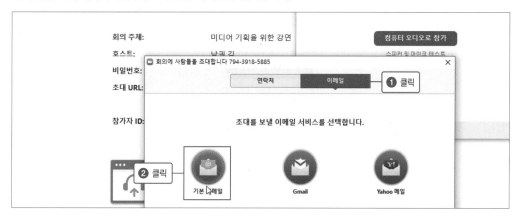

06 | 아웃룩 메일 쓰기가 표시되며, 자동으로 초대 메일과 회의 ID, 패스워드가 첨부되었습니다. 참여시키려는 참가자를 받는 사람 항목에 메일 주소를 입력하고 (보내기) 버튼을 클릭합니다.

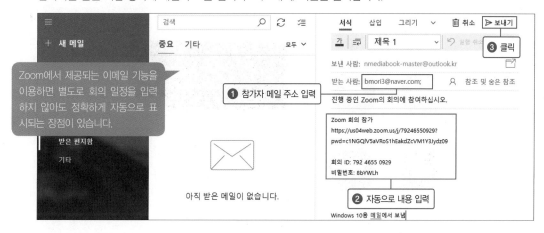

Section 14

참가자의 **회의 참여 수락하기**

진행자가 회의를 시작한 상태에서 참가자가 초대 URL로 회의에 대기하게 되면 진행자는 참가자의 참여 여부를 선별하여 회의 참여를 수락할 수 있습니다.

01 | Zoom 프로그램을 실행하기 위해 윈도우 시작 버튼을 클릭한 다음 Start Zoom 메뉴를 선택합니다. Zoom 클라우드 회의 대화상자가 표시되면 (로그인) 버튼을 클릭합니다.

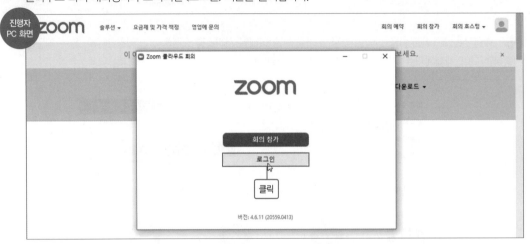

02 | 새 회의를 예약한 상태에서 홈 화면에서 (회의)를 클릭합니다.

03 | 홈 화면이 표시되면 회의를 시작하기 위해 (시작) 버튼을 클릭합니다.

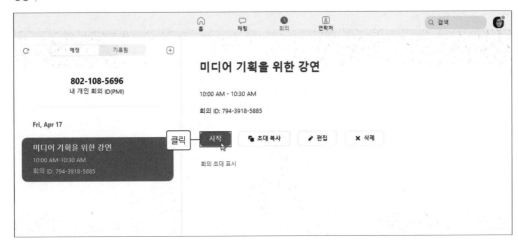

04 | 오디오 참가 대화상자가 표시되면 (컴퓨터 오디오로 참가) 버튼을 클릭합니다.

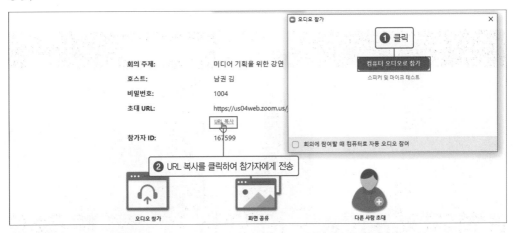

05 | 참가자가 참여를 요청하는 메일을 받고, 초대 URL로 접속하면 다음과 같이 화면 하단에 참가자가 대기실에 입장했다는 메시지가 표시됩니다. (수락) 버튼을 클릭합니다.

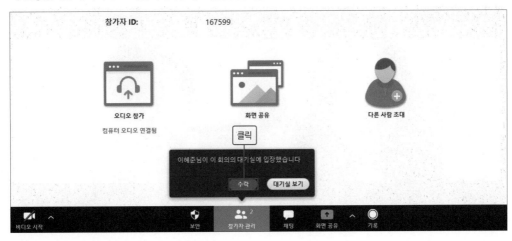

06 | 화면과 같이 기본적으로 참가자의 얼굴이 메인 화면에 표시됩니다. 진행자는 상단에 프로필 사진으로 표시됩니다. 진행자가 준비가 되었다면 (비디오 시작) 버튼을 클릭합니다.

07 | 화면 상단에 진행자의 프로필 사진이 없어지면서 비디오 촬영이 시작됩니다. 참가자도 진행자의 비디오 화면을 볼 수 있게 됩니다. 화면을 갤러리 형태로 보기 위해 (갤러리 보기) 버튼을 클릭합니다.

08 | 그림과 같이 동일한 화면 크기의 갤러리 형태로 화상을 표시합니다.

09 | 화상 회의 중에도 참가자가 접속해 오면 화면 하단에 참가자가 회의 대기실에 입장했다는 알람이 표시됩니다. 〔수락〕 버튼을 클릭합니다.

10 | 참가자가 비디오 중지 상태로 입장하면 그림과 같이 화상이 표시되지 않고, 참가자의 이름만 표시됩니다. 〔참가자 관리〕 버튼을 클릭하면 오른쪽 화면에 참가자의 사운드와 비디오 상태가 표시됩니다.

Section 15

참가자들 **한번에 입장시키기**

다수의 참가자들이 회의 중에 지속적으로 들어오는 것을 막기 위해, 일단 참가자들을 대기실에 대기시킨 다음 한번에 참여시키도록 합니다.

01 | 참가자들이 접속하면 대기실에 대기시켜 보겠습니다. 새 회의를 예약한 상태에서 홈 화면에서 (예약)을 누릅니다.

02 | 회의 예약 화면의 고급 옵션에서 (대기실 사용)을 체크한 다음 (예약) 버튼을 클릭합니다.

> 대기실을 사용하면 선별하여 참가자를 회의에 참여시킬 수 있으며, 수업 중간에 들어오는 참가자를 막을 수 있습니다.

03 | 회의를 시작한 다음 참가자들이 회의실에 접속하면 '이 회의의 대기실에 입장했습니다.'라고 메시지가 표시됩니다. 〔대기실 보기〕 버튼을 클릭합니다.

04 | 대기실에 참가자들이 대기하고 있는 것을 볼 수 있습니다. 대기하고 있는 참가자들에게 메시지를 보내기 위해 오른쪽 상단의 〔메시지〕를 누른 다음 메시지 입력 창에 보낼 메시지를 입력합니다.

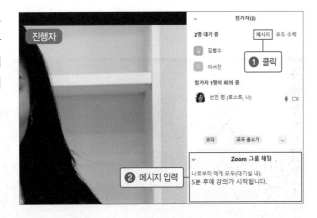

05 | 참가자들의 화면에는 진행자가 보낸 메시지를 확인할 수 있습니다.

06 | 대기실에 있는 모든 참가자들을 한번에 화상 회의에 참여시키기 위해 〔모두 수락〕 버튼을 클릭합니다.

Section 16

회의실에서 **대기실로 보내 대기시키기**

진행자는 회의에 참여한 참가자 중에서 대기실에 대기시킬 수 있습니다. 대기실에서 대기를 하면 회의에 참여할 수 없으며, 진행자의 수락이 있어야 회의에 참여할 수 있습니다.

01 │ 화상 회의에 참여한 참가자를 대기실로 이동시키겠습니다. 참가자 중에서 대기실로 보내려는 참가자를 선택하고 (더 보기) 버튼을 클릭합니다.

02 │ 표시되는 팝업 메뉴에서 (대기실에 배치)를 선택합니다.

03 │ 해당 참가자가 회의실에서 대기실로 배치되는 것을 확인할 수 있습니다.

Section 17

특정 참가자에게 **발표시키기**

    참가자는 회의 진행 중에 특정 참가자를 발표시켜서 화면에 집중시킬 수 있습니다. 추천 비디오 기능을 이용하여 발표자를 집중시켜 보겠습니다.

01 | 특정 참가자에게 집중해서 발표시키기 위해 예제에서는 하단의 참가자2 를 선택합니다.

02 | 참가자를 선택하면 화면 상단에 표시되는 [···] 버튼을 클릭하여 표시되는 팝업 메뉴에서 [추천 비디오]를 선택합니다.

03 │ 그림과 같이 진행자와 다른 참가자는 상단에 위치하며, 선택된 참가자는 비디오 화면이 확대됩니다. 해당 참가자는 발표를 하거나 집중시킬 수 있습니다.

04 │ 발표 후에 다시 원상태로 되돌리기 위해서는 화면의 왼쪽 상단의 (추천 비디오 취소)를 클릭합니다.

Section 18

특정 참가자 **강퇴시키기**

　진행자는 대기실이나 회의실에 참석한 참가자 중에서 의도하지 않은 참가자나 잘못 들어온 참가
자를 강퇴시킬 수 있습니다. 강퇴를 당한 참가자는 해당 회의에 다시 참여할 수는 없습니다.

01 | 특정 참가자를 강퇴시키기 위해 해당 참가자를 선택한 다음 (제거) 버튼을 클릭합니다.

02 | 참가자를 삭제하면 다시 회의에 참가할 수 없다는 경고 대화상자가 표시됩니다. (제거) 버튼을 클릭합니다.

03 | 제외된 참가자의 PC 화면에는 '호스트가 이 회의에서 귀하를 제외했습니다.'라는 문구가 표시됩니다. (확인) 버튼을 클릭합니다.

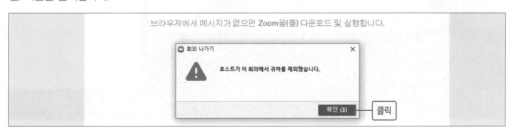

Section 19

진행자가 참가자의 **음성과 비디오 관리하기**

진행자는 참가자의 음성과 비디오를 소거하거나 사용 가능하게 설정이 가능합니다. 단지 비디오는 참가자에게 시청 가능하도록 요청하여 참가자가 수락하였을 때 사용이 가능합니다.

01 | 진행자의 강의가 들리도록 음소거를 해제하기 위해 화면 하단의 (음소거 해제) 버튼을 클릭합니다.

02 | 오른쪽 화면 상단의 진행자의 음소거는 해제되어 음성을 들을 수 있게 설정되었습니다. 참가자의 음소거를 해제하기 위해 마우스 커서를 마이크 아이콘으로 위치시켜 (음소거 해제) 버튼을 클릭합니다.

03 | 얼굴이 보이지 않는 2번 참가자의 화면 상단에 위치한 (⋯) 버튼을 클릭합니다.

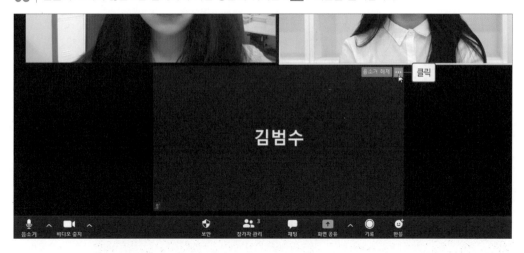

04 | 팝업 메뉴가 표시되면 (비디오 시작 요청)을 선택합니다.

05 | 참가자 2번의 PC에는 '호스트가 비디오 시작을 요청했습니다.'라는 대화상자가 표시됩니다. (내 비디오 시작) 버튼을 클릭합니다.

06 | 진행자의 PC를 확인해 보면 참가자2 의 비디오가 재생되는 것을 확인할 수 있습니다.

07 | 참가자2 의 화면 상단에 위치한 〔•••〕 버튼을 클릭합니다. 팝업 메뉴에서 〔오디오 음소거 해제〕를 선택합니다.

08 | 참가자2 의 음소거가 해제된 것을 확인할 수 있습니다. 이제 참가자의 음성과 비디오를 모두 사용할 수 있게 되었습니다.

Section 20

화상 회의 **끝내기**

화상 회의를 끝내기 위해서는 회의 종료 기능을 선택하여 회의를 종료합니다. 만약 진행자만 회의에 나가고 회의를 지속시키려면 참가자 중의 한 명으로 호스트로 지정합니다.

01 | 화상 회의를 종료하기 위해서는 화면 하단의 (회의 종료)를 클릭합니다.

02 | '회의를 종료하시거나 회의에서 나가시겠습니까?' 대화상자에서 '이 회의가 계속 진행되도록 하려면 회의 나가기를 클릭하기 전에 호스트를 지정하십시오.' 메시지가 표시되면 (모두에 대해 회의 종료) 버튼을 누릅니다.

03 | 회의가 종료되며, 홈 화면으로 전환됩니다. (닫기(X)) 버튼을 클릭하여 Zoom 프로그램을 종료합니다.

실전! 온라인 수업에 맞게
줌 활용하기

Zoom을 이용한 기본적인 화상 회의 방법 이외에
자료를 전송하고, 원격 제어를 이용하여 자료를 공유
하고 수정하는 방법을 알아봅니다. 또한 팀별 회의를
위해 소회의실을 만들고, 팀원들을 할당하고 제어하는
방법에 대해 알아보겠습니다.

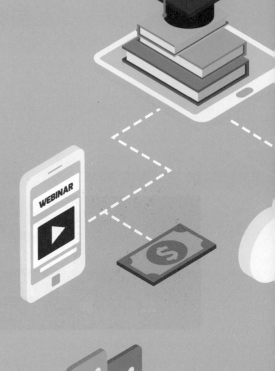

Part 2

Section 01

진행자와 참가자가 **채팅하기**

Zoom에서는 비디오 이외에 채팅 창을 이용하여 진행자와 선택한 참가자가 문자로 채팅을 할 수 있습니다. 다른 참가자가 볼 수 없도록 비공개로 채팅이 가능합니다.

01 | 진행자와 참가자가 채팅을 해 보겠습니다. 진행자가 채팅 창을 표시하기 위해 채팅하려는 참가자의 화면 상단에 위치한 (...) 버튼을 클릭한 다음 팝업 메뉴에서 (채팅)을 선택합니다.

> **알아두기** 화면 하단의 (채팅) 버튼을 눌러 채팅 창을 표시할 수도 있습니다.

02 | 오른쪽 하단에 채팅 창이 표시됩니다. 하단에 받는 사람 항목에 채팅하려는 참가자를 확인한 다음 문자를 입력하여 채팅을 시작합니다.

03 | 채팅 문자를 입력한 다음 Enter 를 누르면 그룹 채팅 창에 문자가 표시되며, 참가자에게 문자가 전송됩니다.

04 | 채팅 문자를 받은 참가자의 PC 화면에는 Zoom 그룹 채팅 창에서 문자를 확인할 수 있습니다. 채팅 문자를 입력하기 위해 입력 창에 문자를 입력하고 Enter 를 누릅니다.

05 | Zoom 그룹 채팅 창에 문자가 표시되며, 진행자에게 문자가 전송됩니다.

Section 02

과제 제출을 위한 **파일 전송하기**

채팅 창을 이용하여 참가자는 진행자에게 제출할 파일을 선택하여 전송할 수 있습니다. 파일을 전송 받은 진행자는 파일을 다운로드하여 바로 열 수 있습니다.

01 │ 참가자가 과제 파일을 제출하기 위해 채팅 창에 위치한 (파일) 버튼을 클릭합니다. 팝업 메뉴에서 (내 컴퓨터)를 선택합니다.

02 │ 열기 대화상자가 표시되면 과제가 저장되어 있는 폴더를 연 다음 과제 파일을 선택하고 (열기) 버튼을 클릭합니다.

03 | Zoom 그룹 채팅 창에 과제 파일이 표시되며, 진행자에게 전달됩니다.

04 | 진행자 PC의 Zoom 그룹 채팅 창에 파일이 표시됩니다. PC에 저장하기 위해 (다운로드)를 클릭합니다.

05 | 다른 이름으로 저장 대화상자가 표시되면 제출 파일을 저장하려는 폴더를 선택한 다음 (저장) 버튼을 클릭합니다.

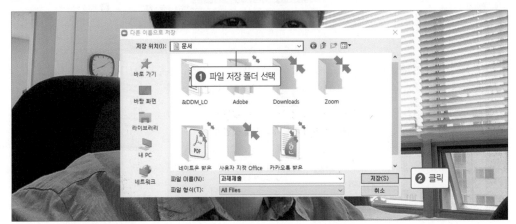

06 | 파일이 다운로드되면 바로 제출 파일을 열 수 있습니다. 파일을 열기 위해 (파일 열기)를 클릭합니다.

07 | 예제에서는 파워포인트로 작성한 파일이므로, 파워포인트가 실행됩니다.

08 | 참가자가 제출한 파워포인트 파일이 열리는 것을 확인할 수 있습니다.

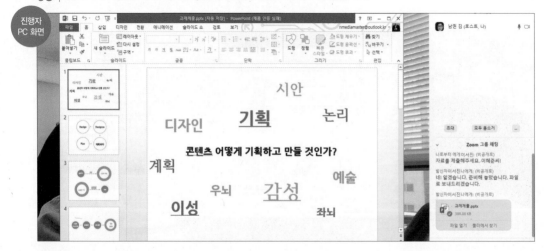

Section 03

장소에 상관없이 **스마트폰으로 화상 회의하기**

스마트폰에 '줌 클라우드 미팅(Zoom Cloud Meetings)' 앱을 설치하면 어디서든 화상 회의나 온라인 수업에 참여할 수 있습니다. 스마트폰을 이용하여 진행자가 보내준 회의 ID와 비밀번호를 입력하여 화상 회의에 참여해 보겠습니다.

01 │ 스마트폰에 줌 앱을 설치하기 위해 앱 스토어에서 (ZOOM Cloud Meetings)를 선택하여 설치합니다. 화면에서 Zoom 앱을 터치해 실행합니다.

02 │ 회의 시작 화면이 표시되면 (회의 참가) 버튼을 터치합니다. 참여를 요청하는 메일을 확인한 다음 회의 ID를 입력하고 (참가) 버튼을 터치합니다.

03 | 회의 비밀번호를 입력한 다음 (계속) 버튼을 터치합니다. 회의 비밀번호도 회의 참여 메일을 받았다면 메일 내용에 포함되어 있습니다.

04 | '잠시 기다려 주십시오. 회의 호스트가 곧 귀하를 들어오게 할 것입니다.'라는 메시지가 표시됩니다. 'Zoom'이(가) 회의를 위해 마이크에 접근하려고 합니다.' 메시지가 표시되면 (확인) 버튼을 터치합니다.

05 | '다른 사람의 소리를 들으려면 오디오에 참가하십시오' 메시지가 표시되면 (인터넷 오디오로 통화)를 터치합니다.

06 │ 진행자의 Zoom 화면에는 스마트폰으로 접속한 참가자가 대기실에 표시됩니다. (수락) 버튼을 클릭하여 회의 참여를 수락합니다.

07 │ 스마트폰으로 참가한 참가자가 표시됩니다. 참가자가 비디오를 허용하지 않았기 때문에 참가자의 이름으로 표시됩니다.

08 │ 비디오 참여를 요청하기 위해 참가자 표시의 마우스 오른쪽 버튼을 클릭하여 팝업 메뉴에서 (비디오 시작 요청)을 선택합니다.

09 | 참가자가 비디오 시작을 허용하면 그림과 같이 화면에 비디오가 재생됩니다.

10 | 참가자의 스마트폰 화면에도 메인 화면에는 진행자의 비디오가, 상단에는 자신의 비디오 화면이 표시됩니다. 회의가 종료되어 나가려면 화면 상단의 (나가기)를 터치하고 (회의 나가기)를 터치합니다.

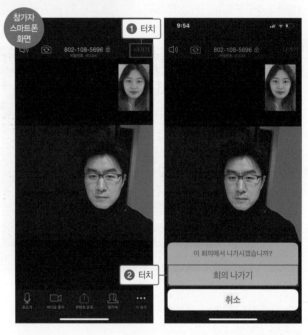

Section **04**

진행자의 **PC 화면 공유하기**

진행자가 프로그램 강의를 하거나 참고 자료를 참가자들에게 보여 줄 경우 진행자의 PC 화면을 공유해야 합니다. 예제에서는 포토샵 강의를 하면서, 공유 화면에 중요 화면 표시와 문자를 입력해 보겠습니다.

01 │ 진행자가 Zoom을 실행하여 화상 회의 중에 화면을 공유하기 위해 (화면 공유)를 선택합니다.

02 │ 공유하려는 창 또는 앱 선택 화면이 표시되면 공유하려는 프로그램 화면을 선택합니다. 예제에서는 포토샵 프로그램을 선택한 다음 (공유) 버튼을 누릅니다.

03 | 화면이 공유되는 프로그램의 외곽선 부분이 초록색 테두리가 표시됩니다. 화면 상단에 마우스 커서를 위치시킵니다. (음소거) 버튼과 (비디오 중지) 버튼이 비활성화되어 있는지 확인합니다.

04 | 프로그램을 조작하는 과정이 그대로 참가자 화면에 공유됩니다. 특정 부분에 원형나 주석을 표시하기 위해 (주석 작성)을 클릭합니다.

05 | (그리기)를 클릭한 다음 표시하려는 부분에 드래그하면 그림과 같이 원형의 도형이 표시됩니다.

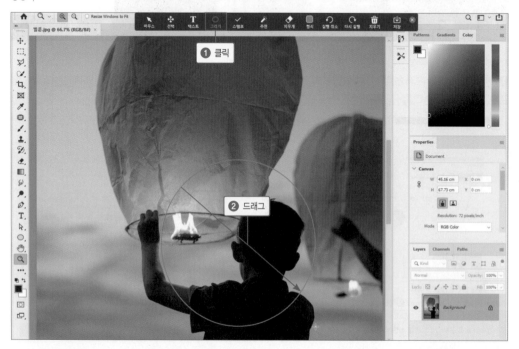

06 | 공유하는 화면에 문자를 작성하기 위해 (텍스트)를 클릭한 다음 입력하려는 부분을 클릭합니다. 문자 입력 창이 표시됩니다.

07 | 그림과 같이 문자를 입력하면 입력 창에 입력되는 것을 확인할 수 있습니다.

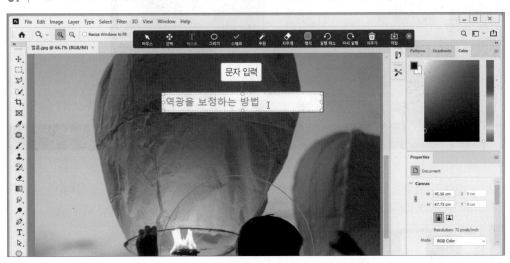

알아두기 　화면 공유를 이용한 프로그램 강의

프로그램을 강의하거나 프로그램을 실행시키고 회의를
할 경우 Zoom의 화면 공유 기능을 이용하면 프로그램
내에서의 작업 과정을 공유할 수 있습니다. 별도의 프로
그램 영역을 설정할 필요 없이 프로그램 인터페이스 크
기에 맞게 공유됩니다. 화면 공유된 프로그램 위에는 그
림을 그리거나 주석을 입력하거나 지울 수 있습니다. 공
유를 중지하기 위해서는 화면 상단의 (공유 중지) 버튼
을 클릭합니다.

Section 05

특정 영역만 화면 공유하기

화면을 공유할 때 다른 참가자에게는 보이고 싶지 않은 부분을 가릴 경우가 있습니다. 예제에서는 공유 화면 영역을 조정하여 특정 부분만 공유하도록 조정해 보겠습니다.

01 | 진행자가 Zoom을 실행하여 화상 회의 중에 화면을 공유하기 위해 (화면 공유)를 선택합니다.

02 | 공유하려는 창 또는 앱 선택 화면이 표시되면 공유하려는 프로그램 화면을 선택합니다. 예제에서는 파워포인트 프로그램을 선택한 다음 (공유) 버튼을 클릭합니다.

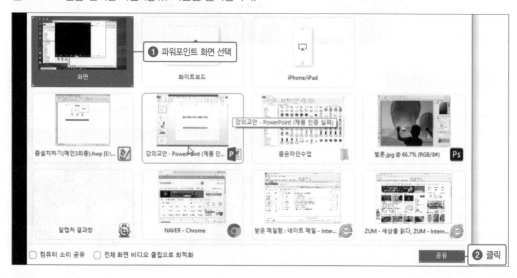

03 | 화면의 특정 부분만 공유하기 위해 화면 상단에서 (고급)을 누릅니다. (화면 일부)를 누른 다음 (공유) 버튼을 클릭합니다.

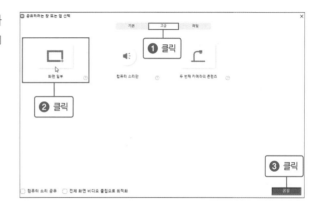

04 | 예제에서는 파워포인트의 작업 화면만 표시하고, 왼쪽의 슬라이드 화면과 하단의 주석 입력 창은 공유 화면에서 제외할 것입니다.

프레젠테이션 형식의 화상 강의를 진행할 경우에는 프레젠테이션 화면 이외에 주석 창이나 노트, 슬라이드 화면은 공유하지 않는 것이 일반적입니다.

05 | 화면에 공유 영역을 표시해 주는 초록색 프레임이 표시됩니다.

06 │ 초록색 프레임의 상단을 드래그하여 파워포인트의 작업 화면에 맞게 위치시킵니다.

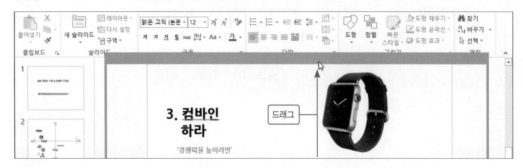

07 │ 초록색 프레임의 하단 양쪽 모서리 부분을 안쪽으로 드래그하여 파워포인트의 작업 화면에 맞게 크기를 조정합니다.

08 │ 이제 진행자는 왼쪽의 슬라이드 화면을 클릭하거나 하단의 주석을 체크하면서 강의 진행이 가능합니다. 참가자는 공유 화면 영역인 작업 화면만 볼 수 있습니다.

Section 06

원격 제어로 참가자 과제 체크하기

원격 제어를 이용하면 진행자는 참가자가 공유한 자료를 직접 수정하거나 체크할 수 있습니다.
예제에서는 공유된 파워포인트 화면에서 원격으로 진행자가 자료를 수정해 보겠습니다.

01 | 참가자가 Zoom을 실행하여 화상 회의 중에 화면을 공유하기 위해 (화면 공유)를 선택합니다.

02 | 공유하려는 창 또는 앱 선택 대화상자가 표시되면 참가자가 자신의 제출 자료를 공유하기 위해 파워포인트를 선택하고 (공유) 버튼을 클릭합니다.

03 │ 그림과 같이 파워포인트 프로그램이 공유 화면으로 표시되며, 프로그램 외곽선에는 초록색의 테두리가 표시됩니다.

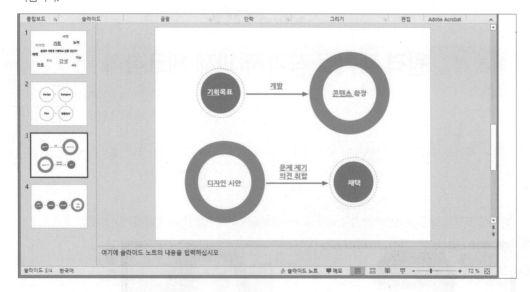

04 │ 진행자가 참가자의 과제를 직접 원격 제어로 수정해 보겠습니다. 진행자 PC에서 화면 상단의 〔옵션 보기〕를 누른 다음 〔원격 제어 요청〕을 선택합니다.

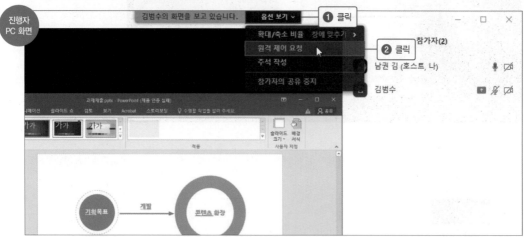

05 │ 원격 제어 요청 대화상자가 표시되면 〔요청〕 버튼을 클릭합니다. 참가자의 승인을 기다리게 됩니다.

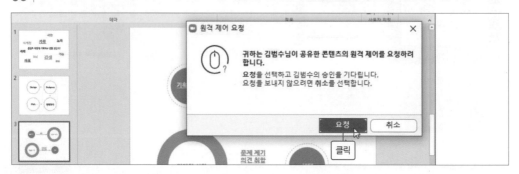

06 | 참가자의 PC 화면에 진행자의 화면 제어 요청 대화상자가 표시됩니다. 진행자가 참가자의 PC 화면을 제어하기 허락하기 위해 (승인) 버튼을 클릭합니다.

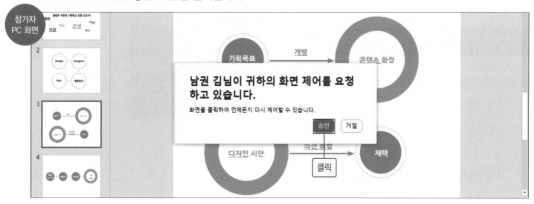

07 | 진행자의 PC에서 공유 화면을 크게 보기 위해 화면 상단의 (옵션 보기)에서 (확대/축소 비율)-(100%(원본 사이즈))를 선택합니다. 공유 화면이 100% 크기로 확대되어 표시됩니다.

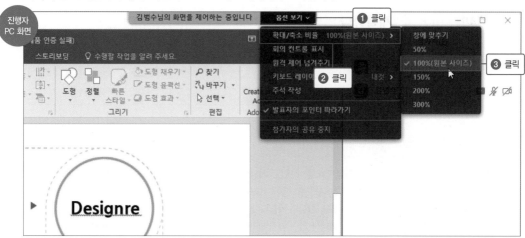

08 | 참가자의 공유 화면에서 원격으로 문자를 변경시켜 봅니다. 입력된 문자를 클릭한 다음 문자 색상을 변경합니다.

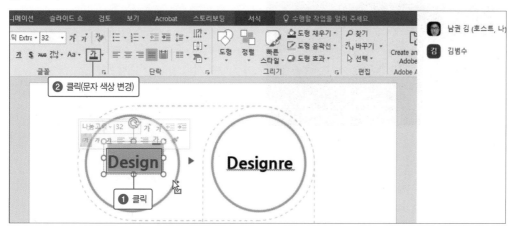

09 | 진행자가 원격으로 직접 참가자의 공유 화면을 수정하거나 변형이 가능합니다. 공유를 중지하기 위해 화면 상단의 (옵션 보기)를 누른 다음 (참가자의 공유 중지)를 선택합니다.

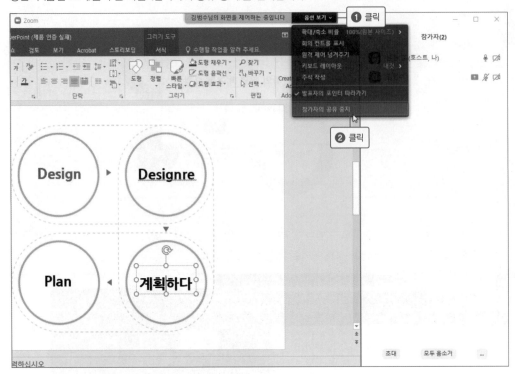

알아두기   원격 제어를 이용한 피드백

원격 제어는 참가자의 PC를 진행자가 직접 제어할 수 있는 기능으로, 특정 프로그램 기능을 실행시켜 자료 등을 직접 수정 또는 보완할 때 사용하면 유용합니다. 비대면 회의에서 유용하게 사용되는 기능으로, 참가자의 질문이나 해결하지 못하는 부분 등을 진행자가 직접 해결할 수 있는 장점이 있습니다.

진행자가 참가자의 PC를 제어하는 것뿐만 아니라 옵션 보기 메뉴에서 (원격 제어 넘겨주기) 기능을 이용하여 참가자가 진행자의 PC를 제어할 수도 있습니다. 원격 제어 및 공유를 중지하기 위해서는 화면 상단의 (참가자의 공유 중지)를 선택합니다.

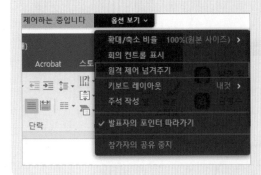

Section 07

팀별 과제를 위한 **소회의실 만들기**

Zoom 온라인 수업을 하면서 참가자들을 나눠 별도로 소회의실을 만들어 팀별 과제를 위한 회의를 진행할 수 있습니다. 내 계정의 설정 기능을 이용하여 소회의실 만드는 방법에 대해 알아보겠습니다.

01 | 웹 브라우저의 주소 창에 'zoom.us'를 입력하여 Zoom 사이트에 접속한 다음 [내 계정]을 클릭합니다.

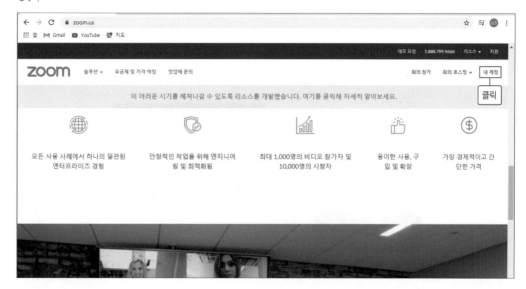

02 | 내 계정 화면이 표시되면 왼쪽 메뉴에서 [설정]을 선택하면, 회의 관련 설명 항목이 표시됩니다.

03 | 〔소회의실〕 항목을 활성화시킨 다음 하위 옵션인 〔예약 시 호스트가 참가자를 소회의실에 할당하도록 허용〕도 체크하고 〔저장〕 버튼을 클릭합니다.

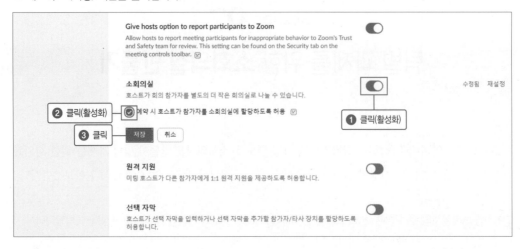

04 | 줌을 실행하여 홈 화면을 표시합니다. 바로 회의를 시작할 수 있는 〔새 회의〕 버튼이나 회의를 예약할 수 있는 〔예약〕 버튼을 눌러 회의를 시작합니다.

05 | 회의 작업 창이 표시되면 화면 하단에 〔소회의실〕이 새로 생긴 것을 확인할 수 있습니다. 소회의실을 만들기 위해 〔소회의실〕을 클릭합니다.

06 | 소회의실 만들기 대화상자가 표시되면 소회의실 개수를 지정합니다. 여기서는 '3'으로 입력하여 회의실을 3개 만들고 (수동)을 선택한 다음 (만들기) 버튼을 클릭합니다.

07 | 3개의 소회의실이 만들어졌습니다. 소회의실은 각각 '소회의실 1', '소회의실 2', '소회의실 3'으로 표시되어 있습니다.

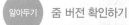 줌 버전이 5.3.2일 경우 소회의실 할당 옵션이 추가되었습니다. 최신 버전의 경우 참가자는 자유롭게 소회의실을 이동할 수 있습니다. 업데이트 확인 기능은 27쪽 (업데이트 확인)을 참조하세요.

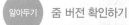 줌 버전 확인하기

줌 화면 왼쪽 상단의 (회의 정보)를 클릭한 다음 (설정) 버튼을 클릭하면 설정 화면의 (통계)를 클릭하여 줌 버전을 확인할 수 있습니다.

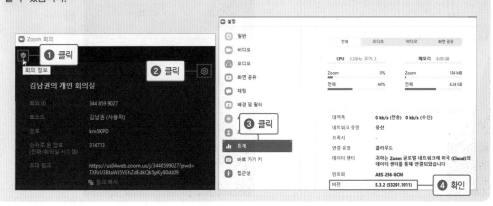

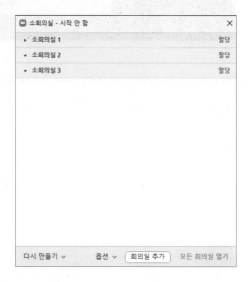

Section 08
과별 팀원 할당하여 **팀 구성하기**

진행자는 원하는 개수대로 소회의실을 만들고, 참가자들을 소회의실에 할당시킬 수 있습니다. 예제에서는 6명의 참가자를 2명씩 3개의 소회의실에 할당해 보겠습니다.

01 │ 소회의실의 이름을 주제에 맞게 변경합니다. 팀별 과제이기 때문에 소회의실 이름을 변경해 보겠습니다.

02 │ '소회의실 1' 항목에 마우스 커서를 위치하면 (이름 바꾸기)가 표시됩니다.

03 | [이름 바꾸기]를 눌러 '소회의실 1' 이름을 '1팀'으로 변경합니다. 마찬가지로, 소회의실 이름을 '2팀', '3팀'으로 변경합니다.

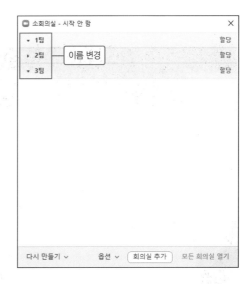

04 | 1팀에 2명의 참가자를 할당하기 위해 [할당]을 누르면 참가자 항목이 표시됩니다.

05 | 1팀에 할당하려는 참가자 이름 앞의 체크박스를 클릭하여 체크합니다.

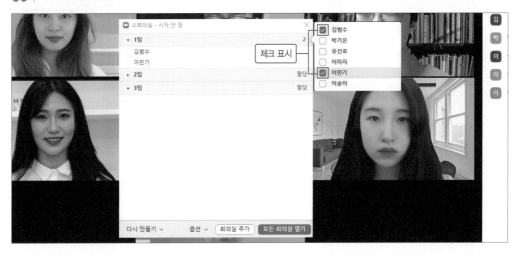

06 | 같은 방법으로 각 팀에 참가자를 선택하여 할당합니다. 이제 2팀과 3팀에도 2명씩 참가자로 구성되었습니다.

07 | 이름 앞의 팝업 버튼을 누르면, 팀별로 할당되어 있는 참가자를 확인할 수 있습니다.

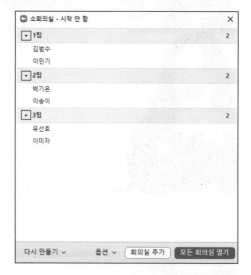

Section 09

한번에 모든 **팀별 회의실 열기**

소회의실에 참가자를 할당시켰다면 현재 메인 세션에 위치해 있는 참가자들을 소회의실로 이동시켜서 회의실을 열어야 합니다. 참가자들을 각각의 팀별 회의실로 이동시켜 보겠습니다.

01 │ 소회의실에 팀 이름을 변경한 다음 참가자를 할당했다면 소회의실을 열기 전에 옵션을 설정하기 위해 (옵션)을 클릭합니다.

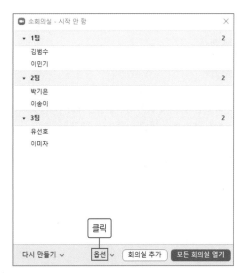

02 │ 진행자가 설정한 팀별 참가자 할당 작업을 바로 적용시키기 위해 (모든 참가자를 자동으로 소회의실로 이동합니다)를 체크합니다. (모든 회의실 열기) 버튼을 클릭합니다.

03 | 소회의실 대화상자를 확인해 보면 모든 참가자가 각각의 팀별 회의실로 이동된 것을 확인할 수 있습니다.

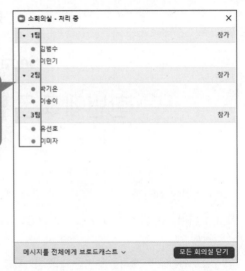

소회의실에 할당된 참가자들이 실제로 팀별 회의실로 이동하면 참가자 이름 앞에 초록색 원형 마크가 표시됩니다.

알아두기 **소회의실 할당 여부**

소회의실 설정 옵션에서 (모든 참가자를 자동으로 소회의실로 이동합니다) 체크박스를 비활성화하면 진행자가 할당하더라도 참가자에게 참가 여부를 묻는 대화상자가 표시됩니다. 만약 참가자가 (나중에)를 선택하면 할당된 소회의실에 참가하지 않고, 메인 세션에 위치하게 됩니다.

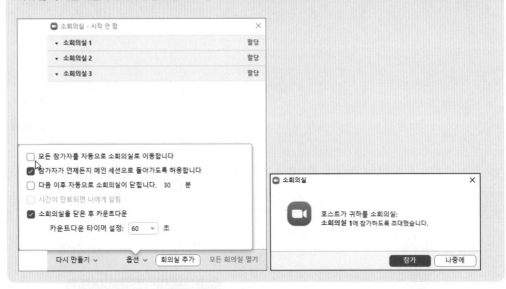

Section 10

팀별 소회의실에서 **도움 요청하기**

팀별로 나눠진 소회의실에서 진행자의 도움이 필요할 때는 참가자들은 도움 요청 기능을 이용하여 진행자를 자신의 소회의실로 불러들일 수 있습니다.

01 | 진행자의 Zoom 화면에는 소회의실에 참가자들이 할당되어 이동되었다면 참가자 이름 앞에 초록색 원형 마크가 표시됩니다.

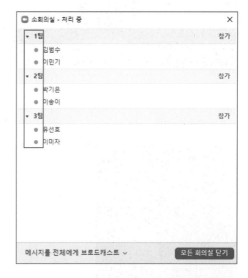

02 | 참가자의 Zoom 화면에는 소회의실 형태로 할당된 참가자들만 영상 회의가 진행됩니다.

03 │ 소회의실에서 참가자들이 회의 중에 진행자의 도움이 필요할 경우에는 화면 하단의 (도움 요청)을 클릭합니다. '도움을 요청하기 위해 호스트를 이 소회의실에 초대할 수 있습니다.'라는 메시지가 표시되면 (호스트 초대) 버튼을 클릭합니다.

04 │ 진행자 PC의 Zoom 화면에 해당 팀에서 도움을 요청하는 메시지 대화상자가 표시됩니다. (소회의실 참가) 버튼을 클릭합니다.

05 │ 진행자가 소회의실 해당 팀으로 참가 진행되는 화면이 표시됩니다.

06 | 도움을 요청한 소회의실에 진행자가 참여하게 됩니다. '호스트는 현재 이 회의실에 있습니다.'라는 메시지가 표시됩니다.

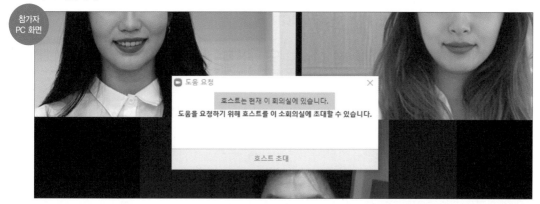

07 | 도움을 요청한 소회의실에는 해당 팀원들과 진행자가 함께 영상 회의를 할 수 있게 되었습니다.

08 | 도움을 요청한 소회의실에서 팀원들과 화상 회의가 끝나면 화면 오른쪽 하단의 (소회의실 나가기)를 누릅니다. '소회의실에서 나가서 메인 세션으로 돌아가시겠습니까?'라는 메시지가 표시되면 (메인 세션으로 돌아가기) 버튼을 클릭합니다. 진행자가 Zoom 메인 세션으로 돌아가는 화면이 표시됩니다.

Section 11

진행자가 팀별 회의실을 **선별하여 참여하기**

진행자는 참가자들의 도움 요청을 하지 않더라도 선별적으로 소회의실에 참가할 수 있습니다. 진행자가 선택한 소회의실에 참가하는 방법을 알아보겠습니다.

01 | 소회의실에 참가자들이 할당되어 참가자들이 해당 팀 소회의실에서 영상 회의를 하고 있다면 참여하려는 팀의 (참가) 버튼을 클릭합니다.

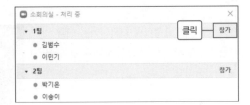

02 | '1팀에 참가하시겠습니까?'라는 메시지가 표시되면 (예) 버튼을 클릭합니다.

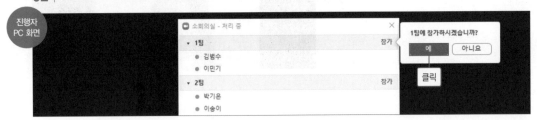

03 | 진행자가 선택한 소회의실 해당 팀으로 참가 진행되는 화면이 표시됩니다. 그림과 같이 선별해서 참가한 소회의실로 진행자가 참여하게 됩니다.

Section 12

팀별 회의실 참가자를 **다른 팀으로 이동시키기**

진행자는 소회의에 할당되어 있는 참가자를 다른 소회의실로 할당시킬 수 있습니다. 팀원의 변동이 있거나 팀원을 보강할 때 직권으로 다른 팀 소회의실로 이동시킵니다.

01 │ 진행자가 소회의실에 참가자들을 할당시켰다면 다른 소회의실로 이동시키기 위해 이동시키려는 팀의 참가자를 선택하면 이동시키려는 소회의실 이름이 표시됩니다. 1팀에서 2팀으로 이동시키기 위해 '2팀'을 선택합니다.

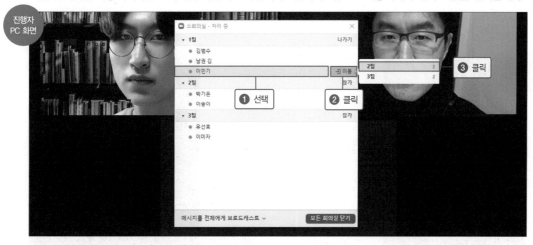

02 │ 진행자가 이동시키려는 참가자는 선택된 소회의실로 이동됩니다.

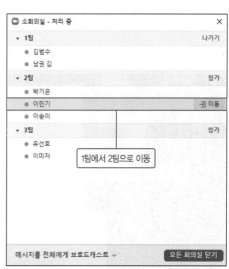

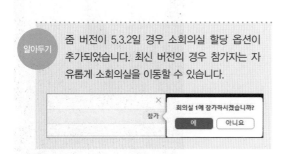

알아두기 줌 버전이 5.3.2일 경우 소회의실 할당 옵션이 추가되었습니다. 최신 버전의 경우 참가자는 자유롭게 소회의실을 이동할 수 있습니다.

Section 13

팀별 회의실 참가자에게 **전체 공지하기**

소회의실을 만들어 참가자들을 할당했다면 전체적인 의사 진행을 위해 참가자 전체에게 공지할 수 있는 브로드캐스트 기능을 제공합니다. 브로드캐스트 입력 창으로 전체 공지 방법을 알아보겠습니다.

01 │ 진행자가 소회의실에 참가자들을 각각 할당했다면 소회의실에 전체 공지를 보낼 수 있습니다. 현재는 3개의 소회의실로 구성되어 있습니다. 전체 소회의실에 공지를 보내기 위해 (메시지를 전체에게 브로드캐스트)를 클릭합니다. 브로드캐스트 입력 창이 표시됩니다.

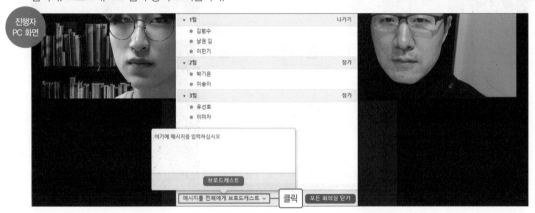

02 │ 입력 창에 전체 공지할 내용을 입력한 다음 (브로드캐스트) 버튼을 클릭합니다. 모든 회의실에 전체 공지가 전송됩니다.

Section 14

모든 소회의실 닫기

소회의실에서 팀별 회의가 끝났다면 진행자는 모든 소회의를 닫을 수 있습니다. 모든 소회의실 닫기 기능을 이용하면 팀원들이 정리할 시간을 주기 위해 일정 시간을 주며, 소회의가 닫히면 메인 세션으로 돌아갑니다.

01 | 모든 회의실을 닫기 위해 [모든 회의실 닫기] 버튼을 클릭합니다.

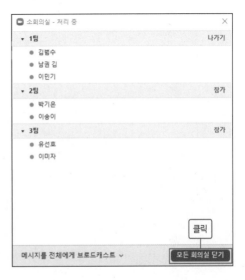

02 | '모든 소회의실이 59초 후에 닫힙니다'라는 메시지가 표시됩니다. 59초 후에는 자동으로 메인 세션으로 되돌아갑니다.

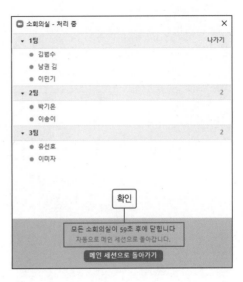

온라인 강의 녹화와
무료 영상 편집하기

온라인 강의를 직접 카메라와 스마트폰을 활용해서
촬영하는 방법도 있지만, 컴퓨터 앞에 앉아서 웹캠과
PC용 마이크를 활용하여 진행할 수 있습니다. OBS
스튜디오 프로그램을 활용하여 화면을 녹화하고 소리를
녹음할 수도 있습니다. 이 파트에서는 OBS 스튜디오의
사용 방법과 올바른 녹화 방법에 대해 알아봅니다.

Part 3

Section 01

강의 화면 구성을 위한 OBS 스튜디오 설치하기

　　카메라를 활용해 강단이나 칠판 앞에서 강의하는 방법이 있지만, 컴퓨터와 웹캠을 이용하여 PPT나 자료를 띄우면서 강의를 진행할 수 있습니다. 영상 강의에 최적화된 프로그램인 OBS 스튜디오를 설치하는 방법에 대해 알아봅니다.

OBS 스튜디오 다운로드하기

01 | 웹 브라우저에서 OBS 스튜디오 사이트(https://obsproject.com/ko/download)로 이동합니다. (인스톨러 내려받기)를 클릭합니다.

02 | 다운로드를 진행합니다.

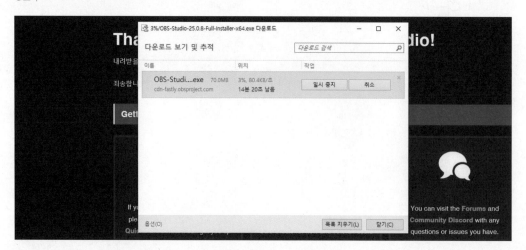

03 | 실행 파일이 자동으로 실행됩니다. OBS 스튜디오의 설치가 진행됩니다.

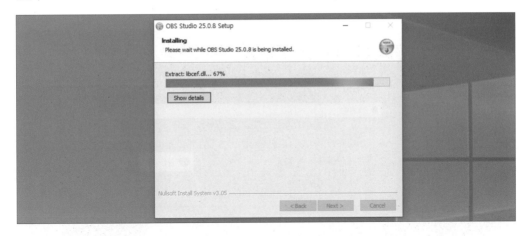

구성 마법사 설정하기

04 | 설치가 완료되면 자동으로 OBS 스튜디오가 실행됩니다. 구성 마법사 설정 창이 실행되면 (예) 버튼을 클릭합니다.

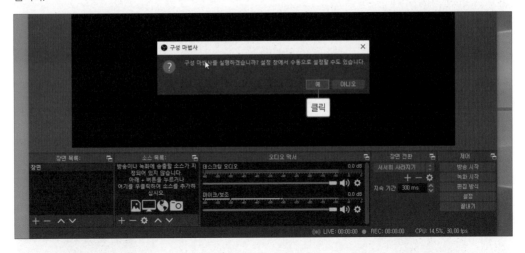

05 | (녹화 최적화, 방송은 하지 않음)을 체크 표시하고 (다음) 버튼을 클릭합니다.

06 | 비디오 설정 창이 뜨면 해상도 1,920 x 1,080과 FPS 30~60을 확인하고 (다음) 버튼을 클릭합니다.

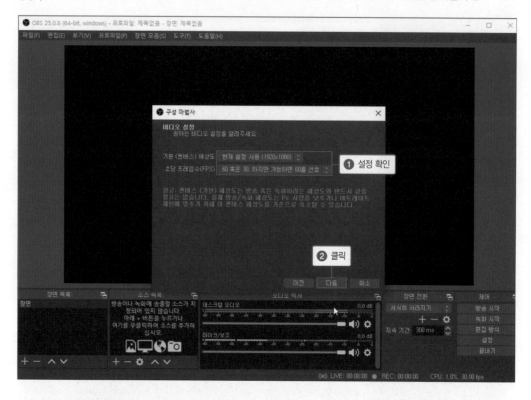

07 | 최종 결과를 확인하고 (설정 적용) 버튼을 클릭합니다. OBS 스튜디오의 기본 설정이 완료됩니다.

Section 02

강의에 필요한 PC 화면 만들기

웹캠과 마이크의 설정을 완료하였다면 설정을 통해 온라인 강의에 최적화된 강의 화면을 만들 수 있습니다. 여기서는 PC 화면을 표시하는 방법에 대해 알아보겠습니다.

01 | OBS 스튜디오를 실행합니다. 소스 목록 패널 밑에 있는 추가 아이콘(➕)을 클릭합니다.

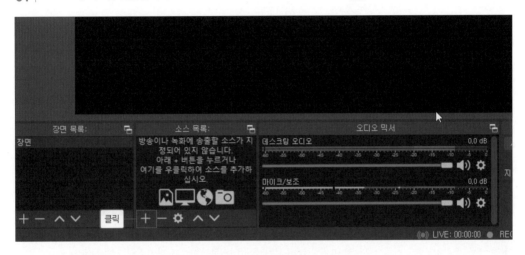

02 | 메뉴가 표시되면 PC 화면을 표시하기 위해 (디스플레이 캡쳐)를 선택합니다.

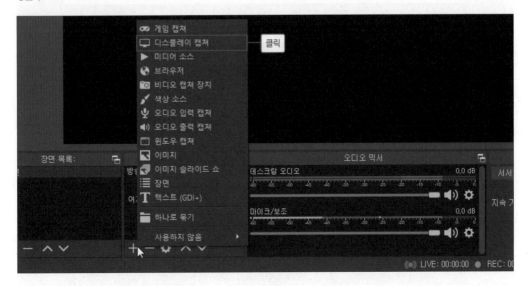

03 | 소스 만들기/선택 대화상자가 표시되면 [확인] 버튼을 클릭합니다.

04 | 디스플레이 캡쳐 대화상자가 표시되면 마우스 커서가 보이도록 [커서 캡쳐]를 체크한 다음 [확인] 버튼을 클릭합니다.

05 | 그림과 같이 OBS 스튜디오에 화면 캡쳐가 표시됩니다. 디스플레이 캡쳐가 마무리되었습니다.

Section 03

강사가 동시에 표시되는 웹캠 녹화 화면 설정하기

디스플레이 캡처 기능을 활용하여 PC 화면이 OBS 스튜디오 미리 보기 창에 표시되게 만들었다면 연결한 웹캠을 통해 강사가 보이게 설정합니다. 여기서는 [비디오 캡처 장치] 기능을 활용하여 웹캠 녹화 화면을 설정하여 인물이 표시되는 방법에 대해 알아보겠습니다.

01 | PC에 연결된 웹캠 화면을 OBS 스튜디오에 표시해 보겠습니다. 소스 목록 패널 밑에 있는 추가 아이콘 (➕)을 클릭합니다.

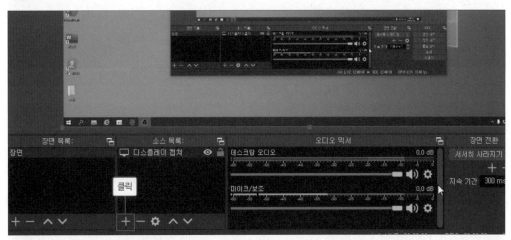

02 | 다양한 소스 목록 메뉴가 표시되면 웹캠 화면을 띄우기 위해 [비디오 캡처 장치]를 선택합니다.

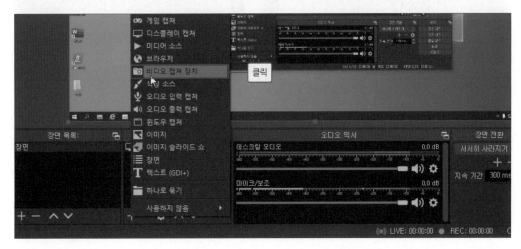

03 │ 소스 만들기/선택 대화상자가 표시되면 (확인) 버튼을 클릭합니다.

04 │ 비디오 캡쳐 장치 속성 대화상자가 표시됩니다. 웹캠 연결이 잘 되어 있다면 웹캠으로 촬영하는 화면이 표시됩니다. 장치에 연결된 웹캠의 품명을 확인하고 (비디오 설정)을 클릭합니다.

05 | 웹캠으로 촬영하는 화면을 자유롭게 색 보정할 수 있습니다. 기호에 맞게 알맞게 설정합니다. 인스타그램이나 카카오톡의 사진 필터와 같은 개념이라고 생각하면 쉽습니다. 설정 후에는 [확인] 버튼을 클릭합니다.

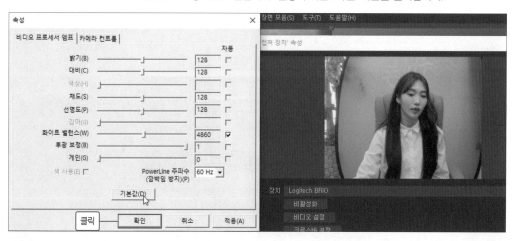

알아두기 **항목별 살펴보기**

❶ **밝기** : 영상의 명암을 조절할 수 있습니다.

❷ **대비** : 영상의 명암 차이 정도를 조절할 수 있습니다.

❸ **채도** : 영상 색상의 선명도를 조절할 수 있습니다.

❹ **선명도** : 영상 자체의 선명도를 조절할 수 있습니다.

❺ **화이트 밸런스** : 영상의 색온도를 조절할 수 있습니다.

06 | 추가로 설정할 것이 없다면 [확인] 버튼을 눌러 설정을 마무리합니다.

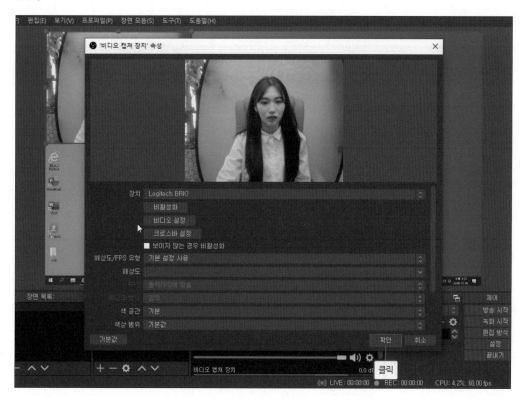

07 | OBS 스튜디오의 모니터 패널에 웹캠 화면이 표시됩니다. 빨간색 테두리를 드래그하면 크기를 설정할 수 있습니다. 빨간색 테두리 내부를 드래그하면 화면을 이동할 수 있습니다.

08 | 온라인 강의에 지장이 없도록 화면을 오른쪽 하단으로 드래그하여 이동합니다. 그림과 같이 OBS 스튜디오 모니터에 웹캠의 인물 화면이 들어왔습니다.

Section 04

강사의 **배경 화면을 투명하게 만들기**

    PC 화면과 강사 화면을 자연스럽게 합성하기 위해서는 먼저 강사 뒤쪽 배경을 투명하게 만들어야 합니다. 녹색이나 파란색 크로마 키를 설치한 다음 크로마 키를 투명하게 만들어 보겠습니다.

01 │ 강사의 배경을 투명하게 만들기 위해 녹색이나 파란색 크로마 키 또는 배경지를 설치합니다.

02 │ 웹캠에 표시된 녹색 부분을 투명하게 만들어 PC 화면과 합성하여 표현할 수 있습니다. 소스 목록 패널의 〔비디오 캡쳐 장치〕 부분에 대고 마우스 오른쪽 버튼을 클릭합니다.

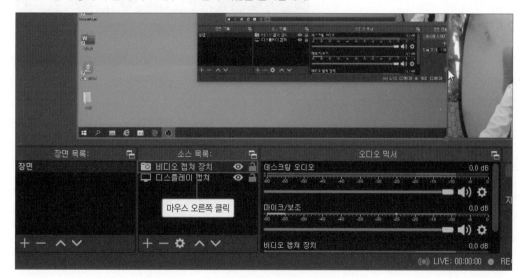

03 | 메뉴가 표시되면 (필터)를 선택합니다.

04 | (비디오 캡처 장치)에 대한 필터 대화상자가 표시되면, 효과 필터 패널 하단의 추가 아이콘(➕)을 클릭합니다.

05 | 메뉴가 표시되면 (크로마 키)를 선택합니다.

> 알아두기
>
> 크로마 키는 영화 촬영이나 드라마 촬영 등에서 배경을 제거하고 인물만 남기기 위해 사용하는 배경 천입니다. 흔히 녹색과 파란색을 사용하여 그린 스크린, 블루 스크린이라고도 합니다.

06 | 필터 이름 대화상자가 표시되면 (확인) 버튼을 클릭합니다.

07 | 크로마 키에 대한 필터를 설정하는 대화상자가 표시됩니다. '유사성'과 '매끄러움' 정도를 설정하고 (닫기) 버튼을 클릭합니다. 효과를 설정하다 원래의 설정으로 가고 싶으면 (기본값)을 클릭하면 됩니다.

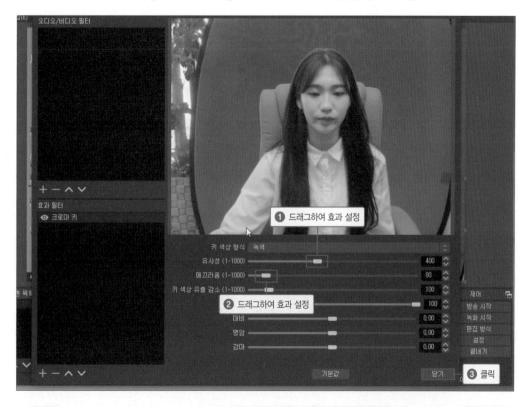

08 | 녹색 배경이 투명하게 변경되었습니다. 강사 뒤쪽에는 PC 화면이 보이는 것을 확인할 수 있습니다.

Section **05**

화면에 **문자 입력하기**

웹캠 화면이나 컴퓨터 화면에 문자를 입력할 수 있습니다. 온라인 강의 중 수업 제목이나 공지사항 같은 것을 표시하여 보는 사람에게 시각적인 문자로 소통할 수 있습니다. 문자를 추가하는 방법에 대해 알아보겠습니다.

01 | OBS 스튜디오를 실행한 다음 소스 목록 패널 하단의 추가 아이콘(➕)을 클릭합니다.

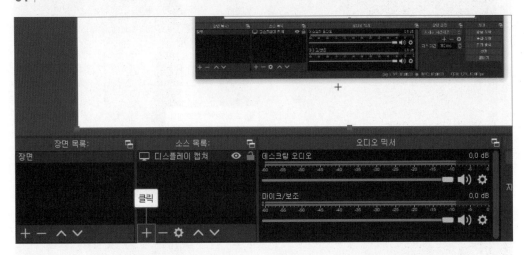

02 | 다양한 소스 목록들이 나옵니다. 화면 위에 텍스트를 띄우기 위해 (텍스트 (GDI +))를 선택합니다.

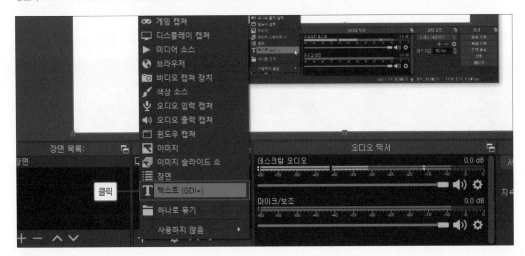

03 | 소스 만들기/선택 대화상자가 표시되면 (확인) 버튼을 클릭합니다.

04 | '텍스트 (GDI +)' 속성 창이 표시되면 원하는 문자를 입력할 수 있습니다. 여기서는 '한국지리 3주차 기후'라고 입력합니다.

05 │ (글꼴 선택) 버튼을 누르면 Pick a Font 대화상자가 표시됩니다. Font 패널에서 글꼴을 선택하고, Size에서 문자 크기를 지정할 수 있습니다. 예제에서는 폰트는 무료 폰트인 '배달의민족 도현체', 크기는 '256'으로 지정한 다음 (확인) 버튼을 클릭합니다.

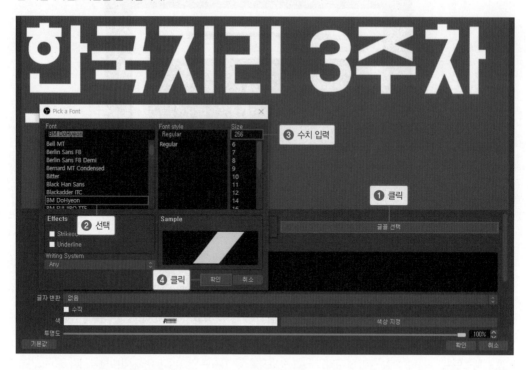

06 │ (색) – (색상 지정) 버튼을 클릭하면 텍스트의 색상을 지정할 수 있는 색 대화상자가 표시됩니다. 직접 색을 선택하거나 하단의 HTML에 '#fff700'을 입력합니다. (확인) 버튼을 클릭하면 텍스트의 색상이 노란색으로 변경됩니다.

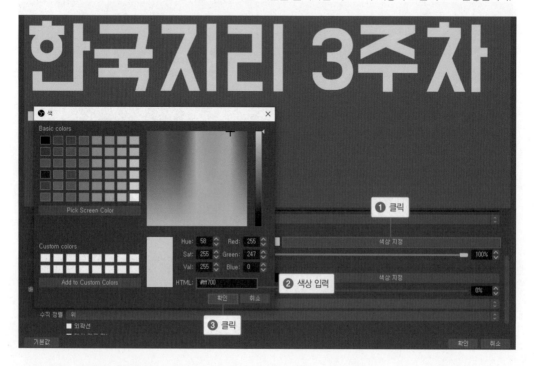

07 ｜〔배경 색상〕 – 〔색상 지정〕 버튼을 클릭하면 텍스트의 배경 색상을 지정할 수 있는 배경 색상 대화상자가 표시됩니다. 직접 색을 선택하거나 하단의 HTML에 '#ff5d00'을 입력하고 〔확인〕 버튼을 클릭합니다.

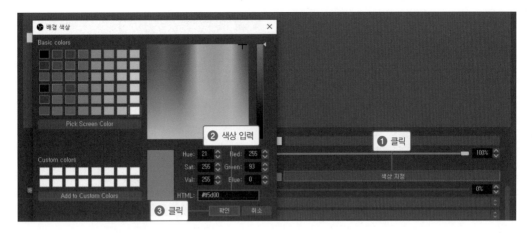

08 ｜배경 색상을 지정했음에도 아무 변화가 없습니다. '배경 색상' 하단의 배경 불투명도가 '0'이기 때문입니다. 불투명도 수치값을 '50%'로 입력합니다.

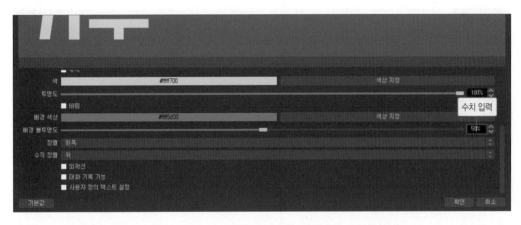

09 ｜텍스트에 외곽선을 추가하기 위해 '수직 정렬' 하단의 〔외곽선〕에 체크 표시합니다. 외곽선 옵션이 표시됩니다.

10 | [외곽선 색] – [색상 지정] 버튼을 클릭하면 외곽선의 색상을 지정할 수 있는 '외곽선 색' 창이 표시됩니다. 직접 색을 선택하거나 하단의 HTML에 '#000000'을 입력하고 [확인] 버튼을 클릭합니다. 검은색 외곽선이 표시됩니다.

11 | 외곽선 크기를 '10'으로 변경하면 검은 외곽선이 두꺼워진 것을 확인합니다. [확인] 버튼을 눌러서 텍스트 설정을 완성합니다.

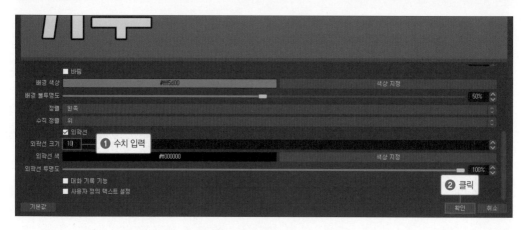

12 | OBS 스튜디오의 화면 위에 입력한 문자가 표시됩니다. 문자박스를 드래그하면 크기를 조정할 수 있습니다.

13 │ 문자박스 내부를 드래그하여 문자 위치를 조정합니다. 텍스트의 수정이 필요하면 소스 목록 패널의 텍스트 탭을 더블클릭하여 텍스트 설정 대화상자를 표시합니다.

14 │ 앞의 과정과 같은 방법으로 소스 목록 패널 하단의 추가 아이콘(➕)을 눌러 추가로 필요한 문자를 삽입합니다. 예제에서는 '공지사항' 문자를 추가하였습니다.

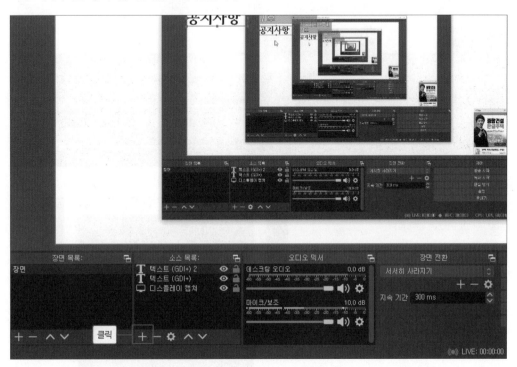

Section 06

강의 화면에 **이미지 삽입하기**

　강의 화면에 직접 디자인한 이미지를 활용하면 수강자들에게 듣는 재미뿐만 아니라 보는 재미도
줄 수 있습니다. 이미지를 추가하는 방법에 대해 알아보겠습니다.

01 ┃ OBS 스튜디오에 이미지를 추가하기 위해 소스 목록 패널 밑에 있는 추가 아이콘(➕)을 클릭합니다.

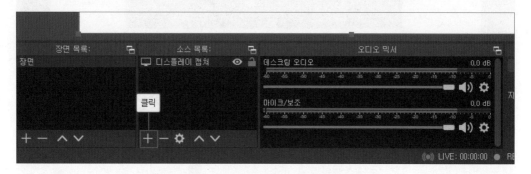

02 ┃ 메뉴가 표시되면 화면 위에 이미지를 삽입하기 위해 (이미지)를 선택합니다.

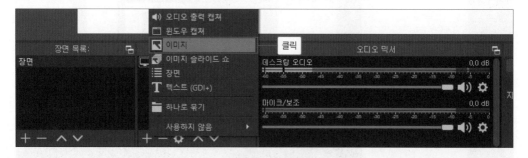

03 ┃ 소스 만들기/선택 대화상자가 표시
되면 (확인) 버튼을 클릭합니다.

04 | '이미지' 속성 대화상자가 표시되면 이미지를 삽입하기 위해 (찾아보기) 버튼을 클릭합니다.

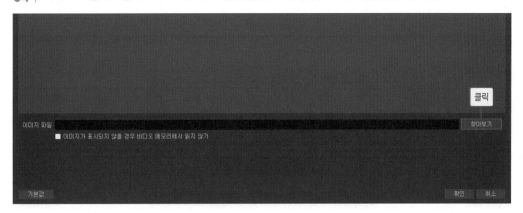

05 | 줌\04 폴더 → '지리 로고.png' 파일을 선택한 다음 (열기(O)) 버튼을 클릭합니다.

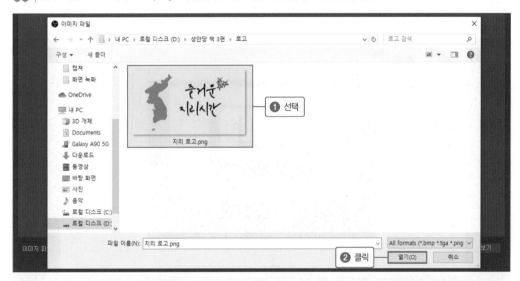

06 | '이미지' 속성 대화상자에 선택한 예제 파일이 표시됩니다. 해당 이미지를 삽입하기 위해 (확인) 버튼을 클릭합니다.

07 | 화면 위에 선택한 이미지가 표시됩니다. 그림박스를 드래그하여 그림 크기 조정이 가능하며, 이미지를 이동할 수도 있습니다.

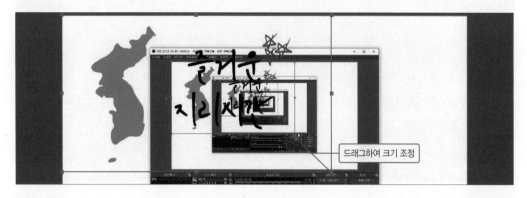

드래그하여 크기 조정

08 | 다음과 같이 이미지의 크기와 위치를 조정합니다. 수정이 필요하면 소스 목록 패널의 이미지 탭을 더블클릭하여 이미지 설정 대화상자를 표시한 다음 원하는 형태로 수정합니다.

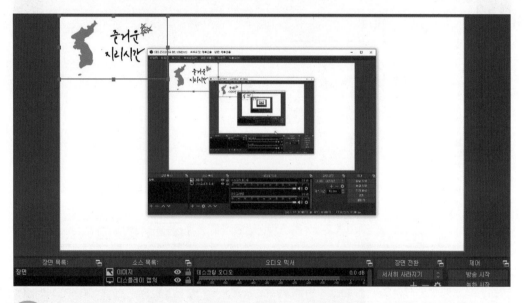

알아두기 **투명한 이미지인 PNG와 투명하지 않은 JPG 파일**

같은 이미지 파일이라도 형식에 따라 투명한 이미지와 투명하지 않은 이미지가 있습니다. PNG 파일과 JPG 파일이 대표적인 이미지 형식입니다. 주로 포토샵으로 작업할 때 PNG 파일로 저장을 하면 그림과 같이 배경을 투명한 상태로 저장할 수 있습니다. 이러한 형식은 OBS 스튜디오에서 사용해도 투명하게 표시됩니다. 반면에, JPG 파일은 투명하게 작업을 하고 저장을 해도 투명하게 표시되지 않습니다.

▶ 투명한 배경의 PNG 이미지 / 흰색 배경의 JPG 이미지

Section 07

모든 준비가 끝났다면 **강의 녹화 시작하기**

화면 구성 및 비디오와 오디오 설정이 완료되었다면 녹화를 진행합니다. 강의 편집을 하기 위해서는 녹화는 필수입니다. 강의 영상 녹화를 시작하는 방법에 대해 알아보겠습니다.

01 | 모든 설정이 끝났다면 화면을 표시하고 OBS 스튜디오의 화면과 오디오를 확인합니다. 확인이 끝났다면 (녹화 시작) 버튼을 클릭합니다.

02 | (녹화 시작) 버튼이 (녹화 중단) 버튼으로 변경되며 녹화가 진행됩니다. 원활한 강의 진행을 위해 OBS 스튜디오 프로그램 오른쪽 상단의 (최소화) 버튼을 클릭해 화면에 보이지 않도록 합니다.

03 | 그림과 같이 강의 화면만 녹화되는 것을 확인할 수 있습니다.

04 | 강의 녹화를 중단하기 위해 (녹화 중단) 버튼을 클릭해 녹화를 중단합니다. (녹화 시작) 버튼을 누르면 (녹화 중단) 버튼을 클릭하는 장면까지 녹화됩니다.

Section 08

녹화된 강의 영상 확인하기

녹화를 중단하였다면 강의 녹화 영상이 제대로 있는지 확인해야 합니다. 영상 녹화본을 확인하는 방법에 대해 알아보겠습니다.

01 │ OBS 스튜디오의 설정 대화상자에서 출력 패널의 녹화 경로를 확인해 보면 저장 파일 위치를 확인할 수 있습니다. 예제에서는 바탕화면에 저장되었습니다.

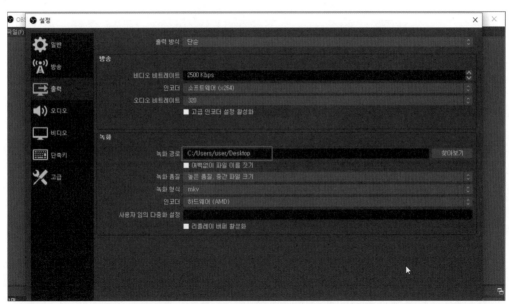

02 │ 파일 이름이 녹화를 시작한 날짜와 시간으로 설정됩니다. 실행하여 영상을 확인합니다.

Section 09

다빈치 리졸브 설치하기

영상 편집을 위한 다빈치 리졸브를 설치해 보겠습니다. 다빈치 리졸브는 유료 버전과 무료 버전으로 나뉘는데, 무료 버전만으로도 충분히 컷 편집과 다양한 효과를 적용할 수 있습니다. 여기서는 무료 버전의 설치에 대해 알아보겠습니다.

01 | 구글에서 '다빈치 리졸브'를 검색합니다. 검색 결과에서 상단의 표시된 다빈치 리졸브 링크를 클릭합니다.

02 | 다빈치 리졸브(www.blackmagicdesign.com/kr/products/davinciresolve/) 사이트에 접속됩니다. 무료로 다운로드하기 위해 [다운로드] 버튼을 클릭합니다.

03 │ 설치하려는 컴퓨터의 운영체제를 선택합니다. PC이고 운영체제가 윈도우면 (Windows)를 누르고 애플 맥이고 운영체제가 OS X이면 (Mac OS X)를 클릭합니다.

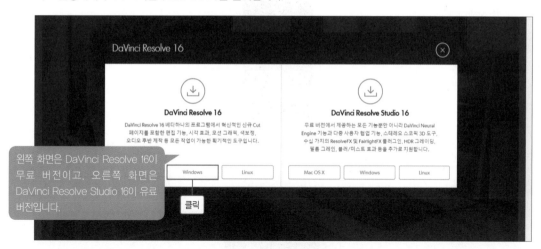

04 │ 본인의 정보를 입력하고 (등록 & 다운로드하기) 버튼을 클릭합니다. * 표시된 항목은 필수로 입력해야 하는 항목입니다.

05 │ '개인정보보호정책'을 확인하면 자동으로 프로그램 다운로드가 시작됩니다.

06 | 파일의 압축을 풀고 첨부된 파일을 실행합니다. DaVinci Resolve Installer 대화상자가 실행되면 (Install) 버튼을 클릭합니다.

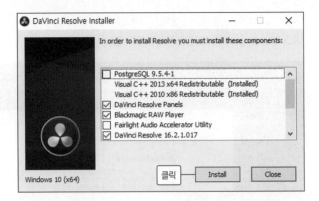

07 | 새로 실행 대화상자가 표시됩니다. (Next) 버튼을 클릭합니다.

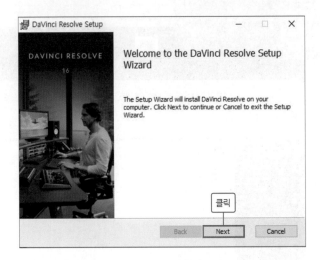

08 | 제품 라이선스 동의에 관한 내용을 체크한 다음 (Next) 버튼을 클릭합니다.

09 │ 설치 파일에 대한 경로 지정하는 대화상자가 나옵니다. 기본값을 적용하기 위해 (Next) 버튼을 클릭합니다.

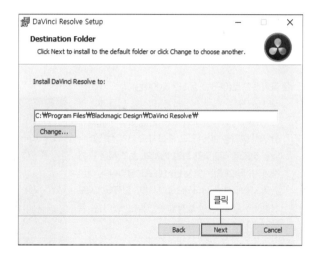

10 │ (Install) 버튼을 클릭하면 설치가 시작됩니다. 컴퓨터 사양에 따라 설치 시간에 차이가 있습니다.

 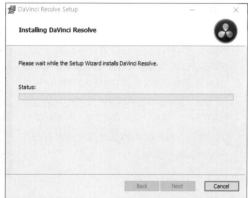

11 │ 설치가 완료되면 (Finish) 버튼을 클릭합니다. 다빈치 리졸브 프로그램의 설치가 완료되었습니다.

다빈치 리졸브 이외에 쓰기 좋은 편집 프로그램들을 간단하게 살펴보겠습니다.

❶ 곰믹스 프로(영구 소장 5만 5,000원)

곰믹스 프로는 10분 이상의 긴 영상을 만들어야 하는 상황에서 고려해 보면 좋은 편집 툴입니다. 다양한 영상 효과를 낼 수 있고, 초보자도 쉽게 접근할 수 있을 정도로 직관적인 화면 배치와 효과 적용이 가능해 사랑받고 있는 영상 편집 프로그램입니다. 다른 프로그램에 비해 상대적으로 저사양 컴퓨터에서도 원활하게 프로그램을 실행할 수 있다는 것이 큰 특징입니다.

❷ 프리미어 프로(1년 기준 20만 원)

프리미어 프로는 세계적으로 많은 편집자와 유튜버들이 채택하고 있는 편집 툴입니다. 컷 편집에 특화되었으며, 내장된 효과와 자막 도구를 활용해 단순 컷 편집 이외에도 디자인적으로 재밌는 영상을 만들 수 있습니다. 프리미어 프로는 가장 대중적이고 가장 정보가 많은 프로그램으로 추가로 정보 찾기가 유용하고 업데이트를 통해 꾸준히 신기능을 경험할 수 있습니다.

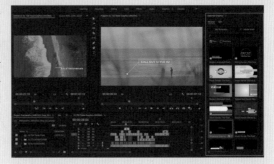

❸ 파이널 컷(영구 소장 약 37만 원)

파이널 컷은 컴퓨터의 운영 체제가 윈도우 사용자가 아닌 맥 OS를 사용하는 사람들을 위한 편집 툴입니다. 파이널 컷의 가장 큰 장점은 프로그램이 가볍다는 것입니다. 무거운 영상을 편집할 때도 버벅이거나 끊기는 상황없이 깔끔하게 편집을 할 수 있다는 점입니다. 이러한 이유로 실제 방송국에서 컷 편집을 위한 용도로 채택하고 있습니다.

Section 10

영상 편집의 시작, **프로젝트 만들기**

다빈치 리졸브를 실행하고 새 프로젝트를 만드는 것이 영상 편집의 시작입니다. 다빈치 리졸브로 새 프로젝트를 만들고 편집을 하기 위한 준비를 해 보겠습니다.

01 | 다빈치 리졸브를 실행한 다음 프로젝트를 만들기 위해 (New Project) 버튼을 클릭합니다.

02 | Create New Project 대화상자가 표시되면 프로젝트의 이름을 '편집'이라고 입력한 다음 (Create) 버튼을 클릭합니다.

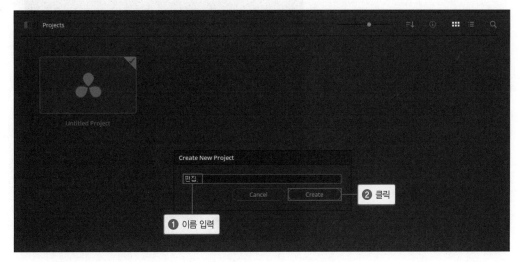

03 | 프로젝트 파일이 만들어집니다. 빠른 컷 편집을 위한 Cut 탭 화면이 표시됩니다.

알아두기 ｜ 단축키를 프리미어 프로처럼! 단축키 변경하기

다빈치 리졸브는 프리미어 프로의 단축키로 변경하여 빠른 작업 환경을 만들 수 있습니다. 단축키를 변경하는 방법에 대해 알아보겠습니다.

❶ 상단 메뉴에서 (DaVinci Resolve) – (Keyboard Customization...)을 클릭합니다.

❷ Keyboard Customization 대화상자가 표시됩니다. 오른쪽 상단에 있는 (DaVinci Resolve) 버튼을 클릭합니다. (Adobe Premiere Pro)로 설정을 바꾸고 (Save) 버튼을 클릭합니다. 이제 프리미어 프로의 단축키를 다빈치 리졸브에서 사용이 가능합니다.

Section 11

강의 영상 **소스 불러오기**

영상 컷 편집에 들어가기 위해서는 먼저 PC에 저장된 강의 영상 소스들을 다빈치 리졸브에 불러와야 합니다. 이 과정을 '불러오기(Import)'라고 합니다.

01 | 다빈치 리졸브를 실행한 다음 새 프로젝트를 만들면 시작 화면이 Cut 탭으로 표시됩니다. 하단에 있는 Media 탭을 눌러 Media 화면으로 이동합니다(새 프로젝트 만드는 방법은 121쪽 참조).

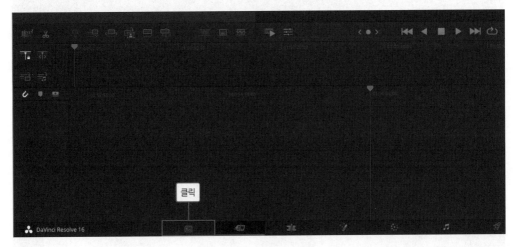

02 | Media 화면이 표시되면 로케이션 패널에 PC 드라이브들이 표시됩니다. 로케이션 패널을 통해서 영상 소스들을 불러올 수 있습니다.

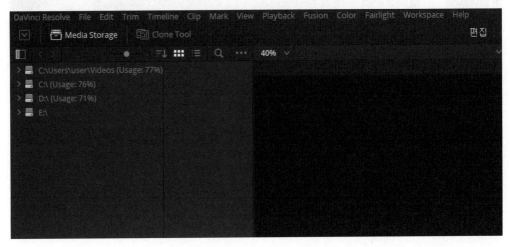

03 | 강의 영상 파일이 저장된 폴더 경로로 이동하기 위해 펼쳐보기 아이콘(▶)을 눌러 하위 폴더 안으로 이동합니다. PC에 저장된 영상 소스들이 표시됩니다.

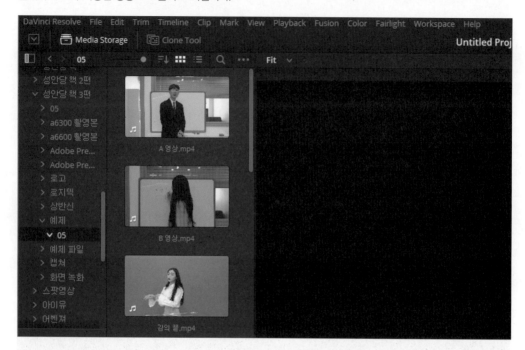

04 | 해당 경로에 있는 영상 소스들이 썸네일 형태로 표시됩니다. 로케이션 패널에 있는 영상 파일을 다빈치 리졸브에 불러오겠습니다. '고전역학 칠판 강의.mp4' 파일을 미디어 풀 패널에 드래그합니다. Project settings 관련 대화상자가 표시되면 (Change) 버튼을 클릭합니다.

05 | 선택한 영상 소스가 미디어 풀 패널에 추가된 것을 확인합니다. 추가로 다른 영상 소스들도 같은 방법으로 드래그하여 미디어 풀 패널에 추가합니다. 한 번에 여러 개의 소스 파일을 선택하여 불러오는 것도 가능합니다.

06 | 다빈치 리졸브 하단의 Cut 탭을 눌러 Cut 화면으로 이동합니다. Cut 화면에서 컷 편집을 진행할 수 있게 Media 화면에서 파일을 선별하고 미디어 풀 패널로 사용할 파일을 분류하는 것입니다.

알아두기 Media 화면

Media 화면은 컴퓨터에 있는 파일을 다빈치 리졸브로 가져오고 편집을 할 수 있게 하는 다리 역할을 합니다. Media 화면의 로케이션 패널에서 미디어 풀 패널로 영상을 선별하는 것이 다빈치 리졸브에 영상을 불러오기(Import)를 하는 과정입니다.

Section 12

강의 영상 목록 **다양한 형태로 확인하기**

Media 화면의 로케이션 패널의 동영상을 불러올 때, 다양한 형태로 강의 영상 소스의 목록을 확인할 수 있습니다. 썸네일형과 목록형으로 영상 소스를 확인하는 방법에 대해 알아보겠습니다.

01 | 다빈치 리졸브를 실행한 다음 Media 탭을 눌러 Media 화면으로 이동합니다. 로케이션 패널에서 예제 파일을 제공하는 줌\05 폴더를 엽니다.

02 | 로케이션 패널 상단에 정렬 아이콘(⬇)을 클릭합니다. (File Name)을 선택합니다. 파일 이름이 글자 순으로 나열된 것을 알 수 있습니다. 다시 정렬 아이콘(⬇)을 클릭한 다음 (Descending)을 선택합니다.

03 | 파일 이름이 역순으로 정렬된 것을 알 수 있습니다. 이번에는 목록형으로 파일들을 살펴보겠습니다. 로케이션 패널에 있는 목록 아이콘(▤)을 클릭합니다.

04 | 로케이션 패널이 영상의 장면이 보이는 썸네일 형태에서 목록형으로 변경되었습니다. 폴더에 파일 수가 많은 경우, 목록형으로 보면 도움이 됩니다. 다시 썸네일 형태로 보기 위해 로케이션 패널 상단의 썸네일 아이콘(▦)을 클릭합니다.

05 | 썸네일 형태로 패널의 형태가 다시 바뀌었습니다. 썸네일의 크기를 조절할 수 있습니다. 로케이션 패널에 있는 휠(⬤)을 왼쪽으로 드래그하면 썸네일의 크기를 축소, 오른쪽으로 드래그하면 썸네일의 크기를 확대할 수 있습니다. 왼쪽으로 드래그합니다.

06 | 썸네일 형태에서도 어느 정도 많은 양의 영상 소스를 확인할 수 있습니다. 기호에 맞게 보기 편한 방식을 채택하여 사용하도록 합니다.

Section 13

자르고 붙이고! 강의 시작 부분 자르고 편집하기

　　Media 화면에서 미디어 풀 패널로 영상을 선별하고 작업이 끝났다면, 본격적으로 Cut 화면에서 영상을 편집할 차례입니다. 강의 시작 부분의 영상에서 앞부분의 필요 없는 장면을 잘라보겠습니다.

◉ **예제 파일** 줌\05\강의 시작.mp4　　◉ **완성 파일** 줌\05\강의 시작완성.mp4

01 │ 다빈치 리졸브를 실행합니다. 새 프로젝트를 만들고 Media 탭에서 줌\05 폴더 → '강의 시작.mp4'를 미디어 풀 패널에 드래그합니다. 미디어 풀 패널에 소스를 옮긴 다음 하단의 Cut 탭을 클릭합니다(새 프로젝트 만드는 방법은 121쪽 참조).

02 │ Cut 화면이 표시되며, 소스 패널에 영상 파일이 표시됩니다. '강의 시작.mp4' 파일을 타임라인 패널로 드래그합니다.

03 | 영상이 타임라인 패널에 배치가 됩니다. 동시에 소스 패널에 'Timeline 1'이 추가됩니다.

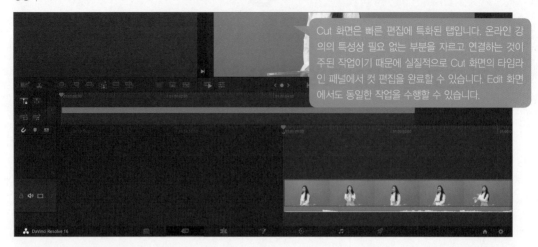

> Cut 화면은 빠른 편집에 특화된 탭입니다. 온라인 강의의 특성상 필요 없는 부분을 자르고 연결하는 것이 주된 작업이기 때문에 실질적으로 Cut 화면의 타임라인 패널에서 컷 편집을 완료할 수 있습니다. Edit 화면에서도 동일한 작업을 수행할 수 있습니다.

04 | 타임라인 상단의 타임코드(T/C)를 보면 01:00:00:00으로 표시되어 있습니다. 시작 지점의 타임코드를 00:00:00:00으로 변경시키기 위해 하단의 Media 탭을 클릭합니다.

05 | 미디어 풀 패널에 'Timeline 1'를 마우스 오른쪽 버튼을 클릭하여 표시되는 메뉴에서 (Timelines) – (Starting Timecode...)를 클릭합니다.

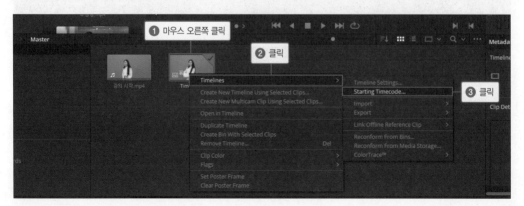

06 | Set New Start Timecode 대화상자가 표시됩니다. '00:00:00:00'을 입력한 후 (OK) 버튼을 클릭합니다.

타임코드(T/C)는 컷 편집의 결과물에 아무런 영향을 주지 않습니다. 다만, 긴 영상을 편집하는 과정에서 혼동을 줄 여지가 있기에 타임코드(T/C)의 시작 값을 바꾸는 것을 권장합니다.

07 | 다시 Cut 탭을 눌러 이동합니다. 타임코드의 단위가 수정된 것을 확인합니다.

08 | Page up 을 눌러 영상의 맨 처음으로 이동합니다.

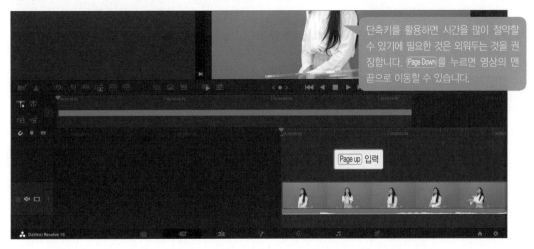

단축키를 활용하면 시간을 많이 절약할 수 있기에 필요한 것은 외워두는 것을 권 장합니다. Page Down 를 누르면 영상의 맨 끝으로 이동할 수 있습니다.

09 | Spacebar를 누르면 영상이 처음부터 재생됩니다. 시간표시자가 이동하면서 영상이 재생됩니다. 영상을 재생할 때는 Spacebar를 누르면 됩니다. 재생한 영상을 멈출 때에도 Spacebar를 누르면 됩니다.

10 | 01:24초 부분에서 강의가 시작되므로, 시간표시자를 드래그하여 01:24초 위치로 이동합니다. 세부적으로 시간표시자를 옮겨야 할 때는 시간표시자를 드래그하여 세밀하게 옮길 수 있습니다.

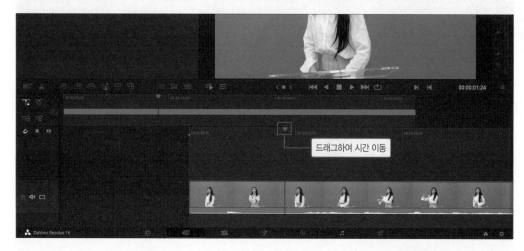

11 | 01:24초 부분에서 이전 장면은 필요가 없는 장면입니다. 편집을 위해 자르기 아이콘(✂)을 클릭합니다. 잘려진 영상을 확인할 수 있습니다.

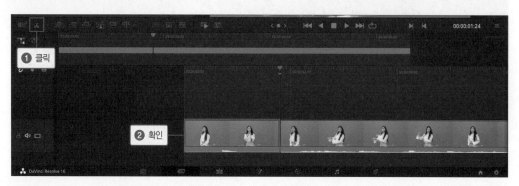

12 | 01:24초를 기준으로 앞에 시작하는 부분은 실질적으로 필요가 없습니다. 필요 없는 장면을 지우기 위해 타임라인 패널의 01:24초 앞 장면을 선택합니다. 선택된 장면은 주황색으로 표시됩니다.

13 | Delete 를 누릅니다. 01:24초 이전의 필요 없는 장면이 지워지면서 자동으로 영상의 빈 부분이 채워지는 것을 확인합니다.

Section 14

강의 **중간 영상 자르고 편집하기**

강의를 진행하는 과정에서 강사가 말실수하거나 발음이 꼬이는 등 다양한 상황이 발생할 수 있습니다. 이러한 요인들은 강의에 불필요한 요소이므로, 영상 프로그램에서 컷 편집을 하는 과정이 필요합니다. 강의 중간 부분을 자르고 편집하는 방법에 대해 알아보겠습니다.

● 예제 파일 줌\05\강의 중간.mp4　　● 완성 파일 줌\05\강의 중간완성.mp4

01 │ 다빈치 리졸브를 실행합니다. 새 프로젝트를 만들고 Media 탭에서 줌\05 폴더 → '강의 중간.mp4'를 미디어 풀 패널에 드래그합니다. 미디어 풀 패널에 소스를 옮긴 다음 하단의 Cut 탭을 클릭합니다.

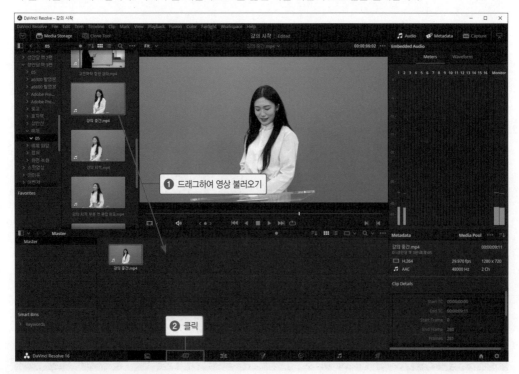

02 | Cut 화면이 표시되며, 소스 패널에 영상 파일이 표시됩니다. '강의 중간.mp4' 파일을 타임라인 패널로 드래그하여 영상을 위치시킵니다(타임코드의 수정이나 타임라인 패널에 위치하는 방법은 Part 05의 Section 07을 참고하세요).

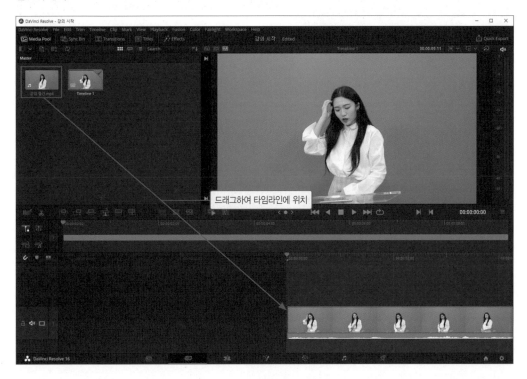

03 | 시간표시자를 드래그하여 02:08초 부분으로 이동합니다.

04 │ 편집을 위해 자르기 아이콘(▦)을 클릭합니다. 잘려진 영상을 확인할 수 있습니다.

05 │ 시간표시자를 드래그하여 06:02초 부분으로 이동합니다. 이 부분 이후에도 '특히 남해안 일대...' 라는 멘트가 반복되기 때문에 02:08초~06:02초의 영상은 불필요합니다.

06 │ 편집을 위해 자르기 아이콘(✂)을 클릭합니다. 잘려진 영상을 확인할 수 있습니다.

07 │ 02:08초~06:02초의 장면은 불필요한 장면이기에 지우겠습니다. 타임라인 패널에서 해당 부분을 선택합니다. 선택된 장면은 주황색으로 표시됩니다.

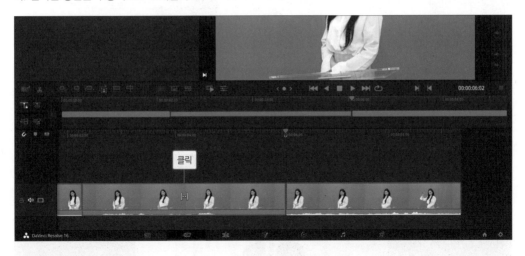

08 │ Delete를 누릅니다. 02:08초~06:02초 구간의 필요 없는 장면이 지워지면서 자동으로 영상이 이어지는 것을 확인합니다.

Section 15

Cut 화면에서 **두 개의 영상 클립 붙이기**

장시간 촬영한 영상을 잘라서 1개의 영상으로만 편집 작업을 하는 때도 있지만, 다른 영상을 붙인다던가, 카메라를 끊어서 촬영하여 촬영본 여러 개를 하나로 연결해야 하는 상황도 발생할 수 있습니다. 빠른 편집을 요하는 Cut 화면에서 두 개의 영상 클립을 붙이는 방법에 대해 알아봅니다.

● 예제 파일 줌\05\A 영상.mp4, B 영상.mp4   ● 완성 파일 줌\05\A+B 영상.mp4

01 | 다빈치 리졸브를 실행합니다. 새 프로젝트를 만들고 Media 탭에서 줌\05 폴더 → 'A 영상.mp4'와 'B 영상.mp4'를 미디어 풀 패널에 드래그합니다. 미디어 풀 패널에 소스를 옮긴 다음 하단의 Cut 탭을 클릭합니다.

02 | Cut 화면이 표시되며, 소스 패널에 영상 파일이 표시됩니다. 'A 영상.mp4' 파일을 타임라인 패널로 드래그
하여 영상을 위치시킵니다.

03 | 소스 패널의 'B 영상.mp4'를 선택한 후, 타임라인 패널 위에 있는 덧붙임 아이콘(■)을 클릭합니다. 'A 영
상.mp4' 뒤쪽에 'B 영상.mp4'가 붙은 것을 확인합니다.

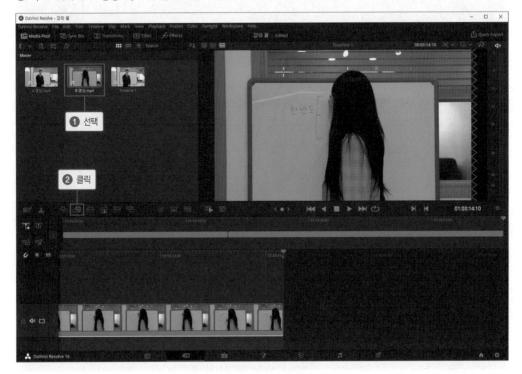

Section 16

2개의 트랙을 이용하여 **로고 삽입하기**

　다빈치 리졸브는 무료로 제공하는 영상 편집 툴임에도 여러 개의 트랙을 활용하여 한 영상 장면 위에 또 다른 영상이나 이미지, 글씨 등을 무한정 넣을 수 있습니다. 여기서는 영상 트랙 2개를 활용하여 강의 영상 위에 로고를 삽입하는 방법에 대해 알아보겠습니다.

◉ 예제 파일 줌\05\방송화법.mp4, 방송화법 로고.png　　◉ 완성 파일 줌\05\방송화법완성.mp4

01 | 다빈치 리졸브를 실행합니다. 새 프로젝트를 만들고 Media 탭에서 줌\05 폴더 → '방송화법.mp4'와 '방송화법 로고.png'를 미디어 풀 패널에 드래그합니다. 미디어 풀 패널에 소스를 옮긴 다음 하단의 Edit 탭을 클릭합니다.

02 | Edit 화면이 표시되며, 소스 패널에 영상 파일이 표시됩니다. '방송화법.mp4' 파일을 타임라인 패널로 드래그하여 영상을 위치시킵니다.

03 | Timeline 1의 타임코드(T/C)를 00:00:00:00으로 수정합니다.

04 | 소스 패널에 있는 '방송화법 로고.png' 파일을 타임라인 패널의 '방송화법.mp4' 파일 위 칸으로 드래그합니다. V2 트랙이 생성되면서 로고가 표시되는 것을 확인합니다.

05 | 로고의 길이가 너무 짧습니다. V2 트랙의 '방송화법 로고.png' 파일의 오른쪽 끝을 V1 트랙의 '방송화법.mp4' 길이에 맞게 드래그하여 길이를 늘립니다.

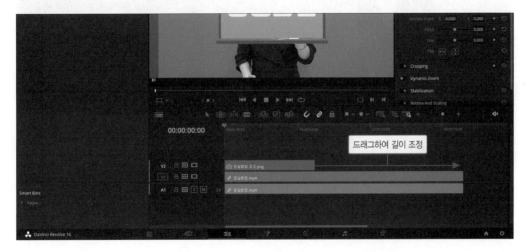

06 | 로고의 크기가 너무 커서 줄이겠습니다. 오른쪽에 있는 설정 패널에서 Transform – Zoom 값에 '0.650'을 입력합니다. X나 Y 아무 칸에 입력해도 비례해서 가로 세로 비율이 같이 바뀝니다.

07 | 로고의 위치를 왼쪽 상단에 위치하도록 옮기겠습니다. 설정 패널의 Transform – Position 값을 'X : –641.0', 'Y : 310.0'으로 입력합니다. 로고가 왼쪽 상단으로 이동합니다.

알아두기   **트랙 활용하기**

트랙을 여러 개 활용하면 로고뿐만 아니라 동영상, 텍스트와 같은 다른 요소들도 추가할 수 있습니다. 강의 영상에 도움이 될 만한 자료나 문구를 삽입하여 활용하도록 합니다.

Section 17

예비용 오디오와 **내 강의 영상 싱크 맞추기**

보통은 촬영기기에 녹음기를 달아서 한번에 녹음하지만, 장비가 부족하거나 외부 상황에 따라 녹음기를 따로 배치하여 다른 기기에서 녹음하는 상황이 있습니다. 다른 영상과 다른 오디오 파일이 따로 있을 때, 다빈치 리졸브 내에서 두 파일의 싱크를 맞추는 방법에 대해 알아보겠습니다.

● 예제 파일 줌\05\오리엔테이션.mp4, 오리엔테이션 오디오.mp3　　　● 완성 파일 줌\05\오리엔테이션완성.mp4

01 │ 다빈치 리졸브를 실행합니다. 새 프로젝트를 만들고 Media 탭에서 줌\05 폴더 → '오리엔테이션 오디오.mp3'와 '오리엔테이션.mp4'를 미디어 풀 패널에 드래그합니다. 미디어 풀 패널에 소스를 옮긴 다음 하단의 Edit 탭을 클릭합니다.

02 | Edit 화면이 표시되며, 소스 패널에 영상 파일이 표시됩니다. '오리엔테이션.mp4' 파일을 타임라인 패널로 드래그하여 영상을 위치시킵니다.

03 | 시간표시자를 드래그하여 박수를 치는 장면인 02:01초 부분으로 이동합니다. 촬영을 할 때 다른 오디오 녹음 기기를 사용하는 경우, 박수 소리를 기준으로 싱크를 맞추는 것이 좋습니다.

04 | Ctrl+B를 누릅니다. 영상이 잘린 것을 확인합니다.

05 | 소스 패널의 '오리엔테이션 오디오.mp3' 파일을 타임라인 패널의 '오리엔테이션.mp4' 파일의 아래 칸으로 드래그하여 위치합니다. 타임라인 패널에 A2 트랙이 생성되면서 '오리엔테이션 오디오.mp3'가 위치합니다.

06 | 타임라인 패널의 A2 트랙 아래 경계를 드래그하면 오디오 트랙이 확대되면서 A2 트랙의 오디오 볼륨을 시각적으로 확인할 수 있습니다. A2 트랙 아래 경계 부분을 밑으로 드래그하여 확대합니다.

07 | 시간표시자를 02:18초로 드래그하여 이동합니다. A2 트랙의 튀어나온 파형 부분이 박수 소리가 나는 부분입니다. 이 부분을 기준으로 싱크를 맞출 수 있습니다.

08 | 타임라인 패널의 A2 트랙을 선택하고 Ctrl+B를 누릅니다. 오디오 트랙이 02:18초를 기준으로 잘립니다. 02:18초 이후의 '오리엔테이션 오디오.mp3' 파일을 02:01초로 드래그하여 앞으로 당겨줍니다.

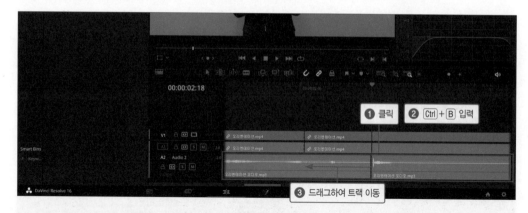

09 | '오리엔테이션.mp4' 파일과 '오리엔테이션 오디오.mp3' 파일이 박수 소리를 기준으로 싱크가 맞게 됩니다. 02:01초의 앞부분은 드래그하여 선택하고 Delete를 눌러 지워줍니다.

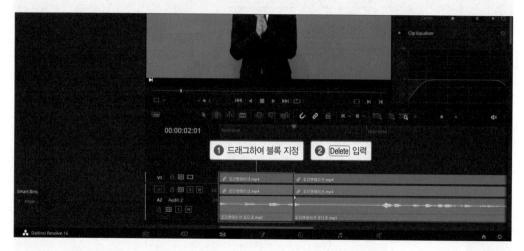

10 | 싱크를 맞췄다면, 기존의 오디오는 필요가 없습니다. 타임라인 패널의 A1 트랙에 있는 음소거 아이콘(M)을 클릭합니다. 해당 트랙의 소리가 음소거 처리됩니다.

Section 18

프로젝트 저장하고 불러오기

온라인 강의의 특성상 긴 영상을 편집하기 때문에 장시간 동안 편집하는 경우가 많습니다. 긴 시간을 할애하여 한번에 영상을 끝까지 편집하는 것보다 중간에 다른 업무를 보면서 편집을 이어나가는 경우가 더 많습니다. 여기서는 프로젝트를 저장하고 불러오는 방법에 대해 알아봅니다.

01 | 다빈치 리졸브 상단 메뉴 표시줄에 (File) – (Save Project As...)를 클릭합니다.

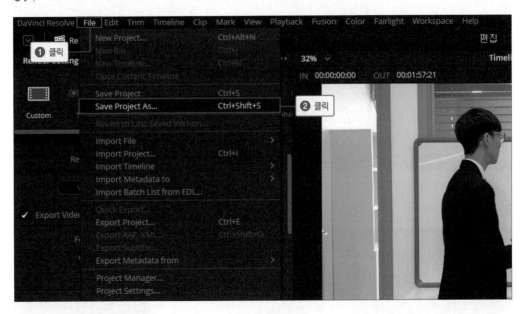

02 | Save Current Project As 대화상자가 표시됩니다. 프로젝트 이름을 '편집 프로젝트'로 입력하고 (Save) 버튼을 클릭합니다.

03 | 다빈치 리졸브의 데이터베이스에 프로젝트가 저장되었습니다. 다빈치 리졸브를 종료하고 다시 실행합니다. 시작 화면에 방금 저장한 '편집 프로젝트'가 표시됩니다. 불러오고자 하는 프로젝트를 선택하고 (Open) 버튼을 클릭합니다.

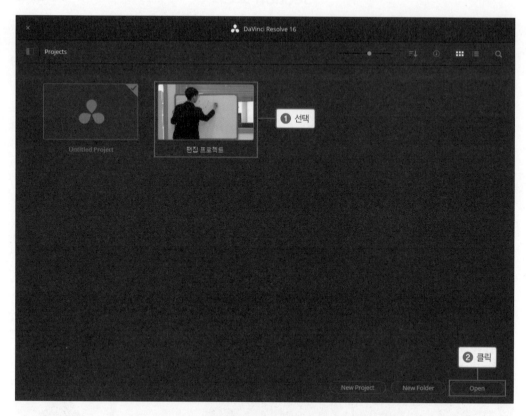

04 | 저장한 프로젝트가 실행됩니다. 모든 저장한 프로젝트는 이런 과정으로 불러옵니다.

Section 19

컷 편집이 완성되었다면 **전체 영상 출력하기**

편집이 끝나서 영상을 영상 파일로 뽑는 과정을 '랜더링'이라고 합니다. 다빈치 리졸브에서는 다양한 설정과 다양한 방식으로 영상을 출력할 수 있습니다. 영상을 고화질로 출력하는 방법에 대해 알아 보겠습니다.

◉ 예제 파일 줌\05\전체 영상 출력하기.mp4   ◉ 완성 파일 줌\05\전체 영상.mp4

01 │ 다빈치 리졸브를 실행합니다. 새 프로젝트를 만들고 Media 탭에서 줌\05 폴더 → '전체 영상 출력하기.mp4'를 미디어 풀 패널에 드래그합니다. 미디어 풀 패널에 소스를 옮긴 다음 하단의 Edit 탭을 클릭합니다.

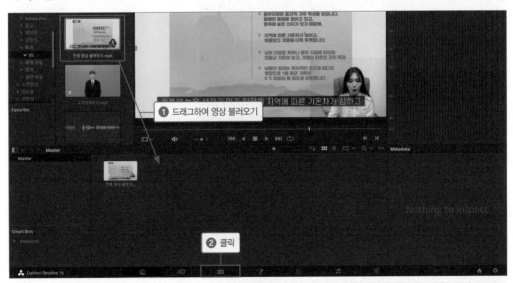

02 │ Edit 화면이 표시되며, 소스 패널에 영상 파일이 표시됩니다. '전체 영상 출력하기.mp4' 파일을 타임라인 패널로 드래그하여 영상을 위치시킵니다. 영상을 출력하기 위해 하단의 Deliver 탭을 클릭해 Deliver 화면으로 이동합니다.

03 │ Edit 화면의 타임라인과 비슷하게 Deliver 패널도 구성되어 있습니다. 타임라인 패널 위에 Render에 'Entire Timeline'으로 설정되어 있어 영상 전체가 출력됩니다. 영상의 세부 설정만 해보도록 하겠습니다.

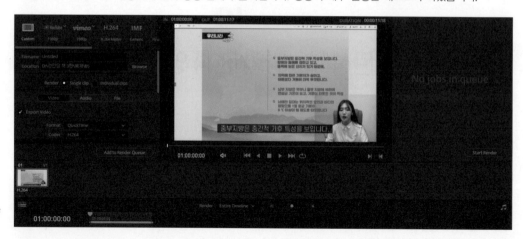

04 │ 랜더 세팅 패널에서 영상 설정을 할 수 있습니다. Format은 가장 대중적으로 많이 쓰이는 'MP4' 형식을 선택합니다.

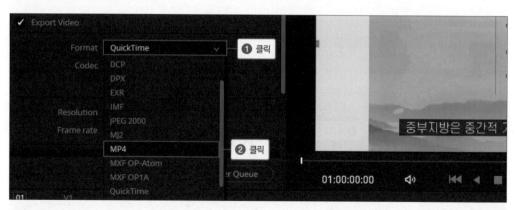

05 │ Codec은 MP4를 고르면 H.264로 지정되어 있습니다. 그대로 두고, Resolution을 '1280 x 720 HD 720P' 로 선택합니다. 원본 영상이 '1920 x 1080 FHD' 영상이기 때문에 최적화 작업을 합니다. 기호에 맞게 사이즈를 설정하면 됩니다.

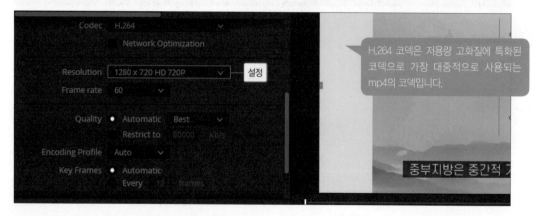

06 | 랜더 세팅 패널의 (Audio) 버튼을 클릭합니다. 출력 설정을 할 때, 오디오도 설정할 수 있습니다. Codec이 'AAC', Date Rate는 '192 Kb/s'로 기본 설정되어 있습니다. 확인만 하고 넘어가도록 합니다.

07 | 랜더 세팅 패널의 상단에서 File name과 Location을 지정할 수 있습니다. (Browse) 버튼을 클릭하고 완성본을 출력할 경로와 파일 이름을 지정합니다. 여기서는 '전체 영상 출력하기.mp4'로 이름을 지정하였습니다. (Save) 버튼을 클릭합니다.

08 | 출력 설정이 완료되었습니다. 랜더 세팅 패널 하단의 (Add to Render Queue) 버튼을 클릭하면 우측의 Render Queue 패널에 대기열로 추가됩니다. 대기열이 Job 1으로 표시됩니다. (Start Render) 버튼을 클릭합니다.

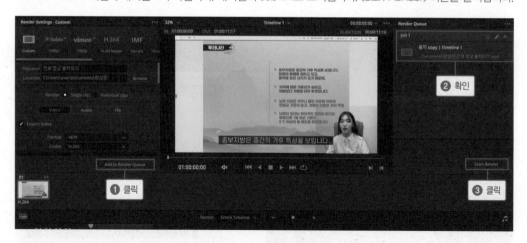

09 | 출력 과정이 진행되며, Location으로 지정한 경로에 영상이 출력됩니다.

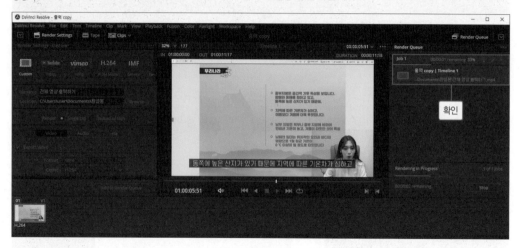

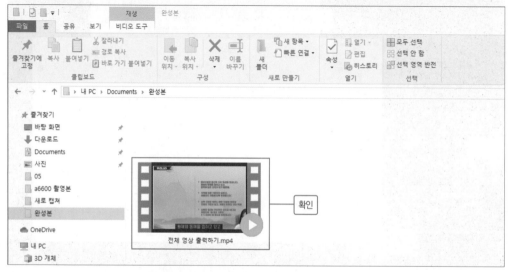

핵심만 쏙쏙! 한번에 원격수업 마스터하기

줌 & 구글 클래스룸
MS 팀즈 ➕ EBS 온라인 클래스

한 권으로 끝내는 비대면 수업을 위한
줌 & 구글 클래스룸, MS 팀즈의 모든 것!

비대면 수업을 위해 줌과 구글 클래스룸, MS 팀즈, EBS 온라인 클래스까지 한 권으로 묶어 핵심 기능을 뽑아 구성하였습니다. 수업을 개설한 다음 과제 제작, 등록부터 평가, 쌍방향 피드백하는 기본 학습 방식에서 창의성을 발휘하여 프로그램이나 앱을 적재적소에 함께 공유하고 사용하면 보다 효율적인 온라인 수업이 가능할 것입니다.

1 영상 수업부터 소회의실까지
줌 & 영상 편집

줌을 이용한 기본적인 영상 수업뿐만 아니라 자료를 전송하고 원격 제어를 이용하여 자료를 공유하고 수정하는 방법과 팀별 회의를 위해 소회의실을 만들고 팀원들을 할당하고 제어하는 방법을 학습합니다. 강의를 녹화한 영상은 컷 편집을 진행하는 방법까지 소개합니다.

2 효율적인 온라인 수업을 위한
구글 클래스룸

구글 클래스룸을 이용하여 수업을 개설하고 과제를 제작, 등록할 수 있으며, 기준표를 이용하여 과제 채점과 평가를 합니다. 영상 수업을 위한 구글 미트, 구글 설문 기능을 이용하여 퀴즈 형태의 과제부터 다양한 유형의 과제를 만들고 커뮤니케이션을 합니다.

3 다양한 MS 기능의 비대면 교육
MS 팀즈

온라인을 기반으로 MS 팀즈를 이용하여 다양한 기능을 통합하고 탑재하여 학습 효과를 높이기 위한 다양한 소통 방식을 제공합니다. 수업을 신청하거나 수업 내용을 확인할 수 있으며 수업 진행 시 실시간 화상 수업과 채팅을 포함하여 학생의 수업 관리를 위한 과제 출제, 채점, 피드백 등이 가능합니다.

4 EBS 강좌와 연계 수업이 가능한
EBS 온라인 클래스

EBS에서는 정상적인 학사 일정이 온라인을 통해 이루어질 수 있도록 EBS 온라인 클래스를 제공합니다. EBS 온라인 클래스는 선생님들이 학급 단위, 학년 단위, 과목 단위로 자유롭게 구성할 수 있으며, 학생들의 학습 여부 체크 및 게시판을 활용한 학급 관리가 가능합니다.

값 25,000원
ISBN 978-89-315-5695-7

93000

비대면 수업, 과제 제작부터 화상 수업, EBS 온라인 클래스까지
한 권으로 끝내는 줌 & 영상 편집, 구글 클래스룸, MS 팀즈의 모든 것!

줌 & 구글 클래스룸 MS 팀즈

2^권
구글클래스룸

+ EBS 온라인 클래스

문택주, 이문형, 앤미디어 지음

구글 클래스룸 편

핵심만 쏙쏙!
한번에 원격수업 마스터하기

온라인수업
1+1+1
통합본

BM (주)도서출판 성안당

핵심만 쏙쏙! 한번에 원격수업 마스터하기

줌 & 구글 클래스룸 MS팀즈

구글 클래스룸 편

BM (주)도서출판 성안당

Part 03 실시간 영상 수업을 위한 구글 미트 사용하기

Part 04 과제 평가와 수업 관리하기

온라인 수업을 위한
준비와 수업 개설하기

구글 클래스룸을 사용하기 위해서는 구글 계정
이 필요합니다. 구글 계정은 크롬 브라우저부터
G메일, 유튜브, 구글에서 제공하는 다양한 앱들을
사용하기 위한 시작입니다. PC 기반과 스마트폰
기반의 구글 클래스룸 앱을 설치한 다음 구글 클래
스룸의 기본 구성에 대해 알아봅니다.

Part 1

Section 01

온라인 수업의 기준, **구글 클래스룸**

비대면 온라인 수업이 점점 확대되고 있는 요즘, 다양한 환경에 대응하여 학습자와 교육자 간의 쉽고 편리한 커뮤니케이션이 가능하도록 제공하는 시스템의 필요성이 확대되고 있습니다. 특히 온라인의 발달은 대면을 하지 못하는 여러 환경에 대응한다는 장점도 있지만, 단순히 온라인으로 수업을 진행하는 것을 넘어 현재 있는 곳에서 세계 어느 나라의 학교도 다닐 수 있는 등 시간과 공간의 제약을 극복할 수 있다는 장점이 발생합니다.

국내에서는 한국방송통신대학을 시작으로 다양한 사이버 대학에서 온라인을 기반으로 한 교육을 하고 있으며, 20여 개의 대학이 온라인을 기반으로 교육을 하고 있습니다. 최근 코로나19로 인해 초·중·고 모든 학교에서도 온라인 교육을 도입하여 실시하고 있습니다.

한국의 경우에는 교육 인프라가 잘 갖추어진 나라라 할 수 있기 때문에 온라인 교육이 빠르게 도입이 필요한 상황이지만, 여러 가지 외부 환경적 요인이나 학습 활동의 확대 및 전문성을 위해서도 필요하며, 학생들의 전문성 있는 교육과 일률적인 교육 방식이 아닌 학생들의 적성에 맞는 교육을 실시하기 위해서도 온라인 교육은 필요할 수 있습니다. 따라서 다양한 온라인 교육 시스템이 도입되기 시작하였으며, 무료로 쉽고 편리하게 사용할 수 있도록 구글에서도 클래스룸이라는 시스템을 도입하였습니다.

▲ 구글 클래스룸을 이용한 수업 진행 과정

무료로 사용할 수 있는 학습관리 시스템, 구글 클래스룸

구글 클래스룸은 학습관리용 시스템으로, 이러한 교육용 학습관리 시스템을 LMS(Learning Management System)라고도 합니다. 온라인 수업을 원활하게 지원하기 위한 목적으로 개발되었으며, 간편할 설정과 교육자가 쉽고 편리하게 과제를 출제하고 관리 및 채점이 가능하며 학생들과 쉽게 의사소통이 가능하도록 개발되었습니다. 무엇보다 무료로 제공되어 사용에 부담이 없습니다. 최근 코로나19로 인해 온라인 교육의 필요성이 높아지고 있는 시점에 실시간 화상 회의 시스템 등을 이용한 교육을 시도하고 있으나 여러 가지 이슈로 인하여 구글 클래스룸의 활용에 대한 기대감도 높아지고 있습니다. 구글에서 지원하는 다양한 기능과의 통합도 가능하여 클래스룸을 기본으로 하여 구글 미트 실시간 화상 회의를 통한 실시간 교육과 관리까지 가능합니다.

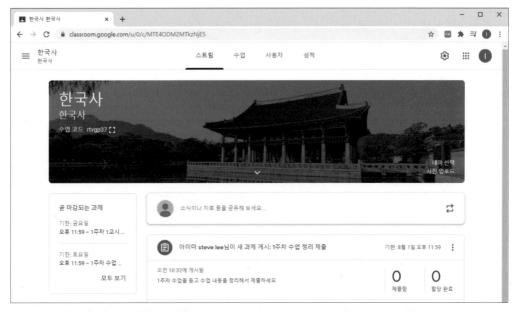

▲ 구글 클래스룸 수업 화면

구글 클래스룸은 웹을 기반으로 별도의 프로그램 설치가 필요없이 사용이 간편하며, 학교에는 무료로 제공하고 있습니다. 한 클래스에 여러 선생님이 교육을 할 수 있으며, 교육기관에는 '지스위트 포 에듀케이션(G Suite for Education)'을 활용하여 무료로 기능 확대와 저장 용량을 크게 늘려서 사용도 가능합니다. 다만 학교를 인증하는 절차가 있으므로 개인이 신청하고 관리하는 것은 어려움이 있어서, 학교에 도움을 요청해야 할 수 있습니다. 개인 또는 기업의 경우 구글 드라이브를 사용하여 클래스룸 사용 및 데이터를 저장할 수 있으나 지스위트(G Suite)를 활용하여 용량을 늘리거나 재택 근무, 사내 교육 등의 용도로 활용할 수 있습니다.

앞으로 늘어날 온라인 교육 및 다양한 교육 관리 및 새로운 학습법 도입을 위해서 필요한 학습 관리 도구로 학교에 무료로 제공하는 구글 클래스룸을 활용하는 학교는 더욱 많아질 것입니다.

다양한 교육용 제품을 제공하는 구글

구글은 지스위트 포 에듀케이션(G Suite for Education)을 기반으로 클래스룸 외에도 다양한 제품을 출시하여 제공하고 있습니다. 학생들의 효과적인 학습을 지원하면서 과제를 쉽고 편리하게 생성 및 분석, 채점이 가능하며 과제 기능을 통하여 학생들 스스로 과제를 관리하고 수정, 보완할 수 있으며, 피드백 기능도 쉽게 제공하고 있습니다. 소프트웨어뿐만 아니라 교육용 크롬북을 제작하기도 하였으며, 클라우드 및 가상/증강현실 관련 서비스도 제공하여 학생들의 교육 과정의 차원을 높이는 데 활용됩니다.

클라우드를 기반으로 한 잼보드(Jamboard)는 학생들의 수업에 활용할 수 있고, 공동 작업을 하거나 아이디어를 공유하는 등의 활동을 효과적으로 지원하고 있습니다. 특히 칠판에 필기된 내용이나 협의된 내용을 사진 촬영으로 보관 또는 공유할 필요가 없이 클라우드를 활용하여 저장, 수정 및 검토가 가능합니다. 이처럼 많은 기능을 구글은 무료로 제공하고 있으며, 크롬북이나 잼보드에 관련된 하드웨어는 별도로 구매하여 수업에 활용할 수 있습니다.

전세계의 많은 국가의 교육기관에서 활용하고 있는 구글의 교육용 솔루션은 점점 교육 시장의 모습을 많이 변화시킬 것입니다.

클래스룸을 위한 교육용 지스위트

구글 클래스룸을 사용할 때 필수는 아니지만 교사와 학생을 효율적으로 관리하기 위해서는 지스위트(G Suite)에 가입하는 것이 좋습니다. 그러나 교사 혼자 할 수 없고 학교 또는 교육청 등의 승인 등이 필요하기 때문에 각 기관의 협의가 필요합니다. 기관의 동의와 승인 절차를 거치면 구글 클래스 및 기타 교육에 활용될 수 있는 기능이 확장되고, 저장 용량의 제한이 없는 장점이 있습니다. 지스위트 포 에듀케이션(G Suite for Education) 일반 버전이 있으며, 추가적인 기능을 제공하는 지스위트 엔터프라이즈 포 에듀케이션(G Suite Enterprise for Education) 버전이 있습니다.

지스위트 포 에듀케이션(G Suite for Education)에 가입을 하려면 구글 포 에듀케이션(Google for Education) 사이트에 접속하고 [제품] 메뉴를 클릭한 다음 나오는 메뉴에서 [G Suite for Education]를 클릭합니다.

중앙에 있는 [G Suite에 가입] 버튼을 클릭하고 이후 과정을 진행할 수 있습니다.

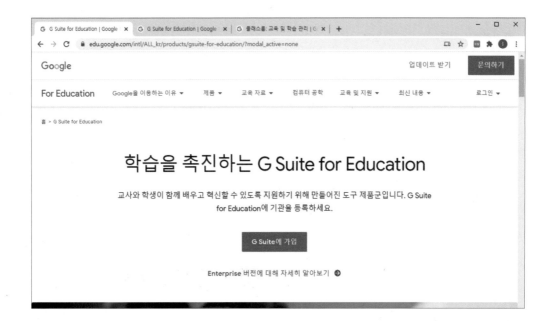

알아두기 구글 크롬 설치하기

구글 클래스룸은 HTML5 기반의 웹표준을 지원하는 브라우저라면 문제 없이 사용이 가능하지만 효과적이면서 원활한
사용을 위해서는 크롬 브라우저 설치를 추천합니다.

❶ '네이버' 같은 검색엔진에서 '구글
크롬'을 검색하고 검색 결과로 나
온 '구글 크롬'을 클릭합니다. 소프
트웨어 정보에 있는 구글 크롬을 클
릭하여 다운로드도 가능합니다. 또
는 사용하는 브라우저의 주소창에
'https://www.google.com/intl/ko/
chrome/'를 입력합니다.

❷ 크롬 설치 사이트에 접속되면 중앙
에 있는 (Chorme 다운로드) 버튼
을 클릭합니다.

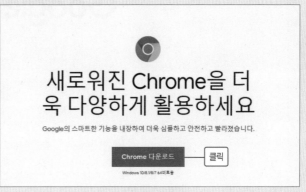

❸ 브라우저 하단에 다운로드 완료
되어 표시된 ChromeSetup.exe
를 클릭하여 실행합니다. 일부 브
라우저는 별도의 다운로드 폴
더에 저장되므로 해당 폴더에서
ChromeSetup.exe 파일을 더블
클릭하여 직접 실행합니다.

❹ 사용자 계정 컨트롤이 대화상자가
나타나면 윈도우에 크롬 웹브라우
저를 설치하기 위해서 관리사 권한
이 필요하기 때문에 〔예〕 버튼을 클
릭합니다. 인터넷에서 추가 파일
다운로드 및 설치 과정을 자동으로
진행합니다.

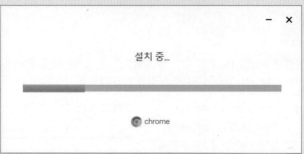

❺ 크롬 웹브라우저 설치가 완료되었습니다.

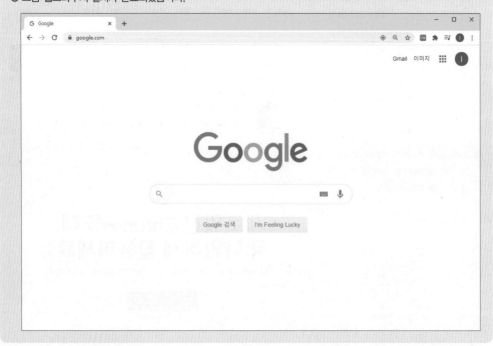

Section 02

애플에서 구글 클래스룸 앱 설치하기

구글 클래스룸은 스마트폰의 웹브라우저를 활용하여 사용이 가능합니다. 그러나, 스마트폰이나 태블릿이라면 좀 더 쉽게 효율적 사용이 가능한 앱 설치를 추천합니다. 안드로이드(Android)와 iOS용이 있으며 iOS용 앱을 설치하겠습니다.

01 | 아이폰이나 아이패드에서 앱스토어에 접속합니다. 검색창에서 '구글 클래스룸'을 입력하고 검색하여 검색된 앱 중에서 'Google Classroom'을 터치합니다.

02 | 구글 클래스룸 앱 페이지로 이동하면 앱의 기본적인 정보를 확인할 수 있습니다. 앱 아이콘 옆에 있는 (다운로드/설치)를 터치하여 설치를 진행합니다.

03 | 설치가 완료되면 (다운로드/설치) 버튼이 (열기) 버튼으로 변경됩니다. (열기)를 터치하여 앱을 실행합니다.

04 | 구글 클래스룸 앱 로딩 화면이 나타나면 (시작하기)를 터치하여 앱을 시작합니다. 페이지 하단에 있는 클래스룸 기능 업데이트 관련 이메일 신청은 체크 해제해도 클래스룸 사용은 가능합니다.

05 | 클래스룸에서 사용할 계정 선택을 위한 대화상자가 나타나며 클래스룸에서 사용할 구글 계정을 선택합니다. 구글 계정이 없다면 다른 계정 추가를 통하여 신규 구글 계정을 등록하여 사용할 수 있습니다.

> Gmail 등을 아이폰에 설정해두었다면 계정 선택에 표시되지만, iOS에 등록된 구글 계정이 없다면 계정이 나타나지 않습니다. 이 경우 (기기 계정 관리)를 터치하여 계정을 등록할 수 있습니다.

06 | 클래스룸 알림 관련 대화상자가 나타나면 수업에 관련된 알림을
받기 위해서 (허용)을 터치합니다.

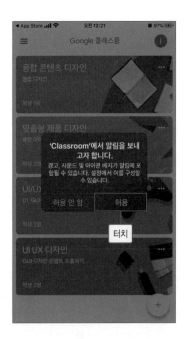

 알림은 수업 진행을 위하여 필요한 부분이므로 허용하는 것을 추천합니다. 알림 관련 설정 변경 필요 시
환경 설정에서 가능합니다.

07 | 구글 클래스룸 앱이 실행되었습니다. 웹브라우저에서 보는 것과
동일한 인터페이스를 가지고 있기 때문에 PC에서 사용해 본 사용자라면
불편함 없이 사용이 가능합니다.

알아두기 구글 클래스룸을 원활하게 사용하려면 구글 문서, 구글 스프레드시트, 구글 프레젠테이션, 구글 드라이브도
추가로 설치해야 합니다. 설치가 안 되었다면 앱 스토어(Store)에서 검색하여 설치하기 바랍니다.

Section O3

안드로이드에서 **구글 클래스룸 앱 설치하기**

안드로이드에서도 구글 클래스룸 앱을 별도로 제공하고 있으며, 안드로이드에서는 태블릿에 설치해 보도록 하겠습니다. iOS, 안드로이드 모두 스마트폰과 태블릿의 설치 방법은 동일합니다.

01 | 구글 플레이 스토어를 실행하고 검색창에 '구글 클래스룸'을 검색합니다. 검색 리스트에서 Google Classroom 앱이 선택된 것을 확인하고 (설치) 버튼을 터치합니다.

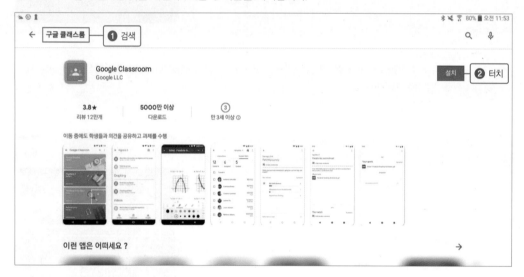

02 | 구글 클래스룸이 설치가 되면 (열기) 버튼을 터치하면 구글 클래스룸 앱이 실행됩니다.

03 │ 설치된 클래스룸 앱 아이콘을 터치하여 실행할 수도 있습니다.

04 │ 구글 클래스룸 앱이 시작되면 (시작하기) 버튼을 터치하여 클래스룸을 시작합니다.

05 │ 클래스룸에서 사용할 계정을 선택하거나 계정을 추가하는 과정을 진행할 수 있으며, 안드로이드 스마트폰, 태블릿은 구글 계정이 일반적으로 설정되어 있으므로 기존 계정을 선택하고 (확인) 버튼을 터치합니다.

06 │ 구글 클래스룸 앱이 실행되었으면 동일한 사용자 경험을 제공하기 위해서 웹브라우저, iOS, 안드로이드 모두 동일한 사용자 인터페이스(UI)로 되어 있습니다.

Section 04

구글 클래스룸 사용을 위한 **구글 계정 만들기**

구글 클래스룸을 사용하기 위해서는 구글 계정이 필수적으로 필요합니다. 구글 계정은 Gmail을 사용하지 않고 본인의 이메일 주소로 구글 계정을 등록하고 사용할 수 있습니다. 그러나 효율적인 사용을 위해서는 Gmail을 생성하여 사용하는 것을 추천드립니다. 구글 계정 등록을 위해서는 핸드 폰번호가 필요하지만 과정이 단순하여 누구나 쉽게 만들 수 있으며, 계정을 다수로 만들어서 관리할 수도 있습니다.

01 │ 검색엔진 또는 브라우저 주소창에 '구글 계정 만들기'를 입력하여 검색합니다. 가장 상단에 나오는 support.google.com 사이트 주소가 있는 [구글 계성 고객센터]를 클릭합니다.

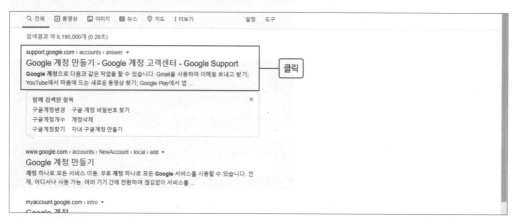

02 │ Google 계정 만들기 페이지에 접속하면 1단계 [Google 계정 만들기]를 클릭하여 계정을 생성합니다.

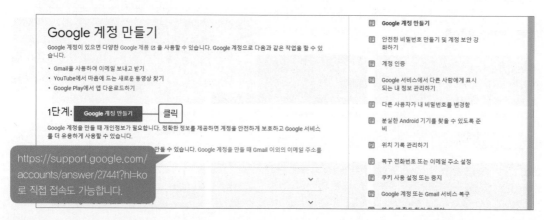

https://support.google.com/accounts/answer/27441?hl=ko 로 직접 접속도 가능합니다.

03 | 구글 계정 만들기로 이동하면 성과 이름에 각각 입력하고 사용자 이름에 영문으로 입력합니다. 성과 이름은 한글로 입력 가능하지만 사용자 이름은 영문과 숫자, 마침표만 사용 가능합니다. 비밀번호는 8자 이상으로 입력해야 합니다. 모든 정보를 입력하면 〔다음〕 버튼을 클릭합니다.

알아두기 Gmail이 아닌 본인의 다른 이메일을 사용하려면 사용자 이름 하단에 파란색으로 표시된 〔대신 현재 이메일 주소 사용〕을 클릭하여 등록 가능합니다.

04 | 등록된 적이 없는 사용자 이름인 경우 다음 단계로 넘어가지만 기존에 생성된 Gmail 계정인 경우 이미 사용된 사용자 이름이라고 표시되며 추천된 사용자 이름을 사용하거나 중복되지 않는 사용자 이름을 찾아서 입력해야 합니다. 유일한 사용자 이름을 입력한 경우 〔다음〕 버튼을 클릭하면 다음단계로 자동으로 넘어갑니다.

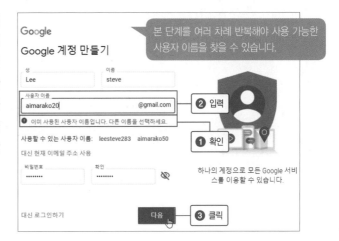

05 | 구글 계정 관리를 위한 정보를 입력해야 하며, 전화번호 인증을 위한 전화번호와 복구 이메일 주소 및 생년월일과 성별을 입력하고 〔다음〕 버튼을 클릭합니다.

06 | 전화번호 인증 화면에서 입력된 전화번호를 확인하고, [보내기] 버튼을 클릭하여 입력된 전화번호로 전송된 인증 코드를 확인합니다.

> 해외에서 오는 문자 메시지이므로 약간의 시간이 소요될 수 있습니다.

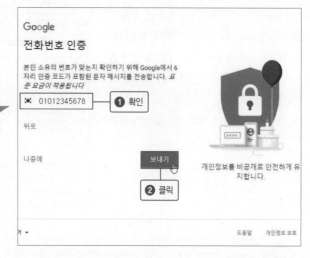

07 | 입력한 전화번호로 G-○○○○○○ 식으로 된 문자 메시지가 수신됩니다. 수신된 구글의 인증 코드를 숫자 부분만 인증 코드입력란에 입력하고 [확인] 버튼을 클릭합니다.

08 | 전화번호 활용에 대한 수신 동의가 있으나 건너뛰기를 하여도 사용에 문제가 없습니다. 필요한 메시지 수신을 위하여 [예] 버튼을 클릭하는 것을 추천하지만, 사용자의 선택이므로 필요에 따라서 [예] 또는 [건너뛰기] 버튼을 클릭합니다.

09 | 구글 계정의 약관을 확인하고 동의 항목을 체크하고 (계정 만들기) 버튼을 클릭하여 계정 생성을 완료합니다.

10 | 크롬 웹브라우저에서 계정 생성이 완료되면 자동으로 생성된 계정에 로그인되며, 로그인 된 계정으로 클래스룸을 사용하게 됩니다. 계정 선택을 변경하거나 로그아웃도 가능합니다.

크롬 웹브라우저를 활용하여 계정을 생성할 수 있으며, 로그인 상태에서 새로운 계정을 추가할 수 있습니다.

❶ 크롬 웹브라우저에 로그인 상태라면, 오른쪽 상단에 있는 사용자 버튼을 클릭하여 로그인 관련된 팝업에서 (다른 계정 추가) 버튼을 클릭합니다.

❷ 계정 선택 페이지에서 (나른 계정 사용)을 클릭합니다.

크롬 브라우저가 로그인 상태가 아니라면 오른쪽 상단에 있는 (로그인) 버튼을 클릭합니다.

❸ 로그인 대화상자가 활성화되면 하단에 있는 (계정 만들기)를 클릭하여 나온 팝업에서 (본인 계정)을 클릭합니다. 이 후 과정은 Gmail 만들기와 동일한 과정으로 진행됩니다.

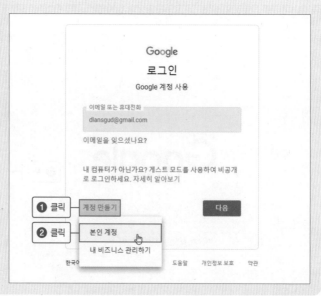

Section 05

사용중인 **이메일로 구글 계정 등록하기**

구글 계정은 Gmail로 만드는 것이 효율적일 수 있으나 학교 이메일이나 자신이 사용하던 익숙한 이메일을 구글 계정으로 등록하여 사용할 수 있습니다. 단, 사용 중인 이메일로 인증 수신이 필요하며 계정 만들기 단계에서부터 Gmail이 아닌 다른 이메일 주소를 사용할 수 있습니다.

01 | Google 계정 만들기 페이지로 접속하면 사용자 이름의 하단에 파란색으로 표시된 (대신 현재 이메일 주소 사용) 버튼을 클릭합니다.

02 | 성, 이름을 입력하고 자신이 사용할 이메일 주소를 입력합니다. 만약 다시 Gmail 주소로 만들고 싶다면 (새로운 Gmail 주소 만들기)를 클릭합니다. 비밀번호까지 입력하고 (다음) 버튼을 클릭합니다.

03 | 이메일 주소 인증을 위해서 구글에서 입력한 이메일로 보안 코드를 전송합니다. 이메일을 확인하여 수신된 보안 코드를 코드 입력란에 입력하고 [확인] 버튼을 클릭합니다.

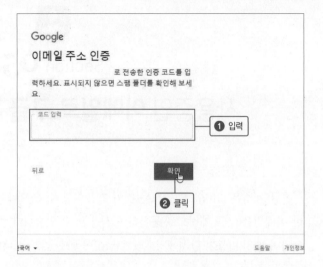

04 | 입력된 코드가 정확하다면 이메일 주소 인증 이후 전화번호 인증도 필요합니다. 전화번호 인증을 위해 핸드폰 번호를 입력하고 [다음] 버튼을 클릭합니다.

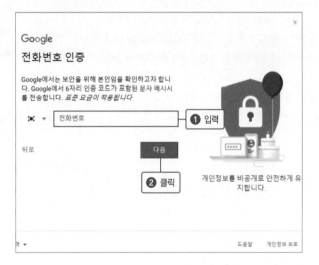

05 | 입력된 전화번호로 온 인증 코드를 입력하고 [확인] 버튼을 클릭합니다. 해외에서 문자가 전송되기 때문에 약간의 시간은 필요하며, 혹시 문자 번호를 받지 못하였다면 [뒤로]를 클릭하여 다시 전화번호 입력 후 인증 코드를 받거나 전화로 대체할 수도 있습니다.

06 | Gmail과 같이 구글 계정 관리를 위한 전화번호 및 생일, 성별 등의 정보를 입력합니다. 정보를 모두 입력했다면 (다음) 버튼을 클릭하면 이후 과정은 Gmail 생성 과정과 동일합니다.

> 자신의 이메일 주소를 사용하여 구글 계정에 로그인하였으므로 복구 이메일은 별도로 제공하지 않으며, 자신의 이메일 주소를 사용합니다.

알아두기 **구글 계정 시 메일 사용**

구글 계정은 구글 클래스룸에서 꼭 필요하며, Gmail이 기본이지만 개인이 사용하였던 이메일을 사용할 수 있지만, Gmail을 사용하는 것이 좀 더 편리합니다. 사용 중에 필요에 의해서 변경해야 하는 경우가 있을 수 있으므로, 개인 이메일 주소보다는 구글 관련 앱을 효과적으로 사용하기 위해서 Gmail 계정을 생성하여 사용하는 것이 좋습니다. 개인 이메일 주소를 구글 계정으로 등록한 상태라면 언제든지 Gmail 계정으로 변경은 가능하며, 개인 이메일 주소는 복구나 보조 이메일 주소로 등록됩니다.

Section 06

온라인 수업의 시작! **수업 개설하기**

수업을 개설하기 위해서 구글 클래스룸(https://classroom.google.com) 사이트를 방문하거나 앱을 이용하여 쉽게 개설할 수 있습니다. 이를 위해서는 구글 계정에 로그인 상태라면, 누구나 수업을 만들어 운영할 수 있습니다.

01 │ 수업을 만들기 위해서 웹브라우저 오른쪽 상단의 〔수업 만들기 또는 참여하기〕 버튼을 클릭하여 나온 팝업 메뉴에서 〔수업 만들기〕를 클릭합니다. 이를 위해서는 구글 계정이 있어야 하며, 로그인 상태여야 하며, 누구나 수업을 만들어 운영할 수 있습니다.

02 │ 지스위트 포 에듀케이션을 사용하는 경우가 아니면 이미지와 같이 수업 관련된 대화상자가 나타나며 지스위트 포 에듀케이션은 필수가 아니므로 지스위트 포 에듀케이션 없이 클래스룸을 개설하고 운영하기 위하여 체크박스에 체크하고 〔계속〕 버튼을 클릭하여 다음 단계로 진행합니다.

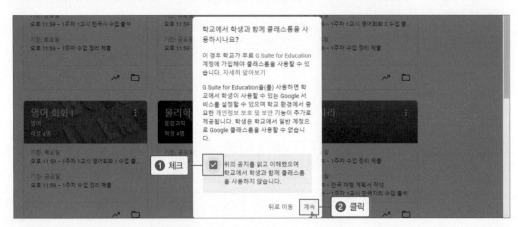

03 | 수업 만들기 대화상자가 나타나면 수업 이름, 부제, 제목, 강의실에 필요한 내용을 입력합니다. 수업 이름은 필수이며 학생들에게 제공될 중요한 정보이므로 정확한 수업 이름을 입력하고 (만들기) 버튼을 클릭하여 수업을 만듭니다.

04 | 수업 개설이 완료되면 해당 수업의 스트림페이지로 이동하며 이제 수업을 관리할 수 있습니다.

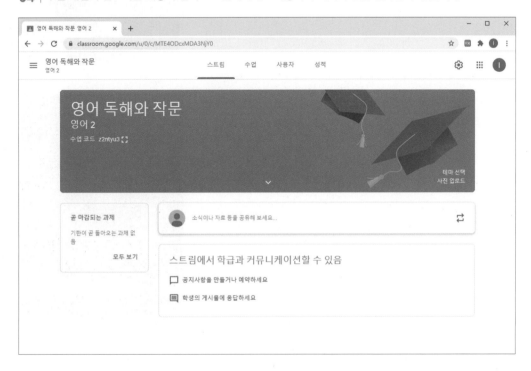

Section 07

구글 클래스룸 앱으로 **수업 개설하기**

　스마트폰이나 태블릿에서도 브라우저를 통해서 구글 클래스룸 관리가 가능하지만 앱을 이용하여 관리하는 것이 유용하며 스마트폰이나 태블릿에서 앱으로 수업을 관리하기 위해서 수업을 개설해 보겠습니다.

01 │ 수업을 만들기 위해서 오른쪽 하단의 (수업 만들기 또는 참여하기) 버튼인 (+) 표시 버튼을 터치합니다.

02 │ 스마트폰 하단에 팝업된 메뉴 중에서 수업 개설을 위해 (수업 만들기)를 터치합니다.

03 │ 지스위트 포 에듀케이션을 사용하는 경우가 아니면 앱에서도 확인을 위한 대화상자가 나타나며, 클래스룸을 개설하고 운영하기 위하여 체크박스에 체크하고 〔계속〕을 터치합니다.

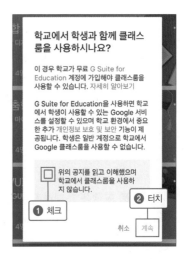

04 │ 수업 만들기 대화상자에서 수업명, 섹션, 강의실, 제목을 입력합니다. 수업명은 필수이며 필요한 수업 정보를 모두 입력하고 오른쪽 상단에 있는 〔만들기〕를 터치합니다.

안드로이드는 웹과 동일하게 나타나지만 iOS에서는 부제가 섹션으로 나타나며 웹과 순서가 다를 수 있습니다.

05 │ 개설이 완료되면 수업을 관리하는 스트림페이지로 이동하며 iOS에서는 사용자 메뉴가 인물이라고 표시됩니다. 인물과 사용자는 동일한 기능입니다.

안드로이드 앱은 메뉴 명이나 설정 명이 동일하나 애플은 명칭이나 위치 등 다른 경우가 있습니다.

Section 08

학생들을 초대하자! **수업 코드 공유하기**

수업으로 학생을 초대하기 위해서는 수업 코드를 공유해야 합니다. 수업 코드 공유하는 방법을 확인해 보겠습니다. 자동으로 수업 코드를 공유하는 기능이 없기 때문에 수업 코드를 복사하여 필요한 곳에 붙여넣고 공유해야 합니다.

01 │ 수업 코드를 공유하기 위해서 학생을 초대할 수업을 선택하고 상단의 수업 코드의 〔표시〕 버튼을 클릭합니다.

02 │ 수업 코드가 표시되는 대화상자가 열립니다. 크게 표시된 수업 코드를 화면으로 직접 보여주거나 해당 코드를 알려줍니다.

03 │ 메일이나 기타 게시글에 직접 입력하고자 할 경우 수업 코드를 드래그하여 〔Ctrl〕 +〔C〕를 사용하여 복사하고 필요한 곳에서 〔Ctrl〕+〔V〕를 사용하여 붙여넣어, 수업 코드를 공유할 수 있습니다.

Section 09

수업 설정 메뉴에서 **수업 코드 복사하기**

수업 설정 메뉴에서 수업 코드를 복사하거나 재설정이 가능합니다. 모바일도 수업 코드는 수업 설정을 통하여 수업 코드를 공유할 수 있습니다. 수업 설정 메뉴에서 수업 코드를 공유해 보겠습니다.

01 | 수업 코드를 복사하기 위해 필요한 수업에서 오른쪽 상단에 있는 (수업 설정) 버튼을 클릭합니다.

02 | 수업 설정의 페이지에서는 수업 정보 변경도 가능합니다. 수업 코드 복사를 위해서 일반 카테고리로 이동하고 수업 코드 항목의 수업 코드를 클릭하여 나타난 팝업 메뉴에서 (복사) 를 클릭하면 수업 코드가 복사됩니다. 코드를 공유할 부분으로 이동하여 Ctrl + V 를 사용하여 붙여넣기 합니다.

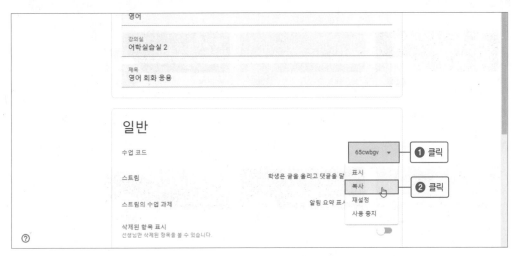

Section 10

학생이 수업 코드로 **수업 참여하기**

수업에 참여하기 위해서는 교사가 부여한 수업 코드를 입력하거나 이메일 초대를 통하여 수업 참여가 가능합니다. 기본적인 수업 참여 방법으로 수업 코드를 이용하여 수업에 참여하겠습니다.

01 | 교사가 공유한 수업 코드를 확인합니다. 수업 코드는 다양한 방법으로 학생들에게 공지될 수 있습니다. 확인한 코드를 복사하거나 코드를 정확하게 기억합니다. 코드는 일반적으로 영문 기준 6~7자로 문자와 숫자로만 사용됩니다. 공백이나 특수 문자는 사용되지 않습니다.

02 | 구글 클래스룸 오른쪽 상단에서 (수업 만들기 또는 참여하기) 버튼을 클릭한 다음 팝업 메뉴에서 (수업 참여하기)를 클릭합니다.

03 | 수업 참여하기 대화상자가 나타나면 수업 코드란에 교사가 제공한 수업 코드를 입력하고 (참여하기) 버튼을 클릭합니다.

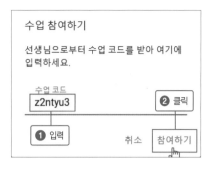

04 | 수업에 참여하면 자동으로 해당 수업 스트림 페이지로 이동합니다.

05 | (기본 메뉴)를 클릭하여 기본 메뉴에서 (수업)을 클릭하여 수업 페이지로 이동하면, 수업 코드로 추가한 수업이 적용되어 표시된 것을 확인할 수 있습니다.

Section 11

공동으로 **관리할 선생님 초대하기**

구글 클래스룸에서는 학생처럼 교사를 여러 명 지정하고 수업을 같이 관리할 수 있습니다. 교사를 초대하는 방법은 학생 초대와 거의 동일한 방법으로 쉽게 초대할 수 있습니다. 초대된 선생님은 수업 삭제를 제외하고 모든 작업을 수행할 수 있습니다. 학교에서 클래스별로 수업을 개설하고, 한 수업에서 여러 과목을 진행하는 방법으로 사용할 수 있습니다.

01 │ 구글 클래스룸에서 수업을 공동 관리할 교사를 초대할 수업을 선택하고 (사용자) 탭을 클릭합니다.

02 │ 사용자 탭에서 교사 카테고리 오른쪽의 (선생님 초대(👤)) 버튼을 클릭합니다.

03 | 선생님 초대 대화상자가 나타나면 주소록에 있는 이름 중에서 선택하거나 이메일 주소를 입력하고 검색 결과에서 표시된 초대할 교사를 클릭합니다.

04 | 초대할 선생님 리스트가 추가된 것을 확인하고, 하단에 있는 [초대하기] 버튼을 클릭하여 선생님 초대를 완료합니다.

05 | 교사가 초대된 것을 확인할 수 있습니다. '초대됨' 표시가 된 경우는 초대한 교사가 이메일 확인을 통한 교사 수락을 하지 않은 상태입니다.

06 │ 초대 이메일을 확인하고 수락하면 교사로 추가되며 수업을 같이 운영할 수 있습니다. 초대된 교사는 수업 삭제를 제외하고 동일한 권한이 부여됩니다.

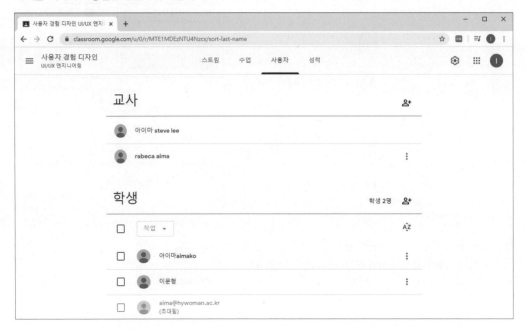

알아두기　선생님 초대 수락하기

'선생님 초대 수락하기'는 이메일을 사용하여 가능합니다.

❶ 이메일을 보면 함께 가르치기 초대 메일을 선택하여 선생님으로 초대된 메시지를 확인합니다. 공동 담당 선생님으로 교사를 수락하기 위해서 메일에 내용 중 (참여하기) 버튼을 클릭합니다.

❷ '수업을 공동 담당하시겠습니까?' 대화상자가 나타나면 메시지의 내용을 확인하고 (수락)을 선택하면 선생님으로 추가됩니다.

Section 12

수업 카드 순서를 변경하여 관리하기

수업 관리를 위해서 수업 카드를 원하는 위치로 이동할 수 있으며, 한번에 맨 위로 또는 맨 아래로 이동시킬 수 있습니다. 교사, 학생 모두 카드 이동 기능을 지원합니다.

01 │ 수업 카드의 위치를 변경할 수업 카드를 드래그하여 원하는 위치로 이동합니다.

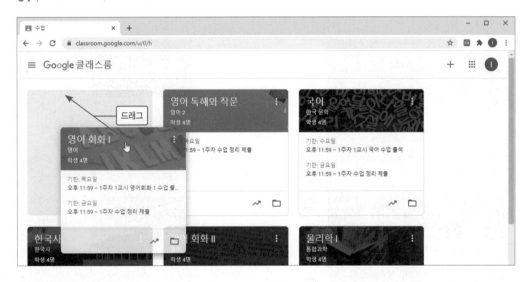

02 │ 수업 카드 위치를 변경하여 관리할 수 있습니다. 수업이 많아지는 경우 교사나 학생 모두 수업 카드 위치를 이동시킬 수 있습니다.

03 | 수업 위치를 변경하기 위해서 (더 보기) 버튼을 클릭하고 팝업 메뉴에서 (이동)을 클릭합니다.

04 | 수업 리스트 대화상자가 활성화되면 현재 선택된 수업은 투명도가 적용되어 표시되며, (이 수업)이란 메시지가 적용됩니다.

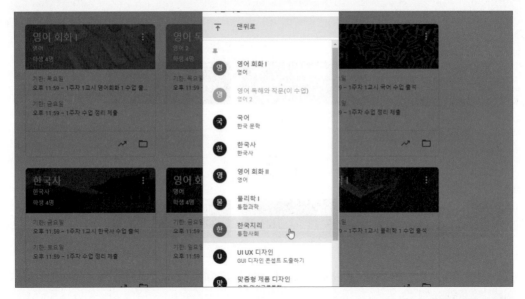

05 | 위치를 이동할 수업을 클릭하면 선택된 수업 아래쪽으로 위치가 변경되며, 맨 위로 또는 맨 아래로를 클릭하는 경우 처음 또는 끝부분으로 이동합니다.

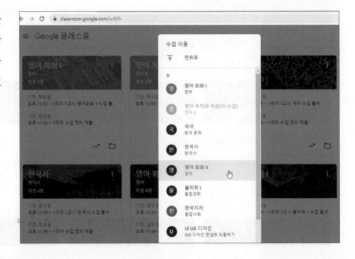

Section 13

수업을 재설정하려면 **수업 코드 재설정부터!**

필요에 따라서 수업 코드를 변경하고 싶다면 재설정이 가능하며, 원하는 코드로 직접 입력 기능을 지원하고 있지 않기 때문에 랜덤으로만 새로운 수업 코드를 생성할 수 있습니다.

01 │ 수업 코드 재설정이 필요한 수업으로 들어가서 오른쪽 상단에서 [수업 설정] 버튼을 클릭합니다.

02 │ 일반 카테고리의 수업 코드 항목에서 수업 코드를 클릭하고, 팝업되는 셀렉트 박스에서 [재설정]을 클릭합니다.

03 │ 재설정된 수업 코드로 변경되며 왼쪽 하단에 알림 메시지로 변경되었음을 알려줍니다. 변경된 메시지는 다시 복사하여 공유할 수 있습니다.

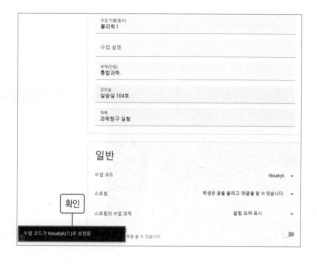

Section 14

온라인 수업 **보관 처리와 취소하기**

    수업은 필요에 따라서 삭제나 등록 취소가 가능합니다. 수업 삭제도 가능하지만 수업 삭제 전 보관 처리를 하여 수업을 수업 페이지에서 노출이 되지 않도록 할 수 있습니다. 보관 처리된 수업은 다시 수업으로 활용 가능합니다.

01 │ 구글 클래스룸에서 수업 페이지에서 등록 취소하기 위해서 보관 처리할 수업을 선택하고 (더 보기) 버튼을 클릭하여 나오는 팝업 메뉴에서 (보관 처리)를 클릭합니다.

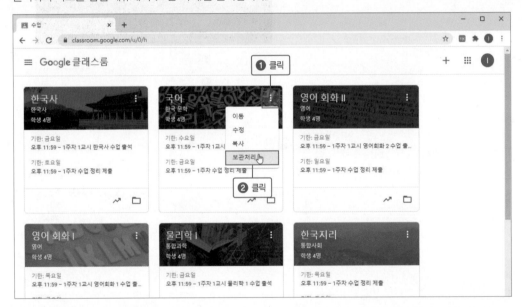

02 │ 보관 처리 관련된 대화상자가 활성화되면 보관 처리를 하기 위해서 대화상자에서 (보관 처리)를 클릭합니다.

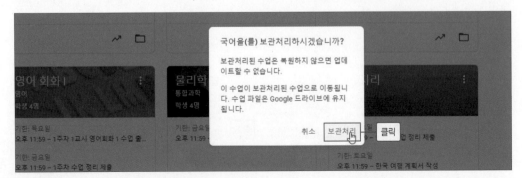

03 | 수업 페이지에서 선택하여 보관 처리한 수업이 사라진 것을 확인할 수 있습니다.

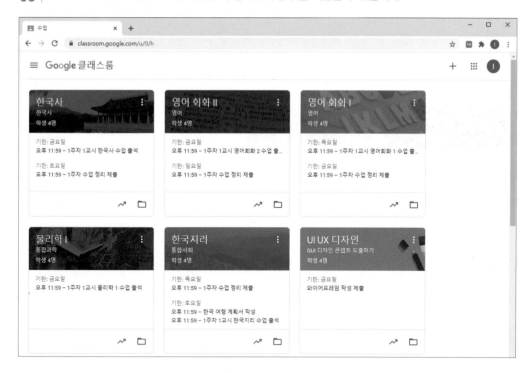

04 | 보관 처리된 수업을 확인하기 위해서 왼쪽 상단의 기본 메뉴를 클릭하면 기본 메뉴가 활성화됩니다. 보관 처리된 수업을 확인하기 위해서 메뉴에서 (보관 처리된 수업)을 클릭합니다.

05 | 보관 처리된 수업 페이지로 이동하면 보관 처리된 수업이 표시되며, 테마 이미지에 사선이 표시되어 구분됩니다.

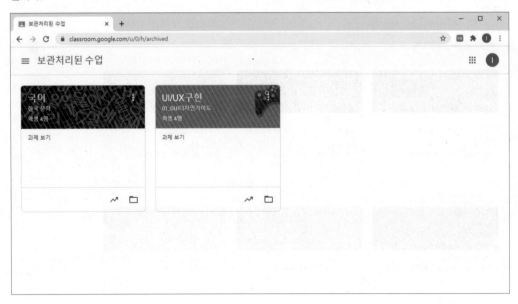

알아두기 | **수업 보관 처리**

교사가 수업을 보관 처리하면 학생들도 보관 처리된 수업에 해당 수업이 등록되고 수업 페이지에서는 사라집니다. 학생도 보관 처리된 수업 리스트에 등록되며, 내용을 추가하거나 수정하는 것은 불가능합니다.

Section 15

보관 처리된 **수업 복원하기**

보관 처리된 수업은 필요에 따라서 복원하여 다시 수업으로 활용할 수 있습니다. 삭제된 수업이 아니기 때문에 필요할 때 언제든지 복원이 가능합니다.

01 │ 현재 보관된 수업이 한 과목 있는 것을 확인할 수 있습니다. 보관 처리된 수업을 복원하기 위해서 (더 보기) 버튼을 클릭하고 나오는 팝업 메뉴에서 (복원)을 클릭합니다.

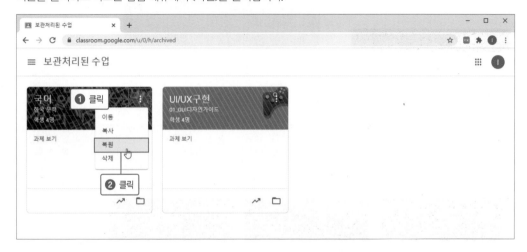

02 │ 복원 관련 대화상자가 나타나면 대화상자 메시지를 확인하고 (복원)을 클릭합니다.

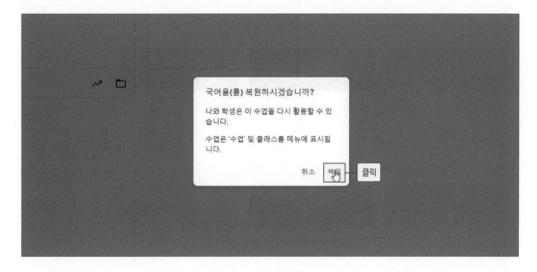

03 | 보관 처리된 수업 페이지에 보관 처리 되었던 수업이 복원되어 사라지며, '수업 복원됨' 메시지를 확인합니다.

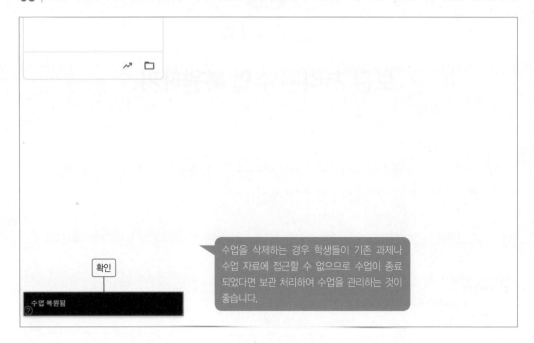

수업을 삭제하는 경우 학생들이 기존 과제나 수업 자료에 접근할 수 없으므로 수업이 종료되었다면 보관 처리하여 수업을 관리하는 것이 좋습니다.

04 | 수업이 복원되어 수업 페이지에 표시된 것을 확인할 수 있습니다.

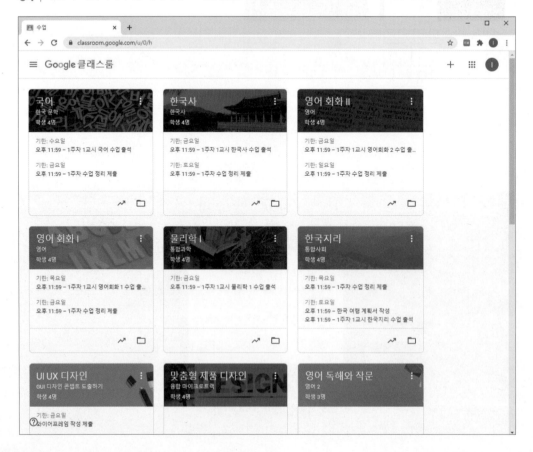

Section **16**

보관 처리된 **수업 삭제하기**

수업을 삭제하기 위해서는 우선 보관 처리하여야 하며, 보관 처리된 수업 중에서 삭제가 가능합니다. 수업 파일은 구글 드라이브에 남아 있지만 더 이상 수업에 접근할 수 없으며, 삭제된 수업은 학생 수업 페이지에서도 삭제되어 접근할 수 없습니다. 보관 처리된 수업을 삭제해 보겠습니다.

01 | 보관 처리된 수업에서 삭제할 수업의 (더 보기) 버튼을 클릭하고 팝업 메뉴 중에서 (삭제)를 클릭합니다.

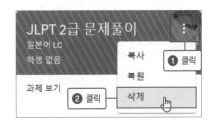

02 | 수업 삭제 관련된 대화상자가 나타나면 삭제된 수업은 취소할 수 없다는 메시지가 있습니다. 내용을 확인하고 삭제를 하기 위해서 (삭제)를 클릭합니다.

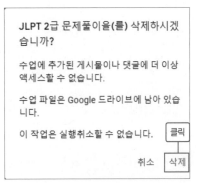

03 | 삭제가 완료되면 '보관 처리된 수업 없음' 메시지가 표시되며 별다른 알림 메시지는 없습니다. 삭제된 수업은 복원이 불가능하므로 신중하게 삭제 과정을 진행해야 합니다.

보관처리된 수업 없음

Classes에서 수업을 보관처리하면
이곳으로 이동됩니다.

> 삭제하면 리스트에서만 사라지며 현재 보관 처리되었던 과목이 한 과목이었기 때문에 '보관 처리된 수업 없음' 메시지가 표시되어 있습니다. 보관 처리한 다른 과목이 있다면 본 메시지는 표시되지 않습니다.

수업 과제 제작과
등록하기

수업 코드를 이용하여 학생들을 수업에 참여시킨 다음
수업 과제를 제작하여 등록하는 과정을 진행합니다.
과제는 원하는 날짜에 예약하여 등록할 수 있으며, 학
생들은 작성한 문서를 첨부거나 구글 문서 기능을 이
용하여 제출합니다. 선생님은 구글 설문지 기능으로
단답형이나 장문형, 퀴즈 형태의 과제를 만들 수 있으며,
학생들은 질문을 하고 해당 답변을 주고 받을 수 있는
커뮤니케이션이 가능합니다.

Part 2

Section 01

수업 운영을 위한 **과제 만들기**

구글 클래스룸에서 과제 기능은 매우 중요하며 학생의 학습을 돕거나 평가할 수 있습니다. 온라인 수업에서 다양한 방법으로 커뮤니케이션을 해야 할 필요가 있으며, 구글 클래스룸에서는 기본적인 커뮤니케이션의 수단으로 과제를 활용합니다.

01 | 과제를 만들기 위해 해당 수업으로 이동한 다음 상단의 (수업) 탭을 클릭하여 선택합니다.

02 | 수업 페이지에서 (만들기) 메뉴를 클릭하고 나온 팝업 메뉴에서 (과제)를 클릭합니다.

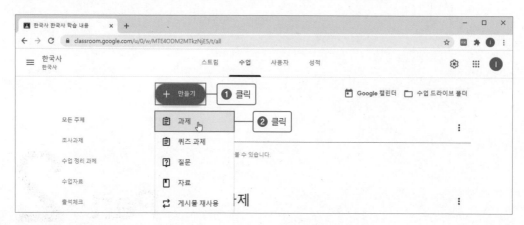

03 | 과제를 만들기 위해서 제목과 안내에 과제에 필요한 내용을 입력합니다. 안내는 선택 사항이기 때문에 입력하지 않고 과제를 만들 수 있습니다. 그러나 학생들에게 과제에 대한 상세한 내용이 안내되는 페이지이므로, 입력을 하는 것이 좋습니다.

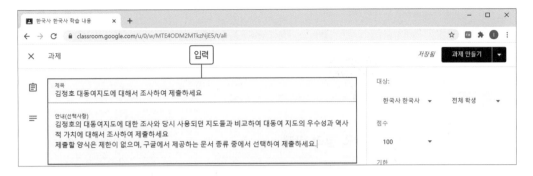

04 | 페이지 오른쪽 과제 옵션 항목에서 대상 항목은 과제를 만들 교과목과 과제 제출 대상 학생을 지정할 수 있으며, 점수는 해당 과제에 대한 평가 점수를 정할 수 있습니다. 점수는 10점으로 직접 변경하고 기한을 클릭하여 날짜나 제출 시간을 선택합니다.

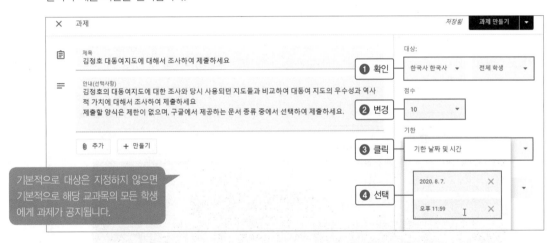

05 | 주제는 과제가 등록되고 구분할 항목으로 필요하면 주제를 구분할 수 있습니다. 주제를 지정하지 않기 위해서 (주제 없음)으로 선택하고, 오른쪽 상단의 (과제 만들기) 버튼을 클릭합니다.

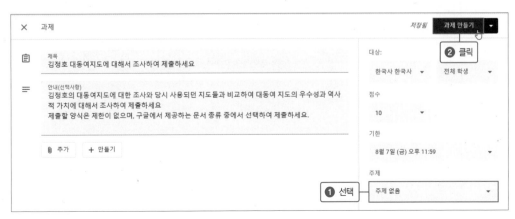

06 │ 과제가 만들어지면 왼쪽 하단에 '과제가 생성됨' 메시지와 함께 수업 페이지에 과제 항목으로 추가됩니다. 주제가 구분되지 않았기 때문에 상단에 노출되어 있으며, 주제를 설정한 경우 해당 주제 밑으로 등록됩니다.

07 │ [스트림] 탭 메뉴를 클릭하면 스트림 페이지에도 해당 과제가 등록된 것을 확인할 수 있습니다.

Section 02

동시에 여러 **과목 수업 과제 만들기**

동일 과목을 여러 반 수업하는 경우에 같은 수업 관련 자료를 만들어야 할 수 있고, 수업이 다르더라도 같은 공지나 과제 등을 만들어야 할 수 있습니다. 이런 경우 수업마다 만들 필요없이 동시에 여러 과목에 과제를 만들 수 있습니다.

01 | 과제를 제시할 수업으로 이동하고 과제를 만들기 위해서 (수업) 탭 메뉴를 클릭합니다.

02 | 수업 페이지에서 (만들기)를 클릭하여 팝업 메뉴에서 (과제)를 클릭합니다.

03 | 과제 페이지에서 과제의 제목과 학생들에게 안내될 내용을 안내에 입력합니다. 안내는 선택 사항이지만 자세한 설명을 입력하는 것이 좋습니다. 단일 과목에만 과제를 생성하는 경우 〔과제 만들기〕를 클릭합니다. 그러나, 여러 과목에 등록하기 위해서 설정 이후에 〔과제 만들기〕를 클릭해야 합니다.

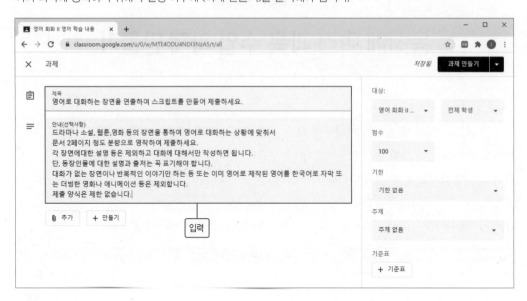

04 | 오른쪽 대상에 두 개의 입력폼이 표시됩니다. 왼쪽에 있는 폼은 교과목을 선택할 수 있고, 오른쪽은 학생을 선택할 수 있습니다. 과제를 동시에 추가할 교과목의 체크박스를 클릭하여 체크합니다. 기본적으로 과제를 만든 교과목은 상단에 해제될 수 없는 체크 상태로 표시됩니다.

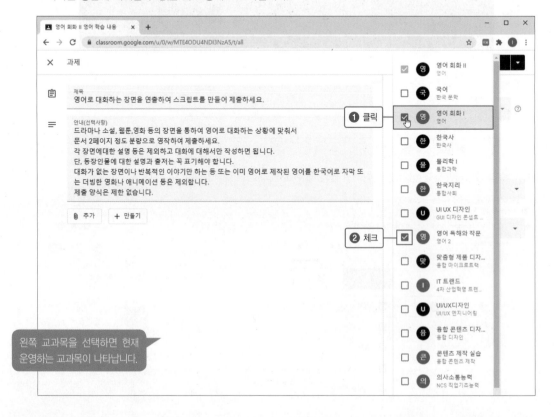

왼쪽 교과목을 선택하면 현재 운영하는 교과목이 나타납니다.

05 │ 과제를 출제하는 수업이 다수 선택된 경우 과목마다 수업을 듣는 학생이 다를 수 있기 때문에 학생을 선택하는 콤보박스가 비활성화되어 과제를 제출할 학생을 선택할 수 없습니다.

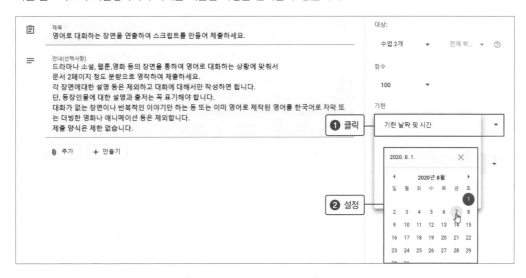

06 │ 해당 과제에 대한 점수를 변경하기 위해서 점수 항목을 선택하고 값을 변경합니다. 점수는 숫자로 직접 입력해야 합니다.

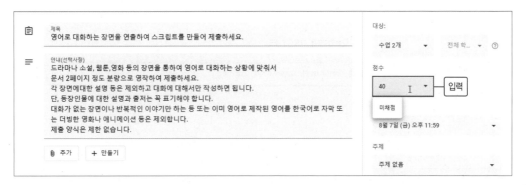

07 │ 과제가 등록될 주제 항목을 클릭하고 팝업 리스트에서 주제로 분류할 주제를 클릭합니다. 주제가 없는 경우 [주제 만들기]를 클릭하여 주제를 등록할 수도 있습니다.

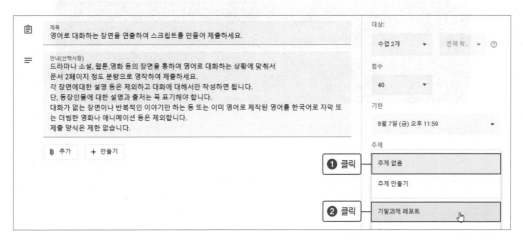

08 | 과제에 관련된 옵션을 모두 설정한 경우 오른쪽 상단에 있는 (과제 만들기)를 클릭합니다.

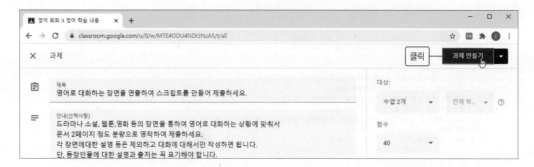

09 | 과제가 만들어지면 수업 페이지로 이동되며 왼쪽 하단에 '과제가 생성됨' 메시지가 표시됩니다. 선택한 주제인 기말과제 레포트 하단에 분류되어 과제가 등록됩니다.

10 | 동시에 등록한 교과목으로 이동하면 과제가 정상적으로 등록된 것을 확인할 수 있습니다.

Section 03

희망하는 시간에 **과제 등록을 위한 과제 예약하기**

과제를 지정한 시간에 공개하기 위해서는 과제 예약하기를 활용하는 것이 좋습니다. 과제 예약하기 활용으로 동일한 시간에 모든 학생에게 과제를 공지할 수 있습니다. 과제 외에 퀴즈 과제, 질문, 자료 등도 예약할 수 있습니다.

01 | 과제를 예약 등록하기 위해서 과제를 등록할 수업 과목으로 이동하고 (수업) 탭 메뉴를 클릭합니다.

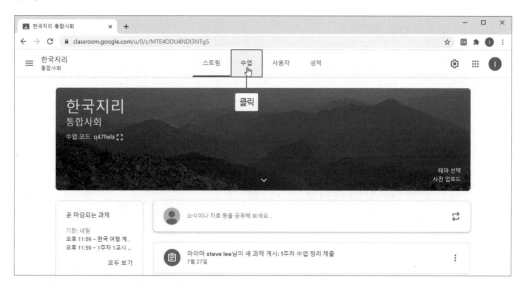

02 | 수업 페이지로 이동하면 과제를 만들기 위해서 (만들기) 버튼을 클릭하고, 팝업 메뉴에서 (과제)를 클릭합니다.

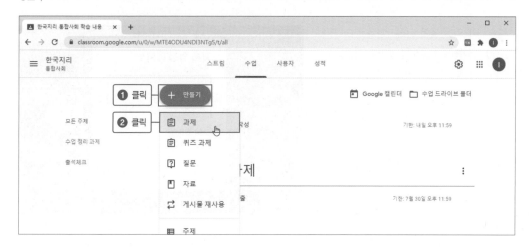

03 | 과제 페이지에서 과제의 제목과 안내 내용을 입력합니다.

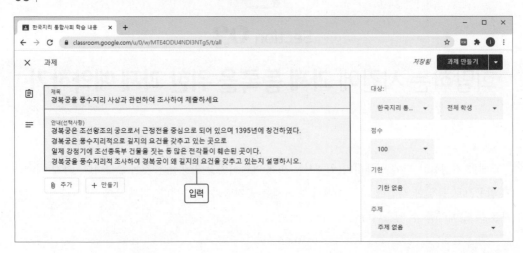

04 | 과제를 예약하기 위해서 오른쪽 상단에 있는 [과제 만들기] 버튼 오른쪽에 있는 작은 삼각형을 클릭하고 팝업 메뉴가 나오면 [예약]을 클릭합니다.

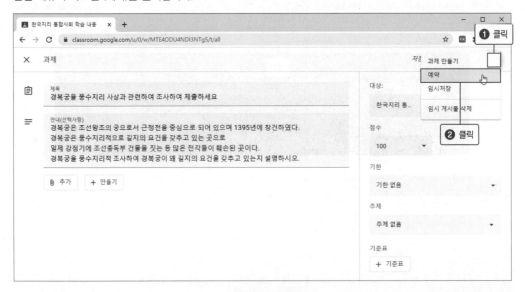

05 | 과제 일정 예약 대화상자가 나타나면, 과제를 학생들에게 공개할 날짜와 시간을 입력하고 [예약] 버튼을 클릭합니다.

06 | 과제를 예약하면 왼쪽 하단에 과제가 예약된 메시지가 표시되고, 과제 내용을 보면 회색으로 '*예약*'된 과제라고 메시지가 표시가 됩니다.

07 | 과제가 예약된 수업의 학생 페이지를 보면 아직 아무 과제도 등록되지 않은 것을 볼 수 있습니다. 예약된 시간이 되면 수업 스트림 페이지에 공개됩니다.

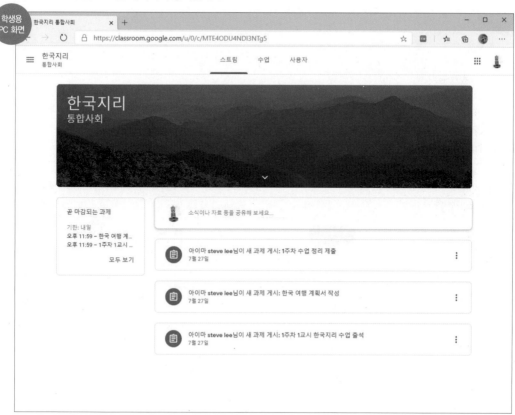

08 | 학생 페이지 수업 탭으로 이동해도 예약된 과제는 표시되지 않습니다.

알아두기 초안 표시

과제를 등록하다가 오류 표시가 나거나 과제 만들기 중간에 취소한 경우 과제 항목에 '*초안*'이라고 표시가 됩니다.
이 경우 과제를 수정하거나 삭제할 수 있습니다. 과제 오른쪽에 '*초안*'이라고 표시되면 밝은 회색으로 버튼과 텍스트
가 표시됩니다. 수정을 위해서 과제 제목을 클릭하여 과제 수정을 하거나 더 보기 메뉴(⋮)를 활용할 수 있습니다.

Section 04

구글 문서를 활용한 **과제 제출하기**

과제를 제출하는 방법은 파일 첨부하거나, 구글에서 지원하는 다양한 문서 기능을 이용하여 제출할 수 있습니다. 필요에 따라서는 드로잉 기능을 이용하여 직접 그려서 제출할 수도 있습니다.

01 | 수업 카드 페이지를 보면 수업이 과목 카드 하단에 표시됩니다. 과제를 제출하기 위해서 수업 카드를 선택하여 수업 스트림 페이지로 이동합니다. 과제 문구를 클릭하여 과제 페이지로 직접 이동도 가능합니다.

알아두기   **과제 리스트가 표시되지 않은 경우**

수업 카드에 과제 리스트가 표시되지 않은 경우 수업 카드 하단에 있는 (과제 열기) 버튼을 클릭하여 과제 페이지로 이동 가능합니다.

02 | 수업 스트림 페이지로 이동하면 리스트에도 과제가 표시되며, 제출할 과제를 클릭하여 과제 제출 페이지로 이동 가능합니다. 왼쪽에는 곧 마감되는 과제가 표시되며, 날짜와 시간, 과제 명이 표시됩니다. 해당 문구를 클릭하여 과제 제출 페이지로 이동이 가능합니다. 제출할 과제와 제출한 과제를 확인하기 위해서 (모두 보기)를 클릭합니다.

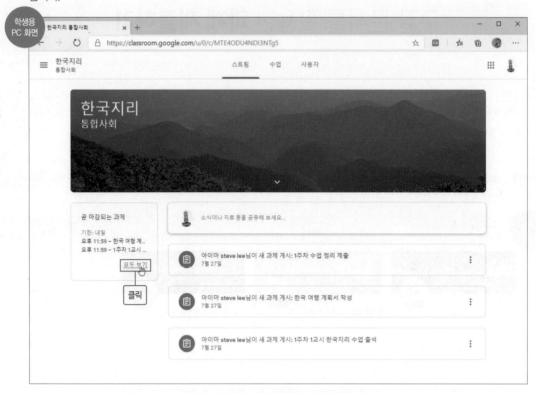

03 | 제출할 과제 리스트가 표시되며 제출한 과제는 '제출함' 표시가 있으며, 제출할 과제가 있는 경우 '할당됨'으로 표시됩니다. 할당된 과제 중 제출할 과제를 클릭하고 과제 정보가 나타나면 하단에 있는 (세부정보 보기) 버튼을 클릭합니다.

과제 보기

수업 페이지에서 각 과제의 내용을 클릭하면 과제에 대한 내용이 표시되며, 과제를 제출한 경우 (과제 보기) 버튼이 나타나며 과제를 수정 제출할 수 있습니다.

04 | 과제 제출 페이지로 이동하면 과제를 제출하기 위해서 오른쪽 상단의 내 과제 항목에서 (+ 추가 또는 생성) 버튼을 클릭합니다. 내 과제 텍스트 오른쪽에 과제를 제출했으면 '제출함'이 표시되며, 제출해야 하는 경우 '할당됨'으로 표시됩니다.

05 | (+ 추가 또는 생성) 버튼을 클릭하면 팝업 메뉴가 표시되며 (문서)를 클릭하여 문서로 작성 제출할 수 있습니다. 링크 또는 파일로 제출할 수 있고 구글 드라이브에 저장된 문서를 선택할 수 있습니다.

구글에는 기본적으로 문서를 작성하는 기능을 제공하고 있습니다. 기본적으로는 4가지 형태의 기능을 제공하며, 과제 제출은 드로잉 기능을 추가로 제공합니다.

❶ 구글 문서(https://docs.google. com)로 접속합니다. 구글 문서 기능은 무료로 제공되며, 매우 쉽게 사용이 가능합니다.

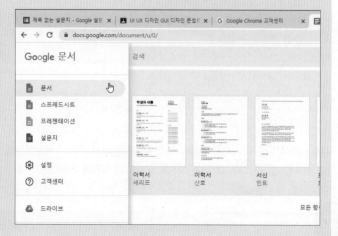

❷ 구글 클래스룸에서 과제를 제출할 때 [추가 또는 생성] 기능으로 과제로 적용할 문서 종류를 선택하면 내 과제 항목에 선택한 문서가 추가됩니다.

❸ 기본적인 워드 문서를 작성할 수 있는 구글 문서는 한글이나 마이크로소프트 워드와 같이 문서 작성을 할 수 있으며, 기본적인 워드프로세서 프로그램의 기능을 제공합니다.

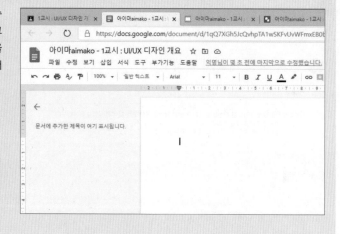

❹ 프레젠테이션을 선택한 경우 대표
적인 프레젠테이션 프로그램인 마
이크로소프트 파워포인트 프로그램
과 같은 발표용 문서를 만들 수 있
습니다.

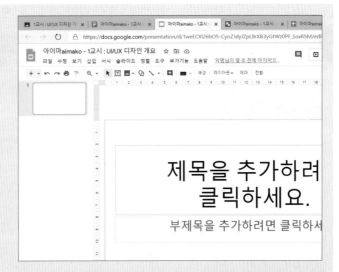

❺ 스프레드시트를 선택하는 경우 마
이크로소프트 엑셀과 같은 프로그
램으로 스프레드시트 문서를 생성
할 수 있고, 과제로 제출할 수 있습
니다.

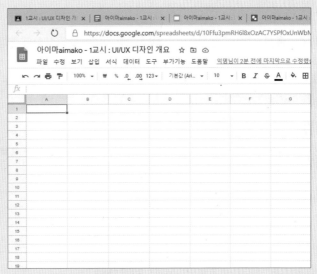

❻ 드로잉을 선택하는 경우 그림 형태
로 문서를 만들어 과제를 제출할 수
있습니다.

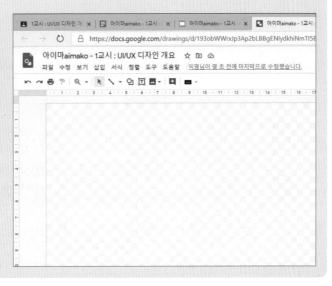

06 | '내 과제' 항목에 선택한 문서가 생성되는 시간이 필요하며, 문서가 완성되면 해당하는 문서를 클릭합니다.

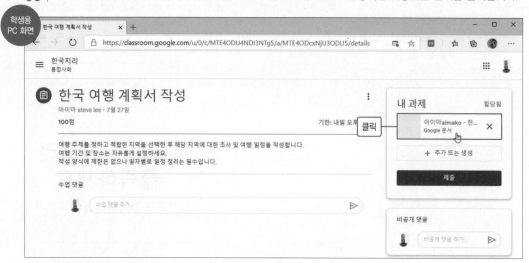

07 | 구글 문서가 새로운 탭으로 활성화됩니다. 과제 제출을 위한 문서를 작성하고 상단에 있는 (제출) 버튼을 클릭하여 제출할 수 있습니다.

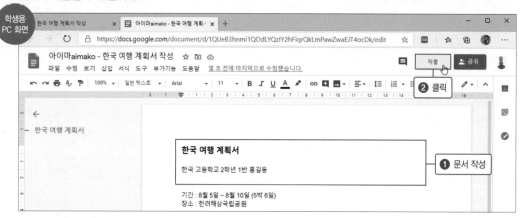

작업 중인 문서는 구글 드라이브나 구글독스에서 선택하여 문서를 수정할 수 있으며, 제출한 과제 문서는 수정을 요청할 수 있습니다. 문서 수정이 완료되면 오른쪽 상단에서 (수정 액세스 요청) 버튼을 클릭합니다.

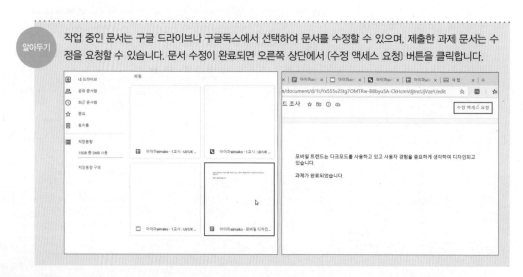

08 | 과제 제출 대화상자가 활성화되면 제출할 과제의 내용을 확인하고 (제출) 버튼을 클릭합니다. 현재 구글 문서를 활용하였기 때문에 파일 형태로 첨부해서 제출됩니다.

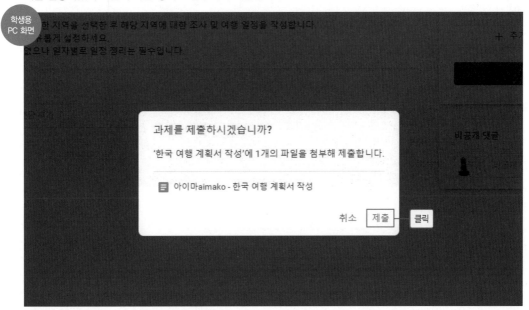

09 | 과제 제출이 완료되면 내 과제 항목에 '제출함'이라고 표시됩니다.

알아두기 **원본성 보고서 기능**

구글 클래스룸에는 표절 등을 검사하는 원본성 보고서 기능이 있습니다. 교사와 학생 모두 과제의 내용을 구글 검색을 사용하여 많은 웹페이지와 서적을 비교하여 잘못 인용된 경우 표시됩니다. 따라서 학생은 제출 전에 잘못된 인용으로 발생하는 평가의 불이익을 방지할 수 있고, 교사는 평가할 때 내용 검토를 통하여 표절이나 잘못된 인용에 대한 검토가 가능합니다. 그러나 계정이 영어로 설정되고, Google for Education 계정인 경우만 지원하기 때문에 한국에서는 사용이 제한적입니다.

10 │ 과제 제출이 완료되면 수업 스트림 페이지의 왼쪽에 곧 마감되는 과제 항목에서도 사라진 것을 확인할 수 있습니다.

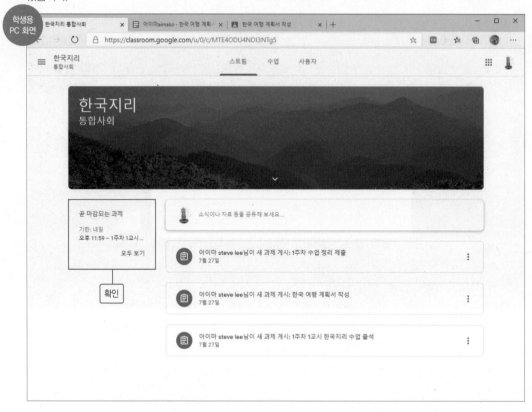

11 │ 상단의 (수업) 탭을 클릭하여 수업 페이지로 이동하면 제출한 과제는 밝은 회색으로 표시되어 제출할 과제와 제출한 과제의 구분이 가능합니다.

Section 05

과제 평가를 단계별로 구분하는 **과제 기준표 만들기**

　성적을 평가할 때 항목과 단계를 나눈 기준표를 작성하면 평가도 수월하며, 학생도 평가 기준에 대하여 명확한 공지가 되기 때문에 기준표를 사용하여 과제를 만드는 것이 좋습니다. 평가 후에는 학생에게 평가 기준과 단계별로 점수가 공개되어 자신이 부족한 부분을 확인하기 편리합니다. 기준표를 만들어서 과제를 평가하는 방법을 확인해 보겠습니다.

01 │ 과제를 만들기 위해서 수업 스트림 페이지에서 (수업) 메뉴를 클릭하여 수업 페이지로 이동합니다.

02 │ 수업 페이지에서 과제를 만들기 위해서 (+ 만들기) 버튼을 클릭하고 팝업 메뉴에서 (과제)를 클릭합니다.

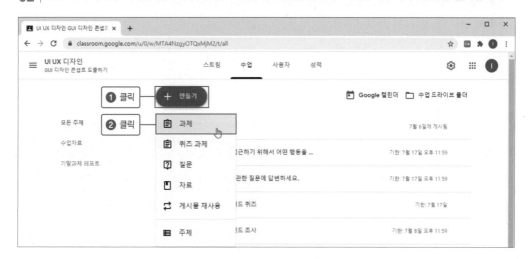

03 | 과제에 관련된 기본적인 설정인 제목과 안내를 입력하고 점수는 40점으로 설정합니다. 과제에 관련된 기한과 주제도 변경하고 평가를 위한 평가 기준표를 만들기 위해서 [+ 기준표]를 클릭하고 팝업 메뉴에서 [기준표 만들기]를 클릭합니다.

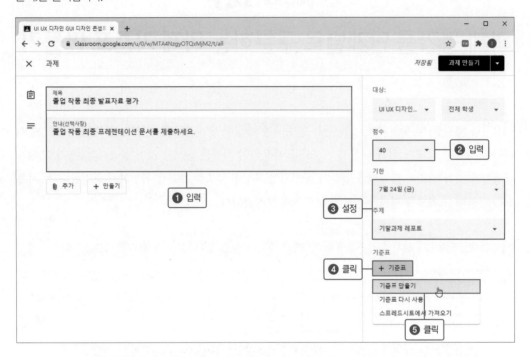

04 | 성적 평가를 위해 기준표 페이지로 이동하였습니다. 기준 제목과 기준 설명을 성적을 평가할 구분을 만들 수 있고, 하단의 작은 박스로는 단계를 만들 수 있습니다. [등급 추가 [+]] 버튼을 클릭하면 단계를 추가할 수 있습니다.

05 | 4가지 항목 기준으로 평가 기준표를 만들기 위해서 기준 제목에 디자인, 기준 설명에 디자인에 관련된 평가 내용을 입력합니다. 첫 번째 평가 기준에 점수를 10점으로, 입력하고 등급 제목은 A로 입력합니다. 세부 설명도 포함하여 입력합니다. 평가 기준인 등급을 추가하기 위해서 [+] 버튼을 클릭하여 추가하고 각각 나머지는 8점 B, 6점 C, 4점 D, 2점 E로 입력하고 각각 설명도 입력합니다. 입력이 완료되면 평가 기준을 추가하기 위해서 왼쪽 하단에 있는 [+ 기준 추가]를 클릭합니다.

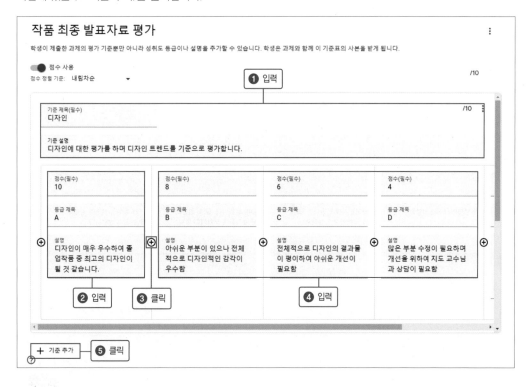

06 | 아이디어 기준을 만들고 평가 관련된 기준 설명을 입력하고 점수는 10점으로 변경합니다. 5개의 등급을 만들기 위해서 등급 내용을 입력하면서 등급 추가를 활용하여 디자인과 같이 총 5가지 등급을 만듭니다. 등급을 모두 만들고 기준을 추가하기 위해 하단에 있는 [+ 기준 추가]를 클릭합니다.

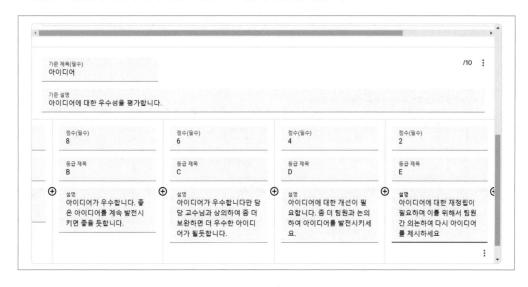

07 | 같은 방법으로 완성도에 해당하는 기준표도 만들어 봅니다.

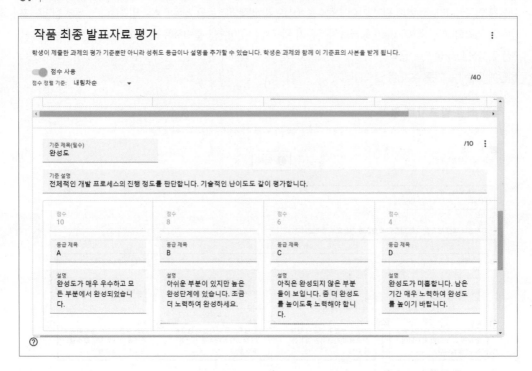

08 | 마지막으로 최종 기준인 보고서 작성 기준을 만들고 오른쪽 상단에 있는 (저장) 버튼을 클릭합니다.

알아두기 기준표에 입력한 내용은 자유롭게 연습으로 입력해도 괜찮지만 입력된 내용을 참고하려면 다음 이미지를 참고하세요.

09 | 기준표가 만들어지면 기준표 항목에 만들어진 기준표에 대한 간략한 요약이 되어 있습니다. 기준 4개, 40점으로 표기되어 있습니다. 기준표를 만약 삭제하려면 〔X〕를 눌러 삭제하고 다시 기준표를 만들 수 있습니다. 과제에 관련된 모든 항목을 확인하고 오른쪽 상단의 〔과제 만들기〕 버튼을 클릭하여 과제를 완료합니다.

Section 06

기준표가 적용된 **과제 제출하기**

　기준표 적용 과제에 기준표를 확인하고 과제를 제출하겠습니다. 기준표가 적용된 과제인 경우 학생들은 과제 평가 기준을 고려하여 과제를 작성할 수 있기 때문에 학생에게도 기준표는 유용하게 활용될 수 있습니다. 평가 후에도 별도의 피드백이나 댓글이 없어도 평가 사유나 수정 보완이 필요한 부분을 확인할 수 있습니다.

01 │ 기준표가 적용된 과제를 제출하기 위해서 학생 모드에서 과제의 기준표를 확인하고 과제를 제출해 보겠습니다. 학생 모드에서 출제된 교과목의 수업 페이지로 이동하고, 기말과제 레포트 카테고리에 등록된 기준표 관련 과제를 클릭합니다.

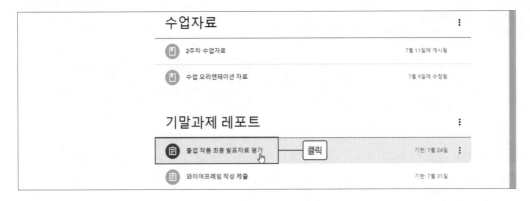

02 │ 과제명을 클릭하면 과제 상세 내용이 표시되며 기준표가 적용되어 기준표 버튼과 기준 개수, 점수 등이 표시되어 있습니다. 기준표를 확인하기 위해서 기준표를 클릭합니다.

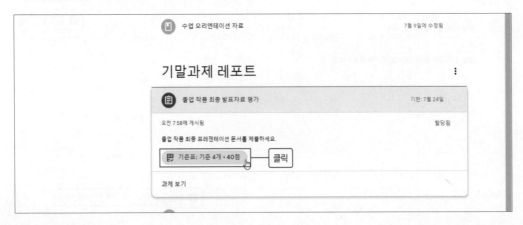

03 | 평가를 위한 기준표를 보면 평가는 2점 단위이며, 4개의 기준으로 구분되어 있는 것을 확인할 수 있고 각 단계별로 평가에 대한 내용을 확인할 수 있습니다. 기준표를 이용하여 평가 기준 및 과제 제출에 관련된 주의 사항을 확인하고 왼쪽 상단에 있는 [닫기] 버튼을 클릭합니다.

04 | 과제를 제출하기 위해서 과제 상세 내용의 하단에 있는 [과제 보기]를 클릭합니다.

05 | 과제의 내용과 과제 기준표에 따른 평가표를 확인할 수 있지만, 현재는 과제를 제출하지 않아 평가가 되지 않은 상태라 표시가 되지 않습니다. 과제를 제출하기 위해서 내 과제 항목에서 [+추가 또는 생성]을 클릭하여 팝업 메뉴에서 [프레젠테이션]을 클릭합니다.

06 | 과제 제출을 위한 프레젠테이션 문서가 생성되었으며, 클릭하여 과제를 완성하고 창을 닫습니다. 드라이브에 자동으로 저장되며, 과제를 제작하는 과정은 생략하겠습니다.

07 | 과제 평가의 기준과 등급을 확인하기 위해서 [기준 펼치기] 버튼을 클릭하면 각 항목별로 등급과 평가 기준에 대한 설명을 과제 보기 페이지에서도 확인할 수 있습니다.

08 | 과제 작성이 완료되면 과제를 제출하기 위해서 (제출) 버튼을 클릭합니다.

09 | 과제 제출을 하면 파일을 첨부해 과제로 제출하는지 여부를 묻는 대화상자가 활성화됩니다. 과제 제출에 문제가 없다면 (제출)을 클릭합니다.

10 | 제출이 완료되면 자동 채점되는 것은 아니므로 학생 화면에서는 '제출함' 표시만 있고 기준표에 반영된 성적이 없습니다.

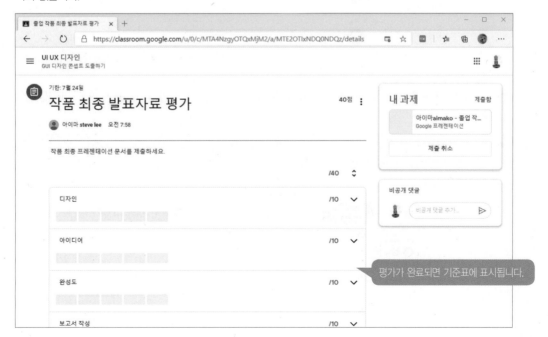

Section 07

구글 설문지를 이용하여 **퀴즈 과제 만들기**

구글 설문지를 통하여 간단하게 퀴즈를 객관식, 단답형 등으로 만들어 학생들의 의견을 물어보거나 수업의 이해도 등을 평가하는 퀴즈로 사용할 수 있습니다. 해당 기능은 앱에서 지원하지 않기 때문에 웹브라우저에서만 퀴즈 과제를 만들 수 있습니다.

01 | 퀴즈 과제를 만들기 위한 수업으로 이동하고 (수업) 탭 메뉴를 클릭합니다.

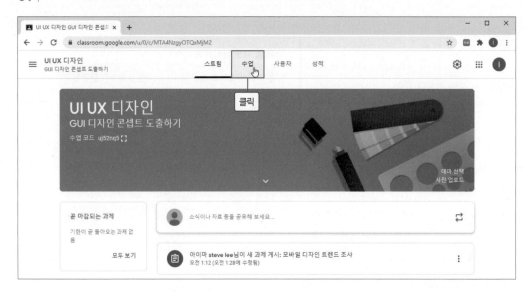

02 | 수업 페이지로 이동하여 퀴즈 과제를 만들기 위해 (만들기)를 클릭하고 팝업 메뉴에서 (퀴즈 과제)를 클릭합니다.

03 | 과제 페이지로 이동하면 퀴즈 과제의 제목과 설명을 입력합니다. 퀴즈 과제의 경우 과제와 구분이 없기 때문에 과제 제목에 '퀴즈'라고 입력하는 것이 좋습니다. 퀴즈 과제는 과제 내용 하단에 자동으로 구글 설문지가 생성된 것을 확인할 수 있습니다. 학생들의 수업 이해도 확인을 위한 퀴즈 과제라서 평가 없이 진행해 보겠습니다. 채점을 하지 않기 위해서 점수 항목을 미채점으로 변경합니다.

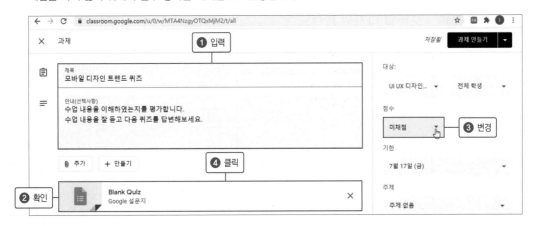

04 | 구글의 설문지 기능으로 이동하며 왼쪽 하단에 '누구나 양식에 응답할 수 있다'는 메시지가 표시됩니다. 해당 설문의 질문과 응답을 확인하기 위해서는 구글 문서 기능을 이용해야 합니다.

05 | 구글 설문지를 이용하여 퀴즈 과제를 만들기 위해서 퀴즈 과제의 제목과 설명을 입력합니다.

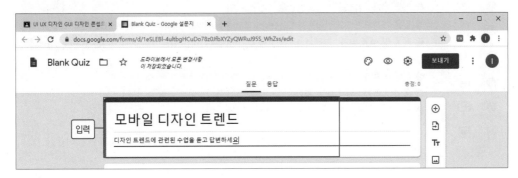

06 │ 기본적인 객관식 질문을 만들기 위해 'Untitled Question'에 질문을 입력하고, Option 항목에 선택하는 보기를 입력합니다. 각 영역을 클릭하면 입력이 가능합니다. 질문 내용을 입력하고, 옵션에서는 예, 아니오의 라디오 버튼(◯)을 각각 입력합니다.

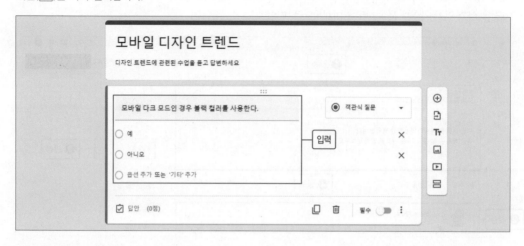

07 │ 질문을 추가하기 위해 오른쪽에 있는 옵션 메뉴 박스에서 (질문 추가) 메뉴를 클릭합니다.

알아두기 │ **퀴즈 옵션 메뉴**

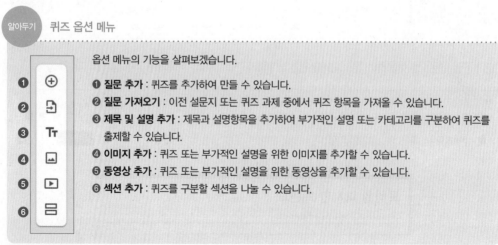

옵션 메뉴의 기능을 살펴보겠습니다.

❶ **질문 추가** : 퀴즈를 추가하여 만들 수 있습니다.

❷ **질문 가져오기** : 이전 설문지 또는 퀴즈 과제 중에서 퀴즈 항목을 가져올 수 있습니다.

❸ **제목 및 설명 추가** : 제목과 설명항목을 추가하여 부가적인 설명 또는 카테고리를 구분하여 퀴즈를 출제할 수 있습니다.

❹ **이미지 추가** : 퀴즈 또는 부가적인 설명을 위한 이미지를 추가할 수 있습니다.

❺ **동영상 추가** : 퀴즈 또는 부가적인 설명을 위한 동영상을 추가할 수 있습니다.

❻ **섹션 추가** : 퀴즈를 구분할 섹션을 나눌 수 있습니다.

08 | 질문을 추가하기 위해서 활성화된 새로운 질문에 질문으로 사용할 문장을 입력하고, 제목 오른쪽의 콤보 박스를 선택하여 (단답형)을 선택합니다. 단답형 질문으로 변경된 것을 확인하고 다음 질문을 추가하기 위해 옵션 박스에서 (질문 추가)를 클릭합니다.

09 | 퀴즈에 사용할 새로운 질문을 입력하고 콤보박스를 클릭하여 콤보박스에서 (직선 단계) 클릭합니다. 직선 단계를 선택하면 척도형 옵션이 추가되며 5점 척도는 1 ∼ 5로 되어 있습니다. 시작 단계인 왼쪽 값은 '0' 또는 '1'을 선택할 수 있고, 오른쪽 값은 척도에 맞춰서 '2'에서부터 '10'까지 설정할 수 있습니다. 옵션에 척도의 왼쪽과 오른쪽에 표시될 척도의 값 또는 내용을 하단에 입력합니다.

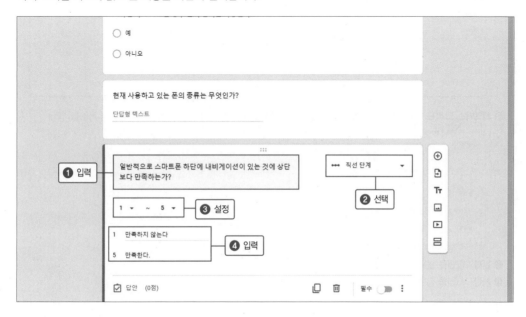

❶	═ 단답형
❷	≡ 장문형
❸	◉ 객관식 질문 🖑
❹	☑ 체크박스
❺	⊙ 드롭다운
❻	☁ 파일 업로드
❼	••• 직선 단계
❽	⣿ 객관식 그리드
❾	⣿ 체크박스 그리드
❿	📅 날짜
⓫	🕐 시간

퀴즈 과제는 기본적으로 구글 폼을 사용하기 때문에 구글 폼에서 지원하는 형식으로 퀴즈를 만들 수 있습니다. 학생 평가를 위한 시험이나 설문 용도로 사용할 수 있으며, 자동 채점 기능으로 평가를 쉽게 할 수 있는 기능을 지원합니다.

❶ **단답형** : 직접 입력할 수 있는 단어나 짧은 문장을 답변으로 받는 퀴즈를 출제할 수 있습니다.

❷ **장문형** : 서술형으로 답변을 받을 수 있는 퀴즈를 출제할 수 있습니다.

❸ **객관식 질문** : 라디오 버튼을 활용하여 답을 하나만 선택 가능한 객관식으로 선택할 수 있는 퀴즈를 출제할 수 있습니다.

❹ **체크박스** : 동시에 여러 답변을 선택할 수 있는 퀴즈를 출제할 수 있습니다.

❺ **드롭다운** : 드롭다운 형태의 콤보박스를 통하여 답변을 선택할 수 있는 퀴즈를 출제할 수 있습니다.

❻ **파일 업로드** : 파일 형태로 설문지 답변을 받을 수 있습니다. 이 경우 파일이 출제자의 구글 드라이브로 업로드되기 때문에 구글에 로그인된 사용자만 답변할 수 있고, 악의적인 파일이 업로드 될 수 있으므로 과제 공유 시 주의가 필요합니다.

❼ **직선 단계** : 척도 형태의 퀴즈를 출제할 수 있습니다. 수업에 대한 평가를 받아서 수업 개선하는 목적 등으로도 사용할 수 있습니다.

❽ **객관식 그리드** : 여러 퀴즈를 직선 단계를 활용하여 동일한 답변 형태로 받을 때 사용할 수 있습니다. 행은 왼쪽에 표시되며 열은 상단에 표시됩니다. 따라서 척도나 답변은 열에 입력하고 질문 항목은 행에 입력합니다.

❾ **체크박스 그리드** : 객관식 그리드와 작성 방법은 동일하지만 동시에 여러 답변을 질문별로 선택이 가능합니다.

❿ **날짜** : 답변을 날짜로 받는 퀴즈를 출제할 수 있습니다.

⓫ **시간** : 시간을 답변으로 받는 퀴즈를 출제할 수 있습니다.

10 │ 직선 단계형 퀴즈 출제가 완성된 것을 확인하기 위해 오른쪽 콤보박스에서 (질문 추가)를 클릭합니다. 설정한 5점 척도 형태로 표시되고, 라디오 버튼 양쪽으로 입력한 옵션 문구도 표시됩니다.

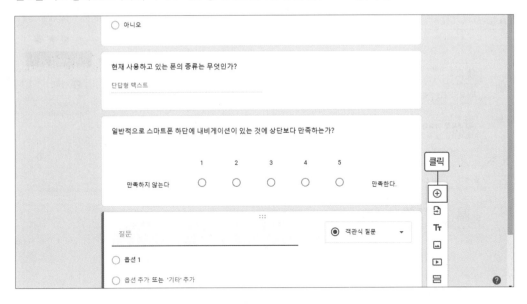

11 │ 퀴즈의 콤보박스를 클릭하고 콤보박스에서 (드롭다운)을 클릭합니다. 퀴즈 제목과 퀴즈의 답변으로 선택될 내용을 옵션 항목으로 입력합니다. 드롭다운은 퀴즈의 답변으로 제시된 보기가 콤보박스에 리스트 형태로 보여지며, 콤보박스 안에서 답을 선택하는 설문 방식입니다. 만약 해당 퀴즈는 필수로 설정하고 싶다면 하단에 필수의 토글 스위치를 변경하여 활성화합니다. 구글 설문지는 작성 중에 자동으로 저장되므로 별도의 저장을 할 필요가 없습니다.

12 | 모든 퀴즈의 출제가 완료되면 웹브라우저의 퀴즈를 출제하던 탭을 클릭하고, 퀴즈 페이지로 이동합니다. 출제된 내용을 확인하고 오른쪽 상단에 있는 (과제 만들기) 버튼을 클릭합니다.

13 | 수업 페이지로 이동이 되면 왼쪽 하단에 '과제가 생성됨' 메시지가 표시되며, 출제된 퀴즈 과제를 확인할 수 있습니다.

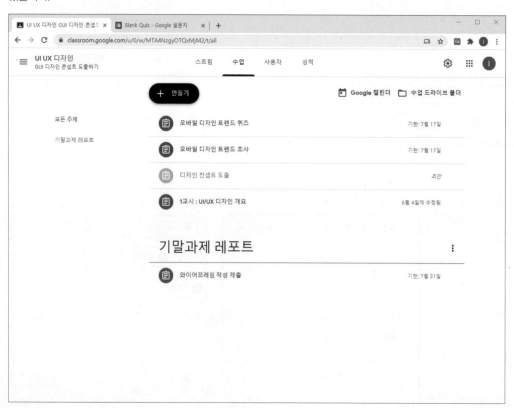

Section **08**

자동 채점이 가능한 퀴즈 과제 만들기

퀴즈 과제를 이용하면 자동으로 채점할 수 있는 기능이 있습니다. 일반적인 과제는 직접 채점해야 하지만 퀴즈 과제에서 사용하는 구글 문서 기능에서 답안 기능을 사용하여 자동으로 채점과 정오답에 대한 설명을 제공할 수 있습니다.

01 ┃ 자동 채점 가능한 퀴즈 과제를 만들기 위해서 수업 스트림 페이지에서 (수업)을 클릭하여 수업 페이지로 이동합니다.

02 ┃ 퀴즈 과제를 만들기 위해서 (+ 만들기) 버튼을 클릭하고 팝업 메뉴에서 (퀴즈 과제)를 클릭합니다.

03 │ 과제 페이지로 이동하면 설문 기능을 활용하기 위해서 구글 설문지가 추가되어 있습니다. 제목과 안내의 내용을 입력하고 점수는 10점으로 설정하고, 기한과 주제도 입력합니다. 설문을 통한 퀴즈 과제를 만들기 위해서 구글 설문지를 클릭합니다.

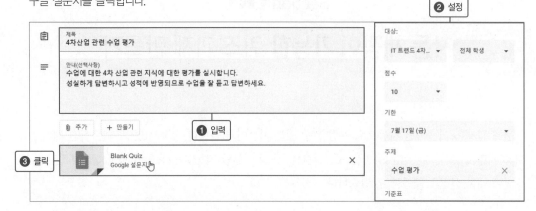

04 │ 구글 설문지로 이동하면 설문지 제목과 설문에 대한 타이틀과 설명을 입력합니다.

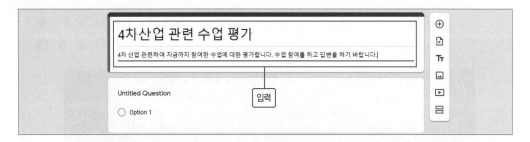

05 │ 첫 번째 질문은 기본 설정인 객관식 질문으로 만들어 보겠습니다. 콤보박스에 객관식 질문이 표시된 것을 확인하고 질문 내용과 보기를 입력합니다. 평가를 위한 질문과 보기 내용을 입력하였다면 답안 기능을 적용하기 위해서 왼쪽 하단의 (답안)을 클릭합니다.

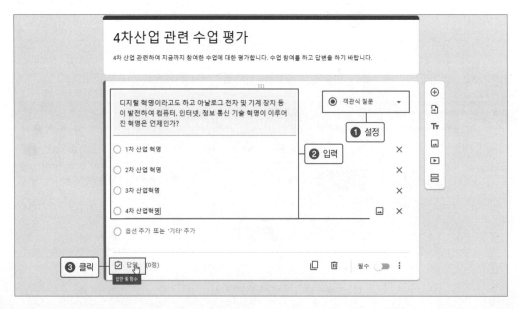

06 | 우선 점수를 배정해야 하므로 질문 오른쪽에 점수를 설정하고 객관식은 단일 답변이므로 라디오 버튼으로 되어 있으며, 정답의 라디오 버튼을 클릭하면 색이 변경되면서 답안으로 선택되었다는 체크 표시가 나타납니다.

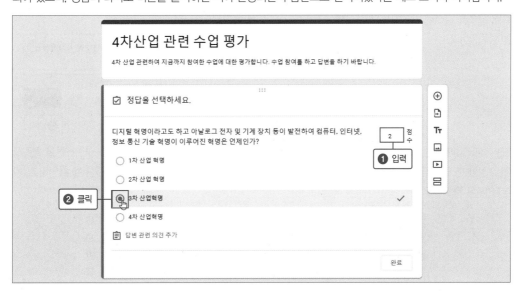

07 | 답변에 관한 설명을 적용하여 학생들에게 정답과 오답에 대한 설명을 제공하기 위해 하단에 있는 (답변 관련 의견 추가)를 클릭합니다.

08 | '의견 추가' 대화상자가 나타나면 기본적으로 잘못된 답변에 대한 의견부터 작성할 수 있습니다. 필요한 내용을 넣으면 오답인 학생에게 해당 내용이 전달됩니다.

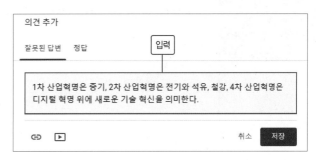

09 | 정답에 관한 의견을 작성하기 위해서 의견 추가 대화상자의 (정답)을 클릭하고 정답에 관련된 의견을 입력하고 (저장) 버튼을 클릭합니다.

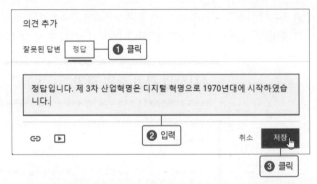

10 | 정오답에 대한 의견이 추가된 경우 하단에 표시되며, 수정이 필요한 경우 연필 모양의 (쓰기) 버튼을 클릭하여 수정할 수 있고, 휴지통 버튼(🗑)을 클릭하여 삭제할 수 있습니다. 입력한 의견 및 답안과 점수를 확인하고 (완료) 버튼을 클릭하여 퀴즈 답안 기능을 완료합니다.

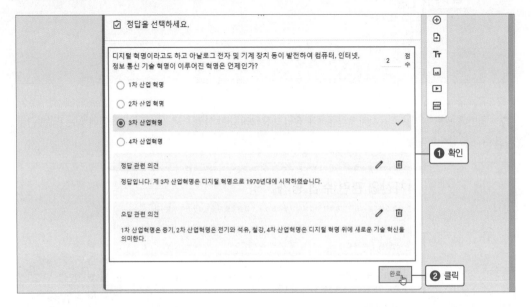

11 | 답변 오른쪽에 체크 표시가 있으며, 왼쪽 하단에 점수가 표시되어 답안 기능이 적용된 것을 확인할 수 있습니다. 필수 질문으로 필요하면 오른쪽 하단에 있는 '필수' 토글 스위치를 클릭하여 '필수'로 적용한 다음 오른쪽 옵션바에서 다음 질문을 만들기 위해서 (질문 추가) 버튼을 클릭합니다.

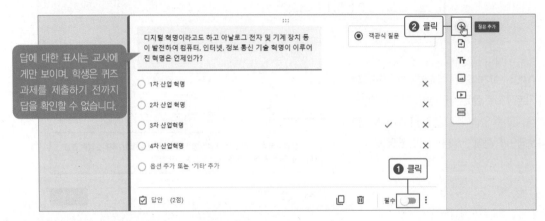

12 | 질문이 추가되면 질문 제목을 입력하고 다수의 답변을 선택하는 질문을 만들기 위해서 콤보박스를 클릭하여 (체크박스)를 클릭합니다. 체크박스가 설정되면 보기의 지문도 입력합니다.

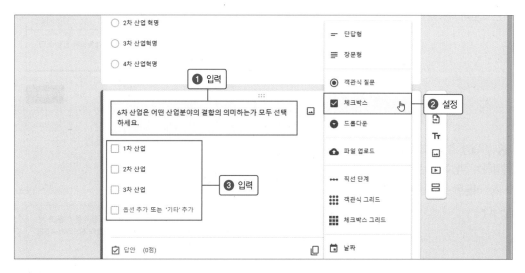

13 | 답안 기능을 활용하여 채점을 자동으로 하고 의견을 적용하기 위해 왼쪽 하단에 있는 (답안)을 클릭합니다.

14 | 현재 질문으로 만든 6차 산업은 1~3차 산업을 모두 융합한 의미이므로, 3개의 체크박스를 모두 선택하여 정답으로 설정합니다. 답으로 설정되면 색상이 변경되고 체크가 표시됩니다. 점수는 2점으로 변경하고, 정오답에 따른 의견을 추가하기 위해서 (답변 관련 의견 추가)를 클릭합니다.

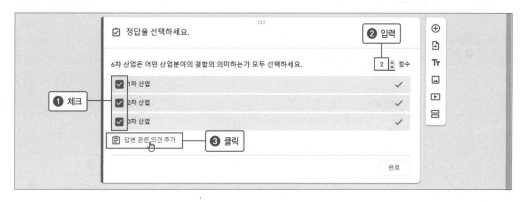

15 | '의견 추가' 대화상자가 나타나면 잘못된 답변에 그림과 같이 잘못된 답변에 대한 오답의 이유를 입력합니다.

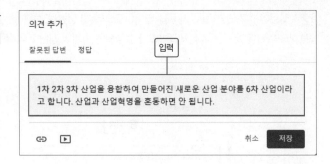

16 | '의견 추가' 대화상자에서 (정답)을 클릭하여 정답에 관련된 내용도 입력하고 (저장) 버튼을 클릭하여 의견 추가를 완료합니다.

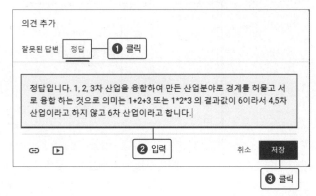

17 | 질문의 답변에 색상이 바뀌고 체크가 표시되며 정답을 표시합니다. 질문과 답변, 정오답에 대한 의견도 확인하고 (완료) 버튼을 클릭합니다.

18 | 필수 질문으로 설정하기 위해서 필수 토글 스위치를 클릭합니다. 질문을 추가하기 위해 옵션바에서 (질문 추가) 버튼을 클릭합니다.

19 | 질문이 추가되면 단답형으로 답변을 받을 질문 내용을 입력하고 콤보박스를 클릭하여 (단답형)을 클릭합니다. 단답형으로 답변을 받을 수 있으나 추가적으로 답변에 대한 설명이 필요하기 때문에 (더 보기) 버튼을 클릭하여 팝업 메뉴에서 (설명)을 클릭합니다.

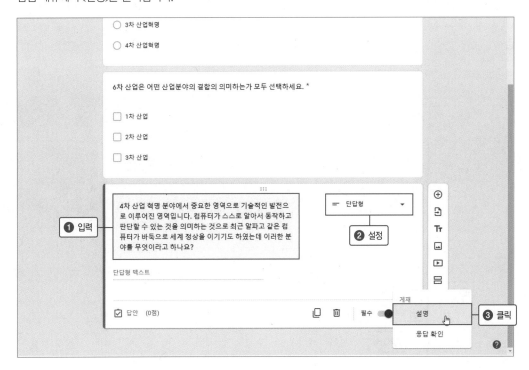

20 | 단답형의 경우 오타나 띄어쓰기 등에 따라서 오답 처리가 될 수 있으므로, 이 부분에 대한 설명을 추가하는 것이 좋습니다. 따라서 설명란에 해당 오답에 대한 공지를 입력합니다. 설명을 입력하고 답안 기능을 활용하기 위해 왼쪽 하단의 (답안)을 클릭합니다.

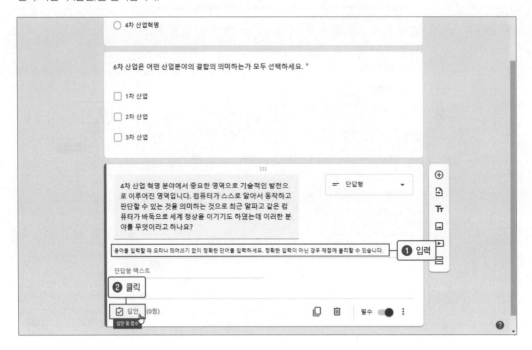

21 | 입력된 답안 중에 하나라도 일치하면 정답으로 처리가 됩니다. 따라서 '인공지능', '인공 지능' 등 정답으로 인정될 만한 답변은 모두 보기로 적용합니다. 입력한 답변 중에 하나라도 일치하면 정답으로 처리하기 위해 '다른 답은 모두 오답으로 표시'를 체크합니다. 정오답에 따른 의견 추가를 위해서 (답변 관련 의견 추가)를 클릭합니다.

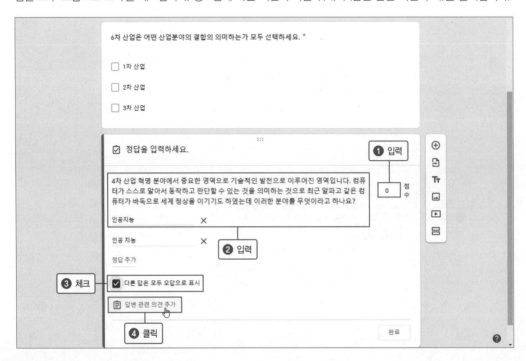

22 | 의견 추가 대화상자가 나타나면 단답형은 정답과 오답을 구분하여 의견이 적용되지 않으므로 답변에 따른 설명을 의견으로 입력하고 [저장] 버튼을 클릭합니다.

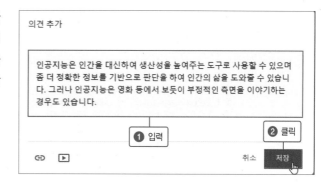

23 | 입력된 정답과 의견을 모두 확인하고 점수는 2점으로 입력하여 정답 시 적용될 점수도 입력하고 [완료] 버튼을 클릭합니다.

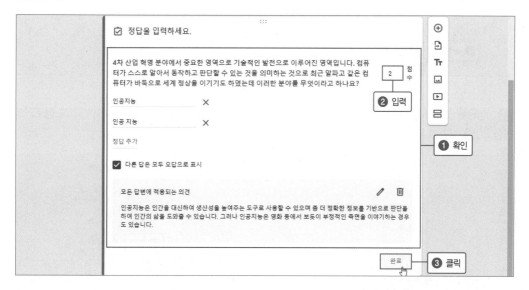

24 | 단답형 질문으로 이동하면 정답이 하단에 표시된 것을 확인할 수 있습니다. 필수로 설정하기 위해서 필수 토글 스위치를 클릭하고 질문을 추가하기 위해서 옵션바에서 [질문 추가] 버튼을 클릭합니다.

25 │ 드롭다운 옵션도 객관식 질문과 비슷하지만 드롭다운으로 질문을 만들어 보겠습니다. 질문 내용을 입력하고 콤보박스를 클릭하여 팝업 메뉴에서 (드롭다운)을 클릭합니다. 보기 입력이 완료되면 답안을 기능을 사용하기 위해 (답안)을 클릭합니다.

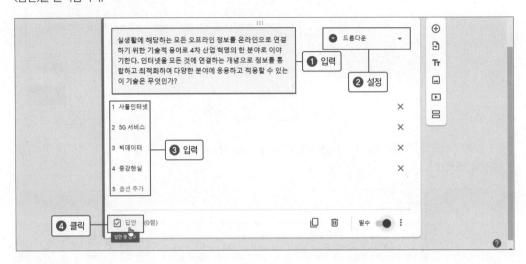

26 │ 답인을 선덕하고, 점수를 설정합니다. 답안인 경우 체크가 답안 오른쪽에 표시되먼시 색이 번하며, 정오답에 대한 의견을 남기기 위해 (답변 관련 의견 추가)를 클릭합니다.

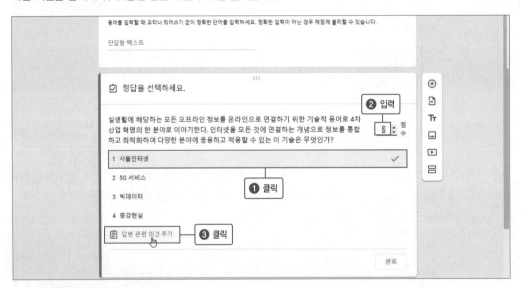

27 │ '의견 추가' 대화상자가 나타나면 잘못된 답변에 관한 의견을 먼저 입력합니다. 오답자에게 내용이 표시됩니다.

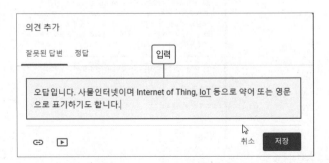

28 | 〔정답〕을 클릭하고 정답자에게 보일 문구를 입력하고 〔저장〕 버튼을 클릭합니다.

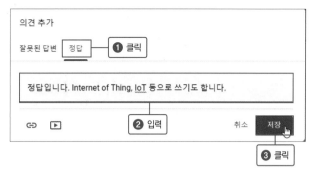

29 | 정답 및 정오답에 관련된 의견과 점수를 확인하고 〔완료〕를 입력하여 답안 기능을 완료합니다.

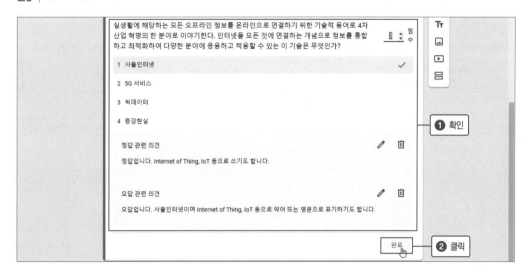

30 | 드롭다운의 경우도 보기에서 정답 오른쪽에 체크 표시가 있으며, 점수 표시가 왼쪽 하단에 나타납니다. 필수 질문으로 설정하기 위해서 토글 스위치를 클릭하고 마지막 질문을 추가하기 위해 〔질문 추가〕 버튼을 클릭합니다.

31 | 마지막 질문은 객관식 질문으로 설정하고 질문 내용 및 보기를 입력합니다. 질문과 보기로 사용할 옵션 입력이 완료되면 답안 기능을 설정하기 위해 (답안)을 클릭합니다.

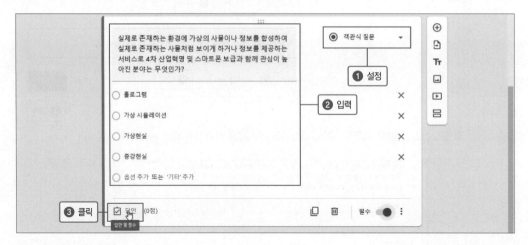

32 | 질문 오른쪽에 해당 질문의 점수를 2점으로 설정하고, 보기 중에서 정답을 설정합니다. 정답에는 색상이 변경되며 체크가 표시됩니다. 정오답 의견을 적용하기 위해 (답변 관련 의견 추가)를 클릭합니다.

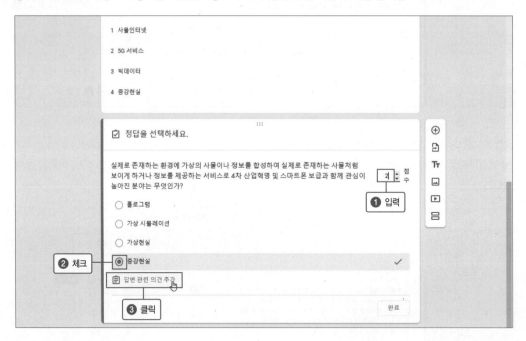

33 | '의견 추가' 대화상자가 나타나면 잘못된 답변의 내용을 입력합니다.

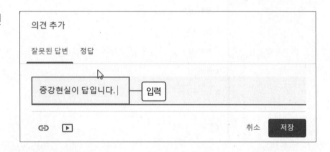

34 │ 정답에 관련된 의견도 입력하기 위해서 (정답)을 클릭하고 정답에 관련된 메시지를 입력하고 (저장) 버튼을 눌러서 의견 추가를 완료합니다.

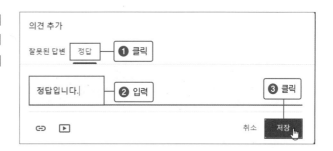

35 │ 점수, 및 정답, 정오답에 관한 의견을 확인하고 정답 기능을 완료하기 위해 (완료) 버튼을 클릭합니다.

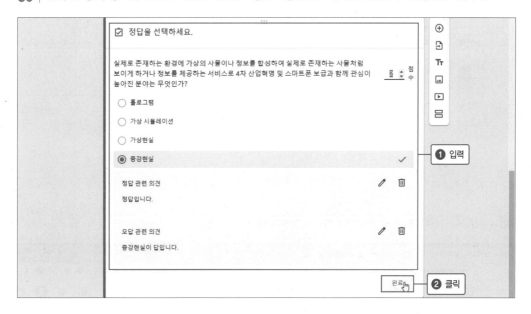

36 │ 답안 내용과 점수, 필수 여부 등을 확인하고 퀴즈 질문을 위한 설문을 완료합니다. 별도로 저장 버튼이 없더라도 자동으로 저장되므로 브라우저에서 설문에 해당하는 탭은 닫아도 됩니다.

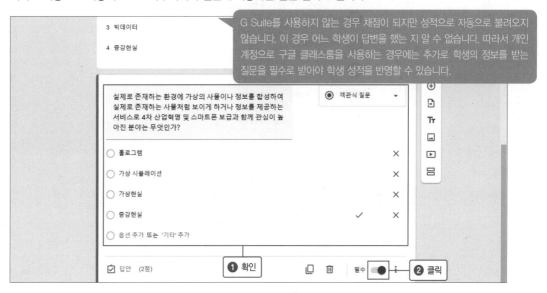

37 | 브라우저에서 과제 페이지 탭을 클릭하여 이동합니다. 과제에 관련된 내용이 모두 만들어졌다면 과제를 만들기 위해서 [과제 만들기] 버튼을 클릭합니다.

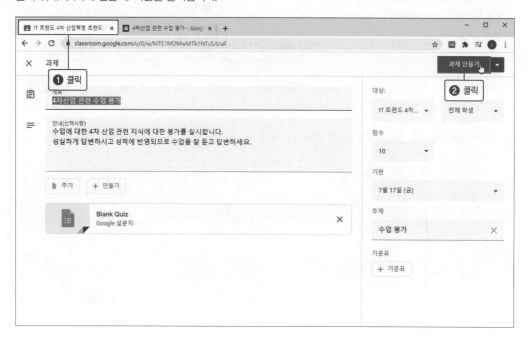

38 | 과제 페이지에 해당 퀴즈 질문이 등록된 것을 확인할 수 있습니다.

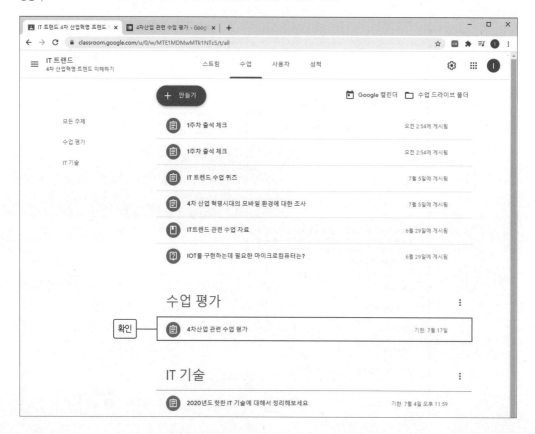

Section 09

퀴즈 과제 제출하고 **자동 채점 확인하기**

 'Section 08 자동 채점이 가능한 퀴즈 과제 만들기'의 예제를 통해 만들어진 퀴즈 과제에 답변하고 채점된 점수를 확인해 보겠습니다. 퀴즈 과제는 설문 기능을 이용하며, 앱에서도 퀴즈 과제 제출이 가능합니다.

01 │ 퀴즈 과제가 출제된 수업 스트림 페이지에서 해당 퀴즈 과제를 클릭하여 퀴즈 과제 상세 페이지로 이동합니다. 수업 페이지에서 과제를 선택하여 이동할 수도 있습니다.

02 │ 퀴즈 과제는 설문지가 포함되어 있으며, 아직 제출 전이라 내 과제 박스에는 '할당됨'으로만 표시되어 있습니다. 설문지에 응답하기 위해서 구글 설문지를 클릭합니다.

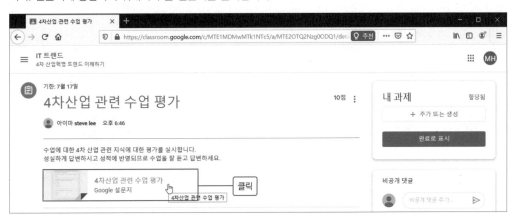

03 | 설문 페이지로 이동하면 답변을 합니다. 정오답 관련 설명을 위해서 오답을 입력하거나 띄어쓰기를 일부러 적용하였습니다. 모든 답변이 완료되면 (제출) 버튼을 클릭합니다.

04 | 답변이 완료되면 해당 설문 제목이 표시되고 하단에 '응답이 제출되었으며, 과제가 완료로 표시되었습니다.'라는 메시지가 나타납니다. 점수를 확인하기 위해서 (점수 보기) 버튼을 클릭합니다.

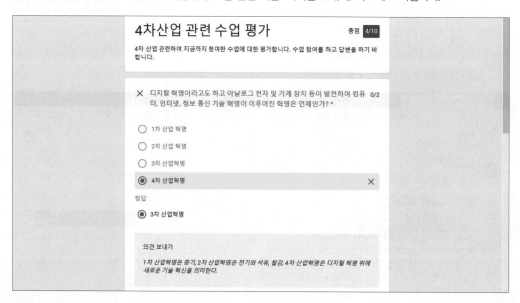

05 | 전체적인 점수는 퀴즈 과제 제목 오른쪽에 표시되며 현재 5문제 중 2문제만 정답이므로 4점으로 총점이 표시되어 있습니다. 오답의 경우 질문 왼쪽에 X 표시가 나타나고 빨간색으로 변경됩니다. 학생이 답변한 답에도 표시가 되며, 정답이 별도로 하단에 표시됩니다. 오답 관련 의견도 (의견 보내기) 박스에 표시됩니다.

06 | 체크박스 문제의 경우 모든 체크박스가 선택되어야만 답변이 됩니다. 정답인 경우 녹색으로 질문이 변경되며 체크 표시도 표시됩니다. 지정된 배점인 2점이 표시됩니다. 정답에 관련 의견도 의견 보내기 박스에 표시되었습니다. 단답형의 경우 띄어쓰기로 인하여 오답 처리가 된 것을 확인할 수 있습니다. 정답은 지정한 두 가지가 추가적으로 표시되었습니다.

07 | 다른 질문과 같이 정답인 경우 녹색, 오답인 경우 빨간색으로 표시되며, 체크와 X 표시로도 구분이 가능합니다. 확인한 이후에는 브라우저에서 탭을 닫으면 자동으로 종료됩니다.

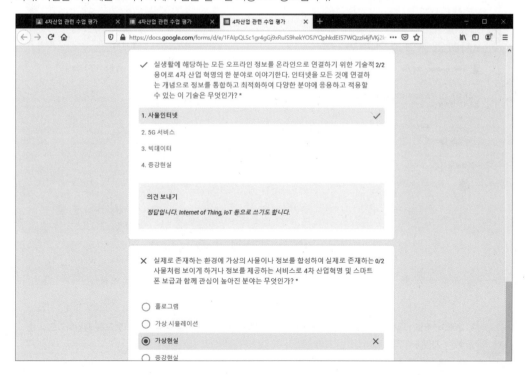

08 | 평가 완료 메시지 페이지에서 과제로 이동하기 위해서 (과제 열기)를 클릭합니다.

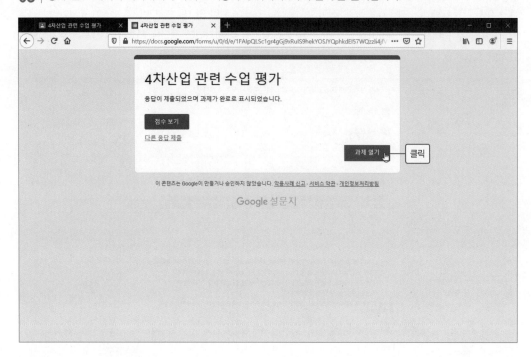

09 | 과제는 제출되어 내 과제 오른쪽에 '제출함'으로 표시됩니다.

알아두기

2020년 8월 15일 이전에는 크롬 웹브라우저에서 클래스룸 공유 기능을 확장 프로그램으로 지원하였으나 현재는 지원하지 않고 설치되었던 크롬 웹브라우저에서도 자동으로 제거됩니다.

Section 10

수업 이해도를 위한 **단답형 질문 만들기**

간단한 질문을 통하여 수업에 활용하거나 소통의 역할과 수업에 대한 이해도를 평가, 활용할 수 있는 질문을 만들어 보겠습니다. 질문은 단답형 또는 객관식으로만 출제가 가능합니다. 단답형 질문은 학생들 간에 서로 답변을 확인하고 댓글을 달 수 있으며, 학생들이 제출했던 답을 수정할 수 있도록 기능을 설정할 수 있습니다.

01 | 수업 카드 페이지에서 수업을 선택하여 수업 스트림 페이지로 이동합니다. 스트림 페이지에서 퀴즈를 만들기 위해서 (수업) 메뉴를 클릭합니다.

02 | 질문을 만들기 위해서 (+ 만들기) 버튼을 클릭하고 팝업 메뉴에서 (질문)을 클릭합니다.

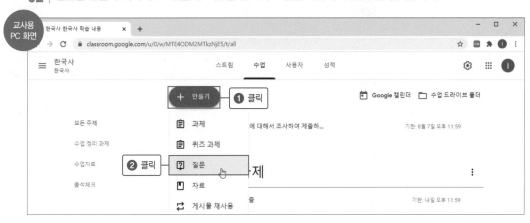

03 | 질문으로 만들 질문 내용과 안내 사항을 입력합니다. 과제 오른쪽에 단답형과 객관식을 선택할 수 있는 콤보박스가 있으며, 단답형 질문을 하기 위해서 단답형을 선택합니다. 안내는 선택 사항이나 질문 항목이 길면 안내를 활용하는 것이 좋습니다. 점수를 10점으로 변경하고 기한을 설정하고 [질문하기] 버튼을 클릭합니다.

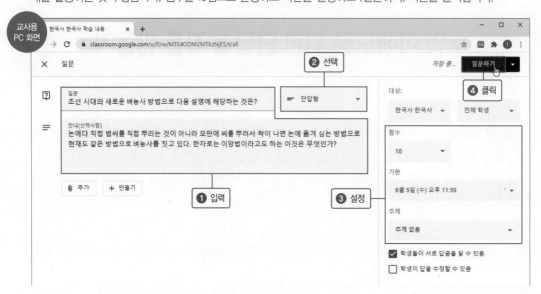

> **알아두기**
> '학생들이 서로 답글을 달 수 있음'에 체크한 경우 답변에 댓글을 적용할 수 있으며, '학생이 답을 수정할 수 있음'에 체크가 되면 답변 확인 후에도 수정이 가능합니다.

04 | 질문이 생성되면 왼쪽 하단에 '질문이 생성됨' 메시지가 표시되며 질문이 추가된 것을 확인할 수 있습니다.

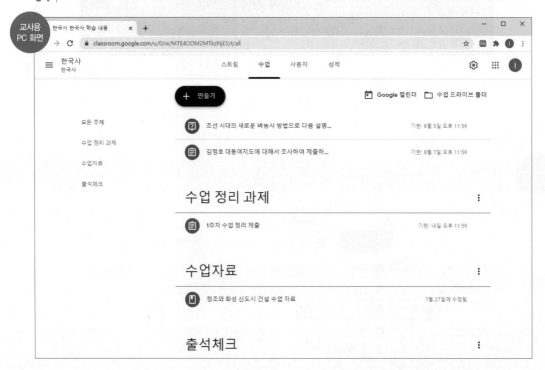

05 │ 제출이 완료되면 내 답변 오른쪽에 제출함이 표시되어 있습니다. 입력한 답변 하단에 친구 답변 보기 메뉴가 활성화되며 상단에도 친구 답변 메뉴가 표시됩니다. [친구 답변 보기]를 클릭하여 친구가 답변한 내용을 확인해 봅니다.

> **알아두기** 교사가 '학생들이 서로 답글을 달 수 있음' 옵션의 체크를 해제한 경우 친구 답변 보기 기능은 활성화되지 않습니다.

06 │ 친구 답변 페이지로 이동하면 본인과 친구들이 입력한 답변을 확인할 수 있고 [답장] 메뉴를 클릭하여 댓글을 달 수 있습니다.

Section 11

수업에 필요한 **자료 만들기**

온라인 실시간 강의를 위한 시스템이 별도로 존재하지 않는다면, 클래스룸에 동영상 강의를 제공할 수 있지만 동영상 강의가 정상적으로 재생된 것을 확인할 방법을 제공하지 않고 있습니다. 수업 등을 위한 자료, 녹화 강의 등을 유튜브와 연계하여 자료로 제공할 수 있습니다.

01 │ 자료를 등록하기 위해 자료를 등록할 수업의 스트림 페이지에서 (수업) 메뉴를 클릭하여 수업 페이지로 이동합니다.

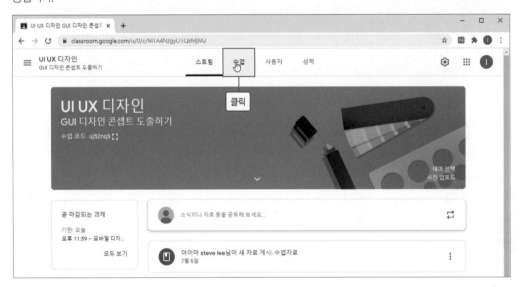

02 │ 자료를 등록하기 위해 (+ 만들기) 버튼을 클릭하고 팝업 메뉴에서 (자료)를 클릭합니다.

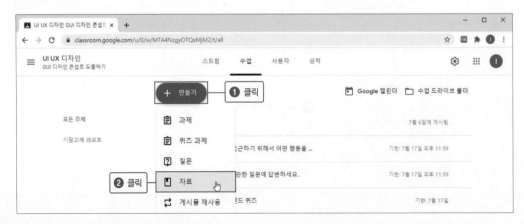

03 | 제목에 수업 자료의 타이틀과, 설명에 부가적인 설명을 추가적으로 입력합니다. 수업 자료를 주제로 새로 등록하여 구분하기 위해 주제의 콤보박스를 클릭하고 (주제 만들기)를 클릭합니다.

04 | 주제의 콤보박스가 텍스트 입력 상태로 변경되며 구분할 주제를 입력합니다. 수업 자료 등록을 위해 '수업 자료'라고 입력하였습니다.

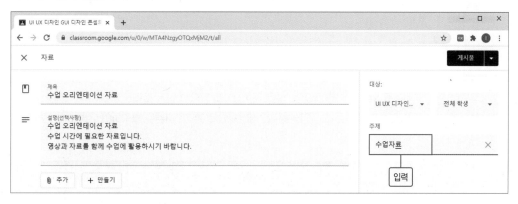

05 | 유튜브에 등록하거나 유튜브에 있는 강의 영상을 활용하기 위해 (추가) 버튼을 클릭하고 팝업 메뉴에서 (YouTube)를 클릭합니다.

06 | 동영상 삽입 대화상자가 활성화되면 기존의 유튜브에 등록된 영상을 자료로 사용하기 위해 검색하여 사용한다면 동영상 검색 탭에서 검색어를 입력하고 자료로 활용할 강의 영상을 선택하고 (추가) 버튼을 클릭합니다.

07 | 유튜브 영상의 주소를 알고 있다면 동영상 삽입 대화상자의 (URL) 탭을 클릭하고 미리 복사해둔 주소를 붙여넣습니다. 주소를 입력하면 해당 주소 동영상을 확인할 수 있고 (추가) 버튼을 클릭하여 유튜브 영상을 자료로 제공합니다.

유튜브의 주소창에 있는 주소를 입력할 수 있지만 공유 기능을 활용하여 주소를 복사할 수 있습니다.

❶ 영상의 주소를 복사하기 위해서 유
튜브 영상의 하단에서 (공유)를 클
릭합니다.

❷ 공유 대화상자가 나타나면 복사할 유튜브의 주소가 나
타나며, (복사)를 클릭하여 주소를 복사하고 필요한 영
역에 붙여 넣으면 됩니다.

08 │ 수업 자료를 파일 형태로 제공하기 위해서 (추가)를 클릭하고 팝업 메뉴에서 (파일)을 클릭합니다.

09 | Google 드라이브로 파일 삽입하기 대화상자가 활성화되면, 필요한 강의 파일을 업로드 탭의 하단에 드래그하여 적용하고 (업로드) 버튼을 클릭합니다. 자동으로 구글 드라이브에 등록되며, 구글 드라이브에 저장된 파일을 사용할 경우 내 드라이브에서 확인하여 추가할 수 있습니다.

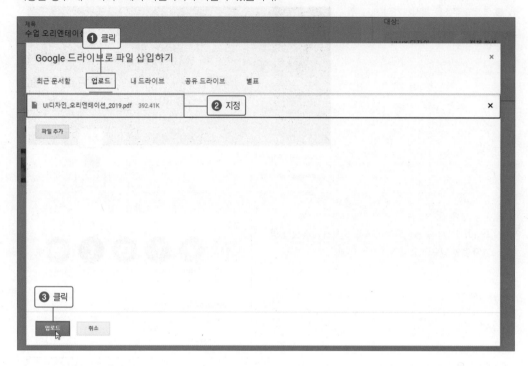

10 | 유튜브 영상과 제공할 PDF 파일 형태가 등록된 것을 확인할 수 있습니다. 자료를 모두 추가하였으면 오른쪽 상단에 있는 (게시물) 버튼을 클릭하여 자료를 등록합니다.

11 │ 왼쪽 하단에 '자료 생성됨' 메시지와 함께 수업 자료 주제가 새롭게 등록되며 등록한 자료가 리스트에 표시되는 것을 확인할 수 있습니다.

12 │ 등록한 자료의 제목을 클릭하면 세부 내용을 확인할 수 있고 등록한 자료도 확인이 가능합니다.

실시간 영상 수업을 위한
구글 미트 사용하기

영상을 통해 학생들의 얼굴을 보면서 수업을 할 수 있는 구글 미트 사용 방법을 알아봅니다. 화상 수업의 준비물인 웹캠이나 스마트폰 설치부터 오디오와 비디오 설정 방법을 학습하고 수업 참여자를 초대합니다. 필요에 따라서 특정 프로그램 화면을 공유하여 수업하는 방법과 구글 미트의 장점인 영상이나 애니메이션으로 발표하는 방법을 알아봅니다.

Part 3

Section 01

PC에 카메라를 달아주자! 웹캠 연결하기

PC나 노트북에 웹캠을 달아서 실시간 화상 회의를 진행하거나 온라인 강의용으로 녹화를 진행할 수 있습니다. 웹캠을 PC에 연결하고 잘 연결되었는지 테스트하는 방법을 알아봅니다.

PC용 웹캠 세팅하기

01 | 웹캠에 USB 포트에 케이블을 연결합니다.

02 | 웹캠을 컴퓨터의 모니터 위에 올려놓습니다. 컴퓨터에 웹캠을 고정해서 안정적으로 촬영할 수 있게 합니다.

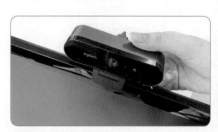

웹캠을 PC에 연결하기

03 | 웹캠 케이블의 반대편은 컴퓨터 USB 포트에 연결할 수 있습니다. 컴퓨터 본체에 케이블을 연결합니다. 웹캠과 컴퓨터 연결이 완료됩니다.

연결 테스트하기

PC 카메라 앱 실행

01 │ 노트북 내장 웹캠 및 PC용 외부 웹캠 불문하고 웹캠은 USB를 꽂는다고 자동으로 실행되는 것이 아닙니다. 잘 연결되었는지 테스트가 필요합니다. PC의 '시작' 메뉴를 클릭합니다. 기본 메뉴의 검색창에 (카메라)를 검색합니다.

카메라 앱 실행

02 │ 카메라 앱이 실행됩니다. '카메라의 정확한 위치 엑세스를 허용할까요?'라는 대화상자가 표시되면 (예) 버튼을 클릭합니다.

웹캠 테스트

03 │ 웹캠이 잘 연결되었다면 웹캠으로 실시간 촬영되는 화면이 표시됩니다. 표시되지 않는다면 웹캠 연결이 실패한 것이기 때문에 다시 연결하거나 해당 웹캠 제조사에서 제공하는 웹캠 관련 드라이브를 다운로드하여 다시 연결합니다.

Section 02

웹캠이 없을 경우, **스마트폰을 웹캠으로 만들기**

웹캠 가격으로 인해 웹캠을 마련하는 것이 부담스러울 수 있습니다. 혹은 장비가 없는 상황에서 갑작스럽게 화상 회의나 온라인 강의를 진행해야 하는 상황이 올 수 있습니다. 많은 사람이 가지고 있는 스마트폰은 이러한 상황에서 웹캠으로 사용할 수 있습니다. 스마트폰을 웹캠으로 사용하는 방법에 대해 알아봅니다.

스마트폰 설정하기

01 | 앱스토어(구글플레이 스토어)에서 검색창에 'iVCam'을 입력하고 검색된 iVCam 앱을 설치합니다.

> **iVCam과 비슷한 프로그램**
>
> iVCam 이외에도 스마트폰을 웹캠으로 만드는 다양한 프로그램이 있습니다. DroidCam, iriun, NDI 등 프로그램을 알아보고 맞는 것을 사용하면 됩니다. 기종이나 PC 종류, 기기 제조 일자 등에 따라 지원하는 범위가 천차만별이기 때문에 반드시 본인의 상황에 맞는 프로그램을 찾아서 사용하는 것을 권장합니다.

02 | 스마트폰을 컴퓨터로 연결하기 위해서는 스마트폰을 USB처럼 쓸 수 있게 변경해야 합니다. 이를 USB 디버깅이라고 합니다. (핸드폰 설정) – (휴대전화 정보) 창에 들어갑니다.

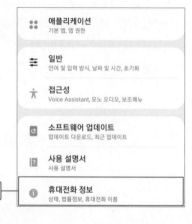

03 | 본인의 휴대폰 정보가 표시됩니다. 메뉴에서 〔소프트웨어 정보〕 창으로 이동합니다.

04 | 소프트웨어 정보가 표시됩니다. 〔빌드 번호〕 창을 연속으로 터치합니다. '개발자 모드를 켰습니다.'라는 문구가 표시되면서 '개발자 모드'가 해제됩니다.

05 | 〔설정〕 창으로 이동하여 하단에 〔개발자 옵션〕이 활성화되면 터치합니다.

06 | [개발자 옵션] 창에 들어가면 디버깅 영역에 [USB 디버깅] 설정이 있습니다. 클릭하여 활성화합니다. USB 디버깅을 허용하면 USB 디버깅이 완료됩니다.

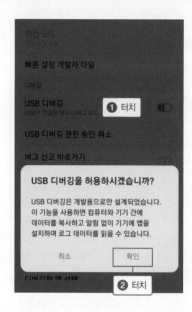

PC에 'iVCam' 설치하기

01 | 웹브라우서에서 iVCam 사이트 (https://www.e2esoft.com/ivcam)로 이동합니다. [Download for Windows]를 클릭합니다.

02 | 설치 파일이 자동으로 설치됩니다. 정해진 설치 과정을 거치고 iVCam을 실행하면 그림과 같이 설치가 완료됩니다. iVCam을 실행한 상태로 다음 단계를 진행합니다.

스마트폰을 웹캠으로 연결하기

iVCam 앱 실행

01 | 스마트폰의 USB 디버깅을 설정한 상태에서 다운받은 'iVCam'앱을 실행합니다. 'iVCam PC 검색...' 이라는 문구가 표시됩니다.

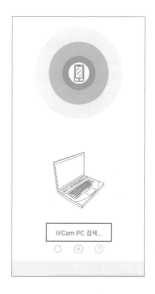

02 | 스마트폰을 웹캠처럼 사용하기 위해 미니 삼각대를 활용하여 스마트폰을 고정합니다. 스마트폰을 들고 강의를 진행할 수 없으므로 반드시 삼각대를 활용하여 세워야 합니다.

스마트폰 PC에 연결하기

03 | PC와 스마트폰에 iVCam 프로그램과 앱을 실행한 채로 스마트폰 연결 케이블을 활용하여 PC와 연결합니다. USB 사용을 허용하면 스마트폰의 카메라 기능이 웹캠처럼 PC에 표시되는 것을 확인할 수 있습니다.

스마트폰과 카메라와 다르게 웹캠은 주로 실시간 화상 회의에서 두각을 보입니다. PC에 설치하여 내 모습을 촬영하여 실시간으로 소통하고 의견을 전달할 수 있습니다. 여기서는 웹캠 사용 시 알아두어야 하는 개념들에 대해 알아봅니다.

적절한 눈높이에 웹캠을 고정하자

웹캠은 주로 PC 모니터 위나 노트북 모니터 위에 고정하여 사용합니다. 웹캠으로 전신을 보여주는 경우는 거의 없기에 상반신을 균형 있게 보여주면 됩니다. 상반신을 가장 이상적으로 보여주기 위해서는 웹캠이 촬영자의 눈높이에 맞거나 눈높이보다 살짝 위에 있으면 됩니다.

웹캠을 PC에 고정하고 필요하다면 컴퓨터 의자의 높이나 앉은 환경을 조절하여 보기 좋은 구도로 모습을 잘 보이게 합니다.

화상 회의에 참여하기 전 반드시 웹캠을 테스트하자

화상 회의 도중 흐름이 깨지면 회의가 원활하게 진행되지 않는 경우가 많습니다. 웹캠이 그 원인 중 하나가 될 수 있습니다.

급하게 웹캠을 연결하고 화상 회의에 참여하게 되면 웹캠이 실행되지 않거나 연결이 되지 않아 곤란한 경우가 많습니다. 회의 시작 전에 반드시 (시작 프로그램) → (카메라) 앱을 통해 웹캠의 연결 상태를 체크하도록 합니다.

▲ (시작 프로그램) → (카메라) 앱에서 웹캠의 연결 상태를 테스트할 수 있습니다.

Section 03

구글 미트에서 **오디오와 비디오 설정하기**

구글 미트를 이용하여 화상회의를 시작하기 위해서는 먼저 오디오와 비디오를 사용할 수 있는지 설정 확인을 해야 합니다. 자신의 PC에서 오디오 및 비디오 사용이 가능한지 확인해 봅니다.

01 │ 구글 사이트(www.google.com)에서 검색 창에 '구글 미트'라고 입력하여 검색한 다음 검색 리스트에서 'Meet–Google'을 클릭합니다.

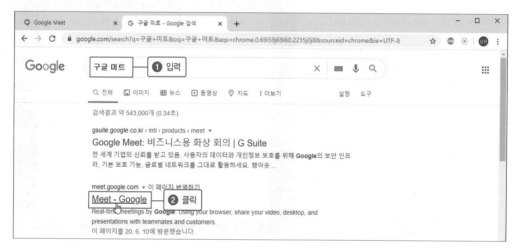

02 │ Google Meet 사이트(meet.google.com)로 이동합니다. 비디오와 오디오 설정을 위해 설정 버튼(⚙)을 클릭합니다.

03 | 마이크 사용과 카메라 사용 권한을 요청하는 대화상자가 표시되면 (허용) 버튼을 클릭합니다.

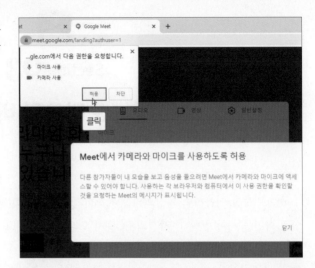

04 | (오디오) 탭을 클릭해 보면 마이크와 스피커 세팅 값이 표시됩니다. 기본 설정 값이 맞다면 (설정)을 누릅니다.

05 | (영상) 탭을 누르면 카메라 설정이 표시되며, 미리보기 창에 영상 화면이 표시됩니다. (설정)을 눌러 오디오와 영상 설정을 닫습니다.

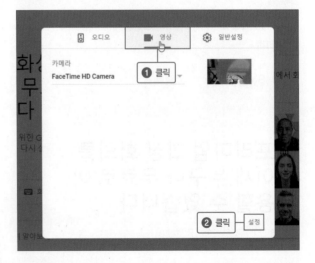

Section 04

구글 미트를 이용하여 **회의 시작하기**

구글 미트를 이용하여 회의를 시작해 보겠습니다. 회의가 시작되면 진행자의 영상이 메인 화면에 표시되며, 오른쪽 화면에 회의 세부 정보에도 진행자의 영상이 표시됩니다.

01 │ 내 PC에서 오디오와 영상 사용 설정이 되었다면 구글 미트 사이트(meet.google.com)에서 (회의 시작) 버튼을 클릭합니다.

02 │ 알림 표시 권한 요청 대화상자가 표시되면 (허용) 버튼을 클릭한 다음 (지금 참여하기) 버튼을 누릅니다.

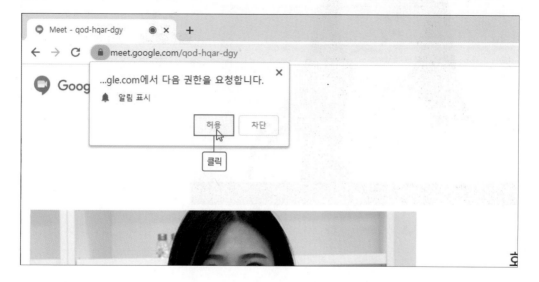

03 │ 〔다른 사용자 추가〕 대화상자가 표시 되면 참여 정보를 복사하거나 사용자 추가를 할 수 있습니다. 여기서는 〔닫기〕 버튼을 눌러 대화상자를 닫습니다.

04 │ 그림과 같이 메인 화면에 진행자의 비디오가 표시되고, 오른쪽 상단에 작은 썸네일 화면으로 진행자의 비디오도 표시됩니다. 〔모두에게 표시〕 버튼을 클릭합니다.

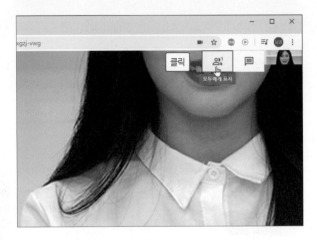

05 │ 오른쪽 화면에 회의 세부 정보가 표시됩니다. 마찬가지로 진행자의 영상이 썸네일 화면으로 표시됩니다.

Section 05

카카오톡으로 **회의 참여 문자 보내기**

구글 주소록에 참여자가 등록되어 있지 않다면 참여자에게 카카오톡으로 참여 문자를 보내 간단하게 화상 회의에 참여시킬 수 있습니다. 참여 정보 복사 기능으로 참여자를 화상 회의에 참여시켜 봅니다.

01 │ 내 PC에서 오디오와 영상 사용 설정이 되었다면 구글 미트 사이트(meet.google.com)에서 (회의 시작) 버튼을 클릭합니다.

02 │ 참여자에게 회의에 참여하도록 문자를 보내기 위해 다른 사용자 추가 대화상자에서 (참여 정보 복사)를 클릭합니다. 참여 정보가 클립보드에 복사됩니다.

03 | 카카오톡을 실행한 다음 회의에 참여시키려는 참가자에게 (Ctrl)+(V)를 눌러 초대 URL을 전송합니다. 단톡방을 만들어 한번에 초대 URL을 전달하는 것도 좋은 방법입니다.

04 | 참여자가 자신의 PC에서 초대 URL을 클릭하면 구글 사이트로 이동하며, 구글 플러그인 설치 화면이 표시되면 (플러그인 설치) 버튼을 클릭합니다. 구글에서 비디오를 사용할 수 있도록 (실행) 버튼을 클릭합니다.

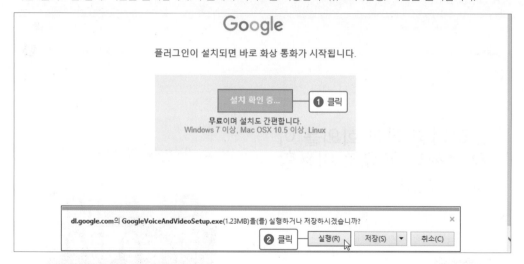

05 | 플러그인이 설치되면 구글 미트에서 비디오 사용이 가능합니다. 화상 회의 준비가 실행됩니다.

Section 06

참여자가 **화상 회의 참여하기**

참가자가 화상 회의에 참가를 하려면 진행자가 참여를 수락해야 합니다. 진행자가 참가자의 참여 요청을 수락하여 화상 회의에 참여시켜 봅니다.

01 | 참가자의 PC에서 미트(Meet) 사용을 위해 카메라와 마이크를 사용하도록 허용 대화상자가 나타납니다. 〔허용〕 버튼을 클릭한 다음 〔닫기〕 버튼을 클릭합니다.

02 | 참가자가 회의에 참여할 준비가 되었는지 묻는 화면이 표시되면 〔참여 요청〕 버튼을 클릭합니다.

03 │ 진행자가 참여 허락을 해야 참여할 수 있으므로, 참여 요청 대기 상태가 됩니다.

04 │ 진행자의 PC에 '회의에 참여하고 싶어 하는 사용자가 있습니다.' 메시지와 참여자의 이름이 표시됩니다. 진행자가 (수락) 버튼을 누릅니다.

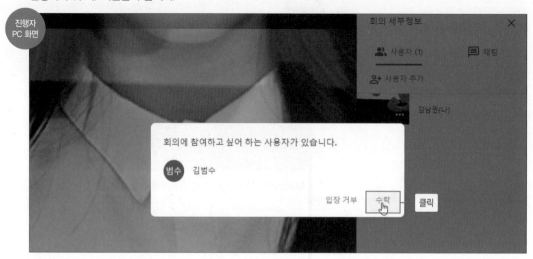

05 │ 진행자 PC의 회의 세부 정보에 참여자가 표시되는 것을 확인할 수 있습니다.

Section 07

참여자와 **실시간 채팅하기**

온라인 수업에 참여한 참가자와 화상 수업 이외에 문자로 채팅할 수도 있습니다. 여기서는 진행
자가 참가자들에게 단체로 문자를 전달하는 방법을 알아봅니다.

01 │ 구글 미트 화상 수업을 참여한 다음 진행자가 참여자에게 문자를 전송하기 위해 진행자의 PC에서 (채팅)
버튼을 클릭합니다.

02 │ 화면 오른쪽 하단의 문자 입력창에 전송할 문자를 입력한 다음 (보내기) 버튼을 클릭합니다.

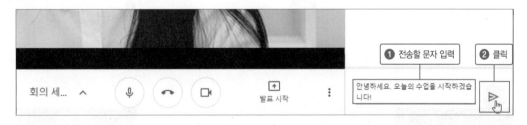

03 │ 채팅 창에 입력한 문자가 표시됩니다. 표시된 문자는 참가한 참여자들에게 전송됩니다.

Section 08

원하는 스타일대로, **구글 미트 레이아웃 변경하기**

구글 미트에서 회의에 참여하였다면 레이아웃을 변경시킬 수 있습니다. 기본 레이아웃은 왼쪽 화면에는 진행자의 화면이 표시되고, 오른쪽 화면에 참여자 항목이 표시되어 있습니다.

01 | 레이아웃을 변경하기 위해 (옵션 더보기) 버튼을 누른 다음 (레이아웃 변경)을 선택합니다.

02 | 레이아웃 변경 대화상자가 표시되면 구글 미트에서 기본으로 제공하는 레이아웃이 표시됩니다. 예제에서는 (사이드바)를 클릭합니다.

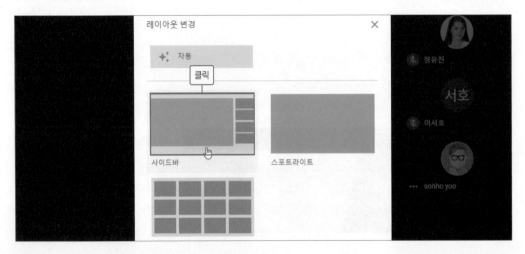

03 | 화면과 같이 왼쪽 화면이 메인 화면으로 크게 표시되며, 나머지 참가자 화면은 오른쪽에 서브 화면으로 변경됩니다.

04 | 이번에는 레이아웃 변경 대화상자에서 (타일식)을 클릭합니다.

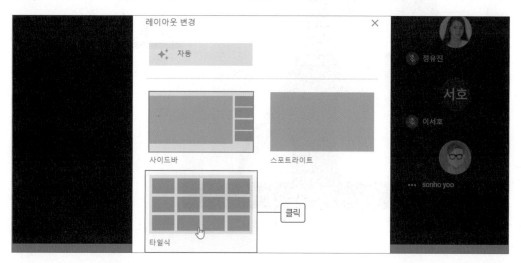

05 | 화면과 같이 동일한 크기의 화면이 타일 형태로 변경되며, 각각의 화면에는 참가자의 영상이 표시됩니다.

Section 09

자동으로 음성을 인식하는 **영어 자막 사용하기**

온라인 수업을 하면서 영문 자막이 필요할 때 타이핑을 하지 않아도 음성을 인식하여 자동으로 영문 자막을 표시할 수 있습니다. 영어 자막 사용 방법에 대해 알아보겠습니다.

01 | 온라인 영상 화면에 영어 자막을 표시하기 위해 (옵션 더보기) 버튼을 클릭합니다.

02 | PC에 마이크가 내장되어 있거나 마이크 기능이 있는 웹캠이 설치되어 있다면, 팝업 메뉴에서 (자막 사용)을 선택합니다.

03 │ 영어로 'Hello, let's start the class'라고 말을 해 보면 화면 하단에 영문으로 자막이 표시되는 것을 확인할 수 있습니다.

04 │ 같은 방법으로 영어로 말을 해 보면 정확하게 화면 하단에 영문 자막이 표시되는 것을 확인할 수 있습니다.

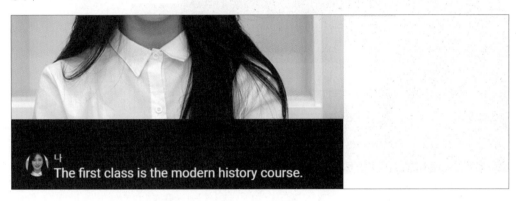

05 │ 영문 자막 기능을 끄기 위해 (옵션 더보기) 버튼을 클릭한 다음 (자막 사용 중지)를 선택하면 자막 기능이 꺼지는 것을 확인할 수 있습니다.

Section 10

PC 전체 화면을 **공유하여 발표하기**

진행자가 자신의 PC 전체 화면을 참가자에게 화면 공유하여 수업할 수 있습니다. 발표 옵션에서 내 전체 화면 기능으로 전체 화면 공유 방법에 대해 알아봅니다.

01 | 내 PC의 전체 화면을 공유하기 위해 (발표 시작) 버튼을 클릭한 다음 (내 전체 화면)을 선택합니다.

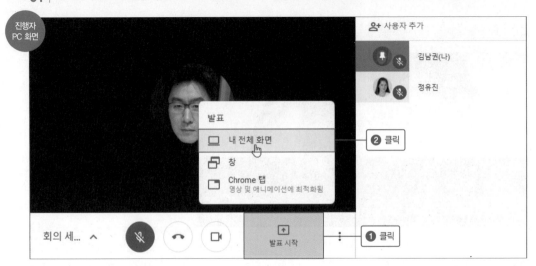

02 | 전체 화면 공유 대화상자가 표시되면 모니터에 실행된 전체 PC 화면을 선택합니다. 듀얼 모니터일 경우에는 두 개의 화면으로 표시됩니다. 원하는 모니터 화면을 선택한 다음 (공유) 버튼을 클릭합니다.

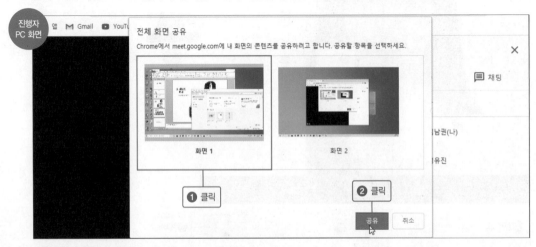

03 | 진행자의 구글 미트 화면에는 '모든 참여자에게 발표하고 있습니다.'라는 메시지가 표시됩니다.

04 | 회의 세부 정보에서 진행자 썸네일 화면을 클릭하면 화면상에 전체 PC 화면이 표시되는 것을 확인할 수 있습니다.

05 | 진행자는 자신의 PC 화면에서 파일이나 프로그램을 실행시켜 강의를 하면 구글 미트 화면에서 해당 영상이 공유되어 표시됩니다.

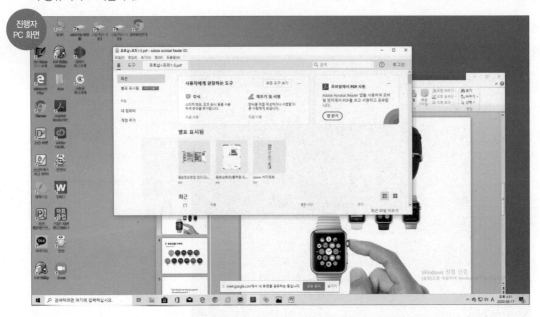

06 | 참가자 구글 미트 화면에는 그림과 같이 진행자의 전체 PC가 공유되어 표시됩니다.

Section 11

선별적으로 프로그램 **화면 공유하여 발표하기**

진행자가 자신의 PC에 실행된 프로그램 화면을 공유하여 수업할 수 있습니다. 발표 옵션에서 창 기능으로 프로그램 화면을 선별하여 공유하는 방법에 대해 알아봅니다.

01 | 내 PC의 전체 화면을 공유하기 위해 (발표 시작) 버튼을 클릭한 다음 (창)을 선택합니다.

02 | 애플리케이션 창 공유 대화상자가 표시되며, 진행자의 PC에서 현재 실행되고 있는 프로그램 화면이 나타 납니다. 여기서는 실행되어 있는 파워포인트 화면을 선택하고 (공유) 버튼을 클릭합니다.

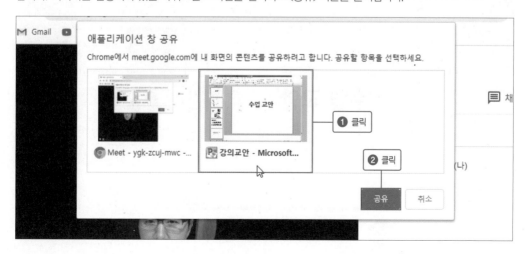

03 | 진행자의 구글 미트 화면에는 '모든 참여자에게 발표하고 있습니다.'라는 메시지가 표시됩니다.

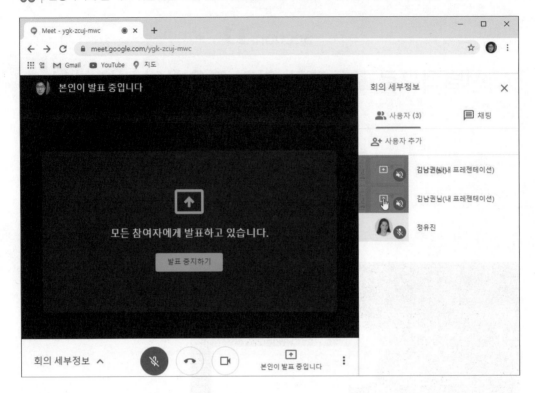

04 | 회의 세부 정보에서 진행자 썸네일 화면을 클릭하면 화면상에 파워포인트 프로그램 화면이 표시되는 것을 확인할 수 있습니다.

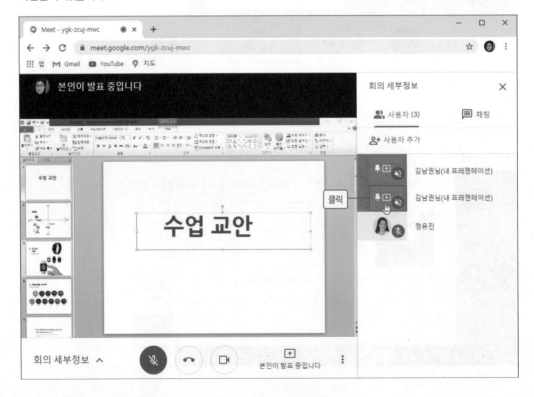

05 | 진행자는 진행자 PC의 파워포인트 자료를 실행시키면서 수업을 진행합니다.

06 | 화면 공유 수업 중에 발표를 중지하려면 (본인이 발표 중입니다)를 클릭한 다음 (발표 중지하기)를 클릭합니다.

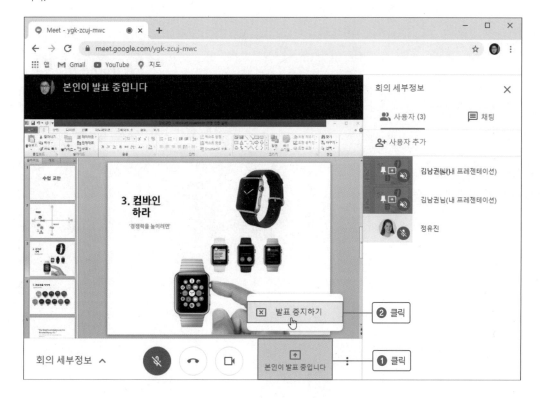

과제 평가와
수업 관리하기

학생들을 평가하기 위해 과제를 평가하고 성적을 관리
하는 방법을 소개합니다. 공정한 평가를 위해 항목과 단
계를 나눠 단계별로 점수를 공개할 수 있도록 기준표나
자동 채점을 통한 성적을 평가합니다. 퀴즈 과제를 자동
채점하는 방법과 성적에 반영하는 방법 등 효율적으로
학생들의 과제를 채점하고 평가하기 위한 기능들을 학
습합니다.

Part 4

Section 01

학생별로 **과제 평가하고 반환하기**

학생별로 과제를 평가하고 평가한 점수를 학생들에게 제공하려면 반환 또는 돌려주기 과정을 통하여 학생들에게 성적을 적용하는 과정이 필요합니다. 과제를 제출한 학생들의 과제를 확인하고 성적을 평가하는 방법을 확인하겠습니다.

01 │ 과제를 만들고 평가하기 위해서 수업 스트림 페이지에서 (수업) 메뉴를 클릭합니다.

교사가 스트림 페이지에서 과제를 클릭하면 평가를 위한 페이지로 바로 이동이 됩니다.

02 │ 수업 페이지에서 평가할 과제를 클릭하고 과제의 상세 내용이 나타나면 하단에 있는 (과제 보기) 버튼을 클릭하여 평가를 위한 페이지로 이동합니다. 과제 상세 내용에는 제출한 학생과 제출하지 않은 학생 수가 표시됩니다.

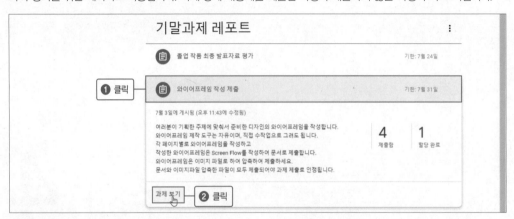

03 | 과제 평가를 위한 페이지로 이동하며 평가를 위해 과제를 제출한 학생을 클릭합니다.

04 | 학생의 평가를 위한 제출 과제 페이지로 이동하면 과제 내용을 확인할 수 있습니다. 기본적으로 이미지나 문서 형태가 표시되며, 오른쪽에 여러 파일이 있는 경우 리스트가 표시됩니다. 각 문서나 파일별로 새 창에서 해당 과제를 열어 확인할 수 있습니다. 과제 제출 일시 및 제출 기록 확인도 가능하며 과제를 평가할 수 있습니다.

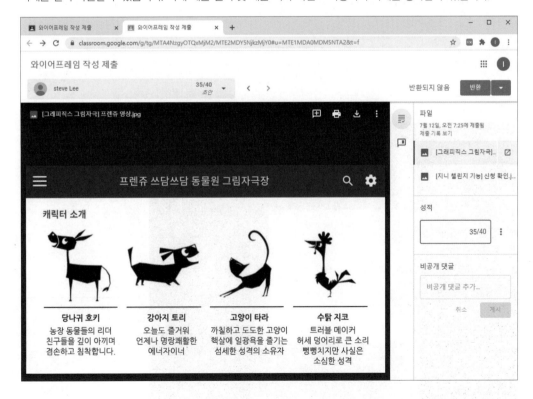

05 │ 두 번째 파일을 확인하기 위해 파일 리스트에서 두 번째 파일을 선택하면 내용이 두 번째 파일로 변경됩니다. 파일별로 평가하는 것이 아닌 과제 전체의 점수를 입력하기 때문에 모든 파일을 보고 성적을 입력할 수 있습니다.

06 │ 필요에 따라서 성적 평가에 대한 설명을 추가하려면 비공개 댓글에 필요한 내용을 입력하고 [게시] 버튼을 클릭합니다.

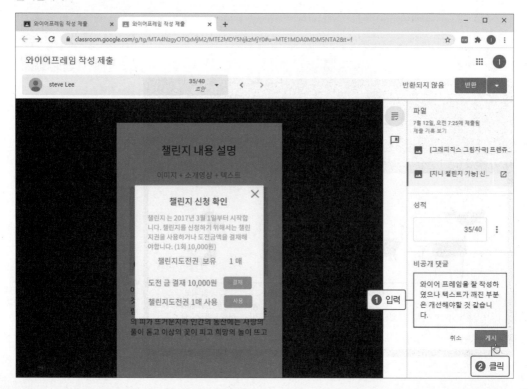

07 | 입력한 성적은 아직 초안 상태로 학생에게 공개된 상태가 아닙니다. 학생에게 성적을 최종적으로 적용하고 공개하기 위해서는 반환 과정을 진행해야 합니다. 오른쪽 상단에 있는 (반환) 버튼을 클릭하여 해당 학생의 성적을 반환합니다.

08 | 성적 반환을 하기 위해 성적 반환 관련 대화상자가 활성화됩니다. 학생 이름과 적용된 성적을 확인하고 (반환) 버튼을 클릭합니다.

09 | 성적 적용이 완료되어 학생에게 성적이 공개되면 상단 점수 부분에 '초안' 표시와 '반환되지 않음' 메시지가 사라지며 (반환) 버튼도 비활성화됩니다. 성적 채점이 완료되었다면 브라우저에서 탭을 닫고 성적 채점 페이지로 이동하면 됩니다. 그러나 학생이 여러 명인 경우는 각각의 학생들을 채점해야 합니다.

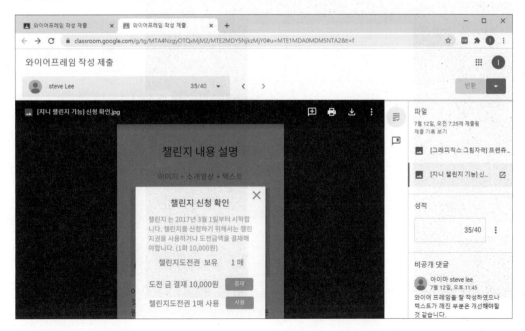

10 | 학생이 여러 명인 경우 왼쪽 상단에 학생 이름이 있는 부분을 클릭하면 과제 제출한 학생과 제출하지 않은 학생들이 표시됩니다. '제출됨' 표시가 된 학생을 클릭합니다.

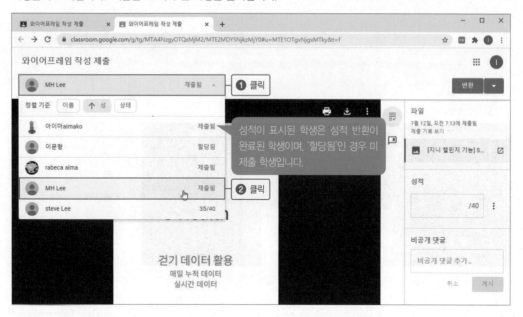

11 | 선택한 학생 과제 상세 페이지로 이동하며 성적 및 비공개 댓글을 입력합니다. 학생별로 반환할 수 있지만 학생들 평가를 하고 한번에 반환하겠습니다. 학생 이름 오른쪽에 성적이 표시되고 '초안'이라고 표시가 됩니다. 성적은 입력이 되었지만 반환되지 않은 상태입니다.

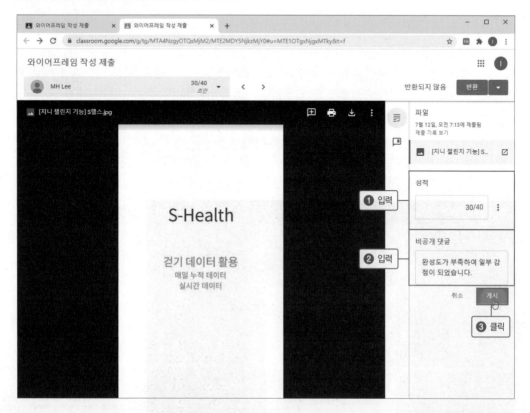

12 | 학생 이름 부분을 클릭하여 한명씩 선택하여 성적을 입력합니다. 순차적으로 하려면 학생 이름 오른쪽에 있는
< > 버튼을 클릭하여 순차적으로 이동할 수 있습니다. 성적이 모두 입력된 것을 확인하기 위해서는 학생 이름 부분을
클릭하면 나오는 콤보박스에서 확인이 가능합니다.

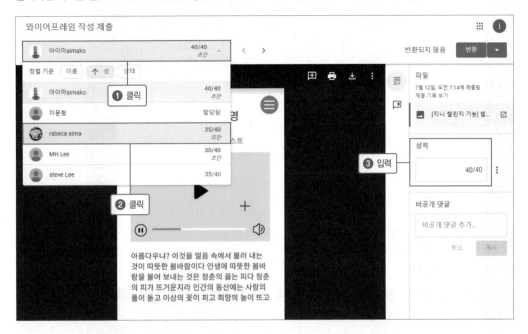

13 | 성적 입력이 되었으나 초안 상태인 모든 학생의 성적을 반환하여 학생에게 공지하기 위해 (반환) 버튼 오른
쪽에 있는 (확장) 버튼을 클릭합니다. 팝업 메뉴에서 (여러 제출물 반환)을 클릭하여 평가된 모든 과제의 성적을
반환합니다.

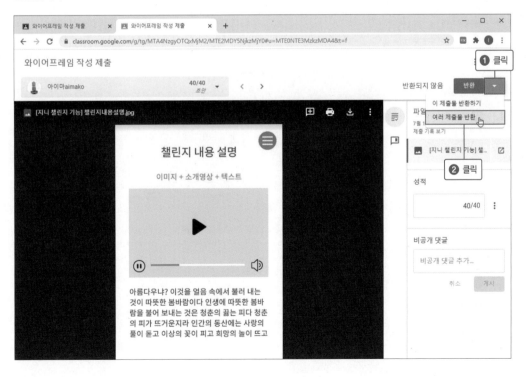

14 성적 반환 확인을 위한 대화상자가 활성화되며 학생과 성적을 확인할 수 있으며, 성적을 반환할 학생을 선택할 수도 있습니다. 현재는 성적 평가된 모든 학생의 성적을 반환하기 위해 (반환) 버튼을 클릭합니다.

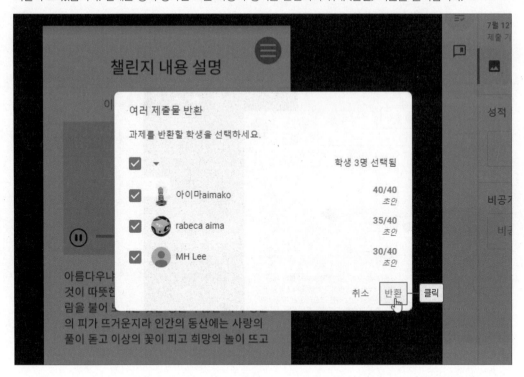

15 성적 반환이 완료되면 학생 과제 페이지로 이동하며 학생 성적을 확인 가능하며, 채점이 완료된 학생은 채점 완료로 구분되어 리스트에서 하단으로 이동합니다.

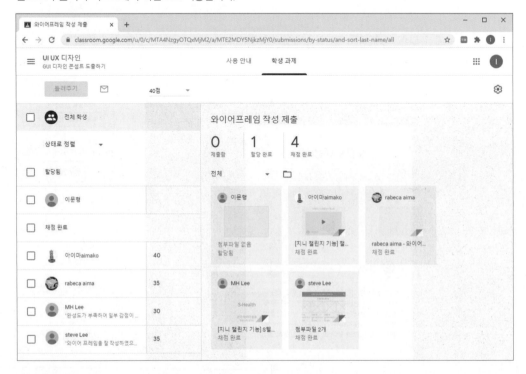

16 | 성적 채점 및 비공개 댓글을 확인하기 위해서 채점 완료 리스트에서 학생아이디를 클릭하면 학생이 제출한 과제 및 비공개 댓글을 확인할 수 있습니다. 학생이 제출한 성적과 성적 채점에 관한 기록을 확인하기 위해서는 학생 이름 하단에 있는 (기록 보기)를 클릭합니다.

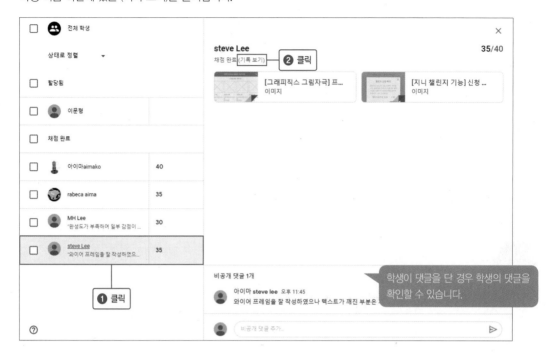

17 | 학생의 과제 제출 시간 및 채점한 시간을 확인할 수 있는 대화상자가 나타나며 성적 및 시간 등을 확인하면 (닫기)를 클릭합니다.

알아두기 교사가 학생이 해당 과목에서 할당되거나 제출한 과제를 확인하려면, 학생 과제 평가에 대한 상세 페이지에서 학생 이름을 클릭하면 해당 학생에게 할당된 모든 과제와 제출한 과제 등을 확인할 수 있습니다.

Section 02

과제에 **수정 제안하고 성적 반환하기**

학생과 커뮤니케이션하기 위해 기본적으로 댓글 기능이 있습니다. 그러나 구글 클래스룸에는 좀 더 다양한 기능을 활용하여 학생과 커뮤니케이션을 할 수 있습니다. 학생 과제를 실시간으로 수정 반영할 수 있고, 학생과 동일 문서를 열고 공유하면서 채팅도 가능합니다.

01 | 제출된 과제를 평가하기 위해 수업 스트림 페이지에서 과제의 내용 부분을 클릭합니다.

02 | 과제 평가를 위한 학생 과제 페이지로 이동하면 제출한 과제를 평가하기 위해 학생들 중에서 '제출함' 표시가 있는 학생의 제출된 과제를 클릭합니다.

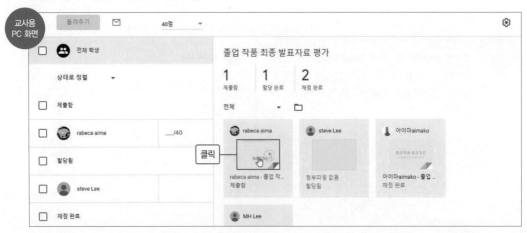

03 | 과제로 제출된 문서 파일이 열리고 적용된 기준표가 오른쪽에 표시됩니다. 문서를 수정하거나 수정 부분을 표시하기 위해 문서에 입력된 내용을 드래그하여 블록화하고 오른쪽 상단의 (제안 모드) 버튼을 클릭합니다.

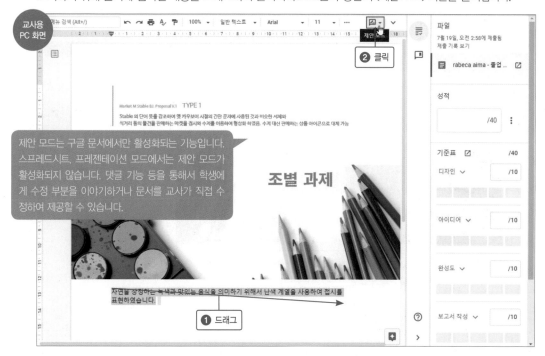

제안 모드는 구글 문서에서만 활성화되는 기능입니다. 스프레드시트, 프레젠테이션 모드에서는 제안 모드가 활성화되지 않습니다. 댓글 기능 등을 통해서 학생에게 수정 부분을 이야기하거나 문서를 교사가 직접 수정하여 제공할 수 있습니다.

04 | 팝업 메뉴에서 문서를 직접 수정하려면 제안 모드에서 수정을 선택할 수 있으나 기존 문서 내용에 학생이 직접 수정할 수 있도록 수정을 제안할 수 있습니다. 제안 모드는 기존 문서 내용에 취소선이 표시되고 제안 내용을 입력할 수 있습니다. 수정을 학생에게 요구할 수 있는 제안 기능을 활용하기 위해 팝업 메뉴에서 (제안)을 클릭합니다.

알아두기

구글 문서에서 제공하는 제안 모드의 수정, 제안 모두 문서에 내용을 입력할 수 있습니다. 수정의 경우 수정한 부분을 표시하지 않고 직접 내용을 변경하지만, 제안의 경우 수정 내용에 취소선을 표시하고 내용을 옆으로 입력하여 기존 내용과 비교하여 수정할 수 있습니다. 교사와 학생의 문서 첨삭, 수정 및 보완 요청 등이 가능합니다. 따라서 학생의 경우 수정을 사용할 수 있지만, 교사의 경우 제안을 사용하여 내용에 필요한 부분을 수정하는 것을 추천합니다.

05 | 문서의 내용 중 수정을 제안할 부분을 드래그하고 내용을 타이핑하면 취소선이 표시되며, 해당 부분에 문자가 입력됩니다.

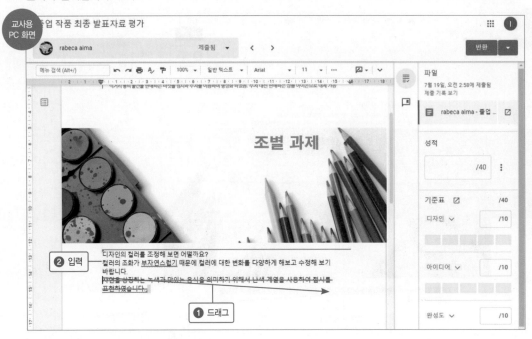

06 | 수정 제안된 내용이 아직 학생 페이지에서는 보이지 않습니다. 학생 페이지에서 내용을 확인하기 위해 성적 반환이 필요합니다.

07 | 교사 페이지에서 학생에게 수정 내용을 반영하기 위해 기준표를 활용하여 성적을 설정하고 (반환) 버튼을 클릭하여 성적을 적용합니다.

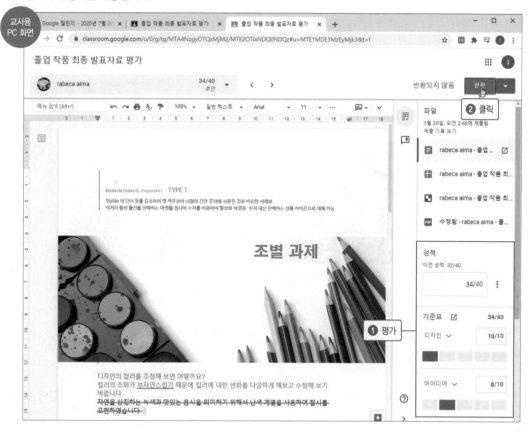

08 | 성적 반환을 위한 확인 대화상자가 활성화되며, 학생 이름과 점수를 확인하고 (반환) 버튼을 클릭합니다.

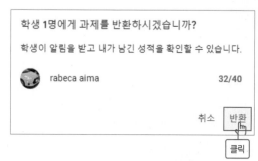

09 | 학생 페이지에서 보면 성적이 반환된 후 수정 내용이 반영되어 보이는 것을 확인할 수 있습니다.

10 | 학생은 다시 교사에게 수정 제안에 대한 의견을 다시 제안할 수 있지만 교사가 제시한 수정 제안 내용을 반영한다면 취소된 부분을 블록화하고 키보드에서 Delete 을 눌러 삭제합니다.

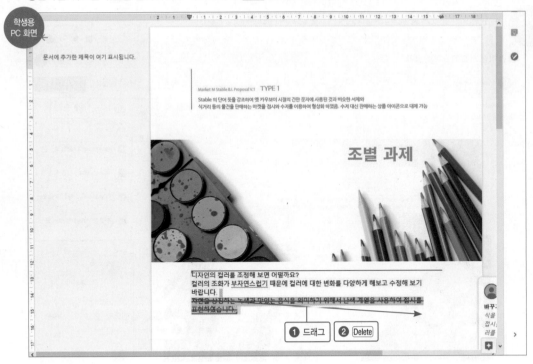

11 | 교사 페이지에도 실시간으로 수정된 내용이 반영되어 취소선이 그어졌던 부분이 삭제된 것을 확인할 수 있습니다.

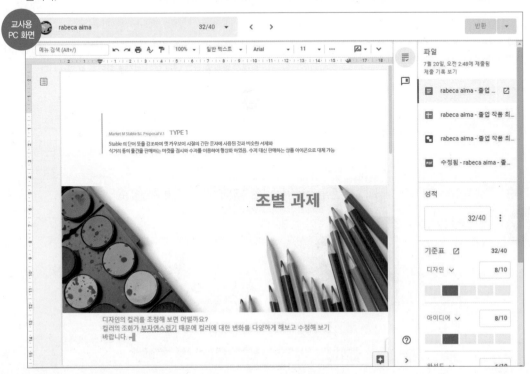

Section 03

자주 사용하는 **답변과 평가·의견 모음 기능 사용하기**

　많은 학생들을 평가하면 매번 일일이 댓글을 달고 답변을 입력하기 어려울 수 있습니다. 이런 경우 자주 사용하는 댓글이나 수정 요청, 첨언 등은 의견 모음 기능으로 추가 적용하고 복사하여 사용할 수 있습니다.

01 │ 평가 페이지에서 자주 사용하는 댓글이나 메시지를 등록하고 반복하여 사용하기 위하여 (의견 모음) 버튼을 클릭하여 의견 모음 패널을 활성화합니다.

02 │ 의견을 반복 사용하기 위해 의견을 저장해야 합니다. 의견 저장을 위해 패널에서 (+ 의견 모음에 추가)를 클릭합니다.

03 | 의견 추가 대화상자가 활성화되면 자주 사용할 문구를 입력하고 [추가]를 클릭합니다. 같은 방법으로 몇 개의 내용을 추가 적용합니다.

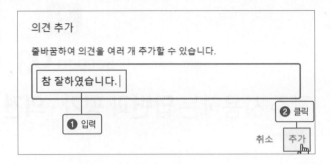

04 | 의견 모음 패널에서 입력된 의견 중에서 적용할 의견 메시지 오른쪽 부분으로 이동하고, [더 보기( )] 버튼을 클릭합니다. 의견 옵션 팝업 메뉴에서 [클립보드에 복사]를 클릭하면 해당 메시지가 클립보드에 복사되어 붙여넣기 할 수 있습니다.

05 | 댓글을 적용할 부분에서 문서 오른쪽으로 이동하고 [댓글 추가] 버튼을 클릭합니다.

06 │ 댓글 입력창에서 Ctrl+V를 활용하거나 마우스 오른쪽 버튼을 클릭하여 팝업 메뉴에서 (붙여넣기)를 클릭합니다. 복사된 의견이 붙여넣기된 내용을 확인하고 (댓글) 버튼을 클릭합니다.

07 │ 의견 모음의 내용으로 댓글이 적용된 것을 확인할 수 있습니다.

08 │ 학생 페이지에도 보면 정상적으로 댓글이 등록되어 전달된 것을 확인할 수 있습니다.

09 │ 등록된 의견은 다른 학생의 과제를 평가할 때도 사용할 수 있으며, [학생 선택] 버튼을 클릭하여 다른 학생의 과제를 선택한 상태에서 댓글을 적용하기 위해 [댓글 추가] 버튼을 클릭합니다.

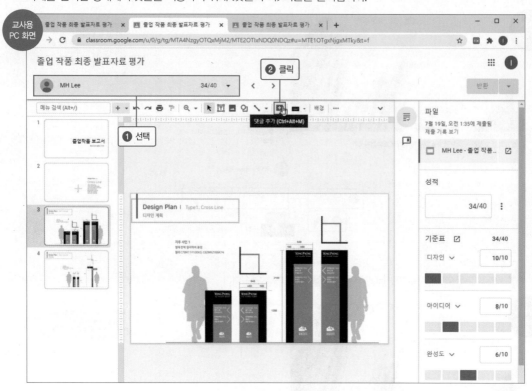

10 │ 프레젠테이션 문서에서는 댓글창이 열리면서 페이지 크기가 자동으로 조절됩니다. 의견 모음에서 내용을 복사하기 위해 [의견 모음] 버튼을 클릭하고 의견모음 패널을 활성화합니다.

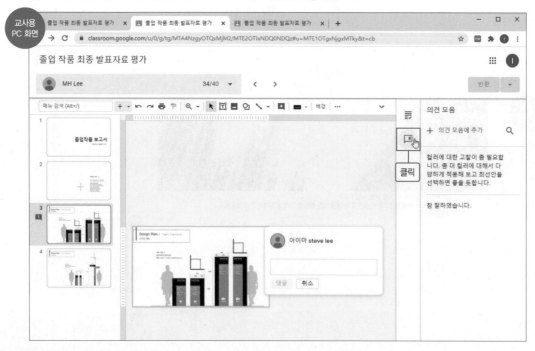

11 | 복사할 의견을 선택하고 의견 옵션 (더 보기) 버튼을 클릭하고 팝업 메뉴에서 (클립보드에 복사)를 클릭합니다.

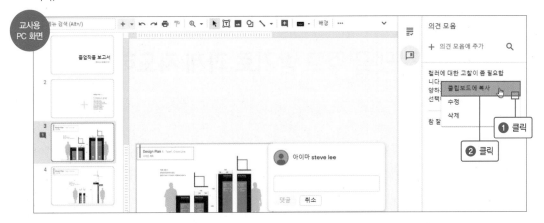

12 | 댓글을 입력하기 위해서 댓글 입력 창에서 Ctrl + V 를 사용하거나 마우스 오른쪽 버튼을 클릭하여 팝업 메뉴에서 (붙여넣기)를 클릭합니다. 의견 모음의 내용이 복사되어 붙여넣기되고 댓글을 전송하기 위해서 (댓글) 버튼을 클릭합니다.

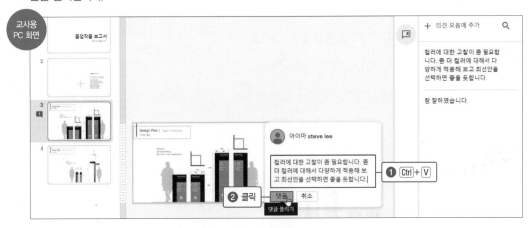

13 | 댓글이 정상적으로 전달되어 댓글 메시지가 표시됩니다.

Section 04

실시간 댓글 주고 받기로 **과제 지도하기**

구글 프레젠테이션 문서를 이용하여 과제를 받는 경우 슬라이드별로 선택하여 학생과 커뮤니케이션을 할 수 있습니다. 여기서는 댓글과 채팅을 활용하여 과제 첨삭 지도 및 평가를 하는 방법을 알아봅니다. 학생은 학생용 프레젠테이션 문서를 보고, 교사는 평가 페이지에서 동일 문서를 보고 있는 상태입니다.

01 │ 문서의 왼쪽에 있는 슬라이드 노트 패널을 보면 학생에 현재 3번 슬라이드에 구글 계정 버튼의 표시가 있는 것을 확인할 수 있습니다. 해당 표시는 학생도 동일한 페이지를 보고 있다는 표시입니다. 전 단계에서 전달한 댓글을 확인하는 과정이라고 할 수 있습니다. 다른 페이지를 보는 경우 실시간으로 표시됩니다.

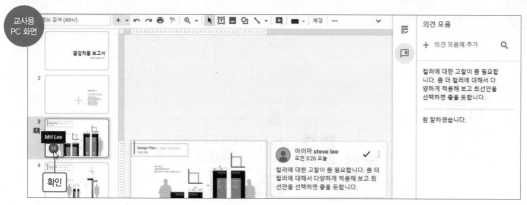

02 │ 학생 페이지에서 보면 교사의 구글 계정 버튼이 문서에 표시되며, 교사와 학생 모두 동일한 페이지를 보고 있는 상태임을 확인할 수 있습니다. 댓글이 있는 경우 슬라이드 노트 왼쪽에 댓글의 개수가 표시된 말풍선 버튼이 표시됩니다.

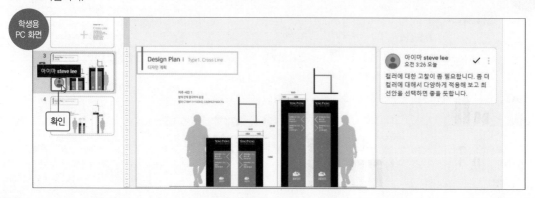

03 │ 채팅을 이용하여 과제에 대한 지도가 가능하지만 댓글을 활용하도록 하겠습니다. 전달 받은 댓글에 답변하기 위해 댓글 창을 클릭한 다음 댓글 입력 창이 나타나면 답변할 내용을 입력하고 (답글) 버튼을 클릭합니다.

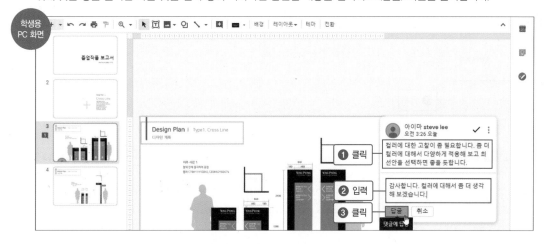

04 │ 교사 페이지에서 보면 댓글에 적용한 답글은 대화상자에 이어서 표시됩니다.

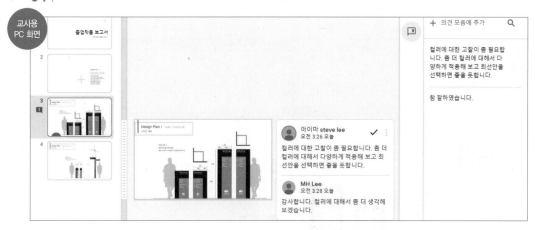

05 │ 다른 슬라이드를 선택하고 댓글을 추가하여 교사에게 댓글을 전송하기 위해 (댓글 추가) 버튼을 클릭합니다.

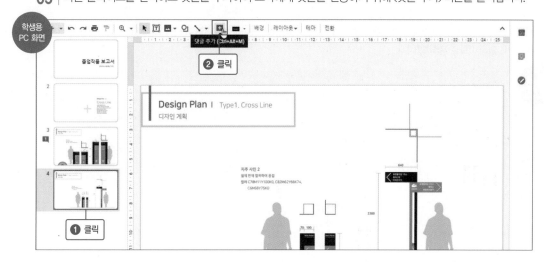

06 | 댓글 입력창이 나타나면 교사에게 문의할 또는 답변할 내용을 입력하고 (댓글) 버튼을 클릭합니다. 댓글을 전송하고 두 번째 슬라이드 노트를 클릭하여 두 번째 슬라이드로 이동합니다.

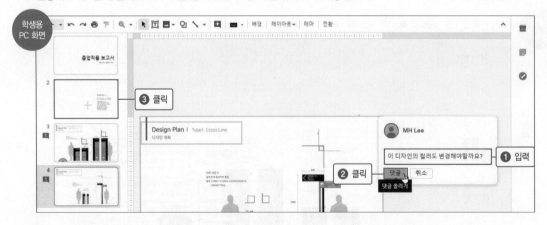

07 | 교사 페이지에서 보면 두 번째 슬라이드에 핑크색 구글 계정 버튼이 살짝 표시되는 것을 확인할 수 있습니다. 네 번째 슬라이드에 댓글 표시가 추가 적용된 것을 확인하고 댓글을 확인하기 위해 네 번째 슬라이드 노트를 클릭합니다.

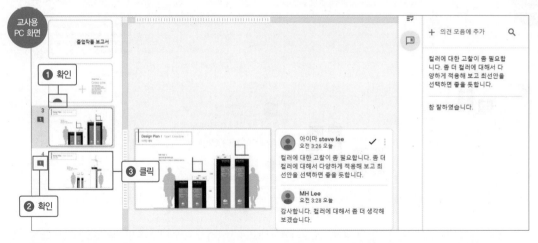

08 | 학생이 전송한 댓글을 확인하고, 학생이 현재 보고 있는 페이지로 이동하기 위해 구글 계정 버튼이 표시된 두 번째 슬라이드를 클릭합니다.

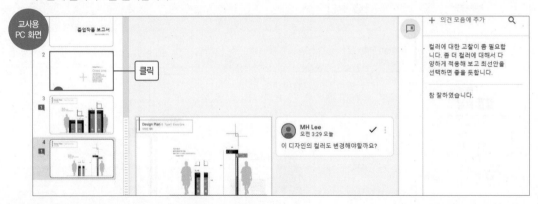

09 | 마우스를 두 번째 슬라이드 노트로 이동하면 현재 해당 페이지를 보고 있는 구글 계정 버튼을 정확하게 확인이 가능합니다. 마우스 이동에 따라서 표시가 되고 살짝 보이는 숨김 상태가 유지됩니다.

10 | 문서의 오른쪽에 있는 [메뉴 표시] 버튼을 클릭하여 메뉴 영역을 확장하고 [채팅 표시]를 클릭하여 채팅창을 이용하여 채팅으로 학생과 대화를 하면서 과제에 대한 지도가 가능합니다. 서로 보고 있는 페이지가 동일한 페이지인지 구글 계정 버튼을 통하여 확인이 가능합니다.

11 | 슬라이드의 바둑판 보기를 하는 경우도 댓글과 현재 보고 있는 슬라이드 표시는 동일하게 표시됩니다.

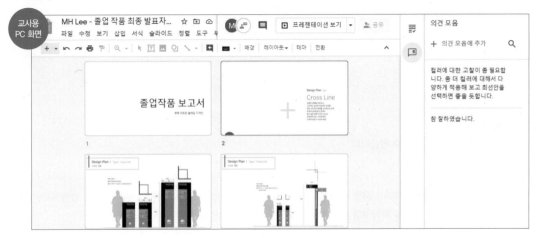

Section 05

수업 세부 정보 설정 화면 미리보기

수업 설정 기능 일부를 확인해 보겠습니다. 수업 설정 기능을 활용하면 좀 더 활용도가 높아질 수 있습니다. 기본적으로 수업 세부 정보를 수정할 수 있으며, 개설할 때 내용을 입력하지 못한 내용 입력도 가능합니다.

수업 세부 정보 설정

❶ 수업 이름

필수 정보로 과목명을 수정할 수 있습니다.

❷ 수업 설명

수업에 관한 부가적인 설명을 추가 적용할 수 있습니다. 수업 만들기에는 설정이 불가능하기 때문에 수업 설정에서만 적용이 가능합니다. 테마 부분을 확장하여 수업 정보를 확인할 때 수업 설명을 확인할 수 있습니다.

③ 부제

수업에 관련된 단원별로 구분하거나 교과목 명 외에 부연적으로 설명될 수 있는 이름을 설정할 수 있습니다. 특정 테마의 수업 이름이 하단에 표시됩니다.

④ 강의실

오프라인 수업을 병행할 때나 강의 관련하여 구분하기 위해 사용할 수 있으며, 강의실은 수업 카드나 스트림 페이지에 기본으로 노출되지 않고 테마를 확장하여 수업 정보를 확인할 때 사용합니다.

⑤ 제목

제목도 수업 이름과 달리 기본적으로 노출되지 않으며, 테마를 확장한 경우 제목을 확인할 수 있습니다.

일반 수업 설정

❶ 수업 코드

수업 코드를 확인하고 복사, 변경할 수 있습니다.

❷ 스트림

스트림 페이지의 글 작성 관련 설정이 가능합니다. 선생님만 게시, 댓글 작성 기능으로 설정하는 경우 학생 페이지에서는 댓글 기능이 표시되지 않습니다. 따라서 학생들은 댓글 작성이 불가능합니다.

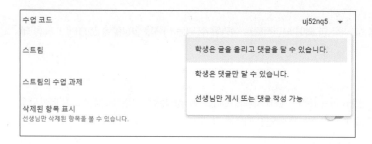

❸ 스트림의 수업 과제

수업 스트림 페이지에 표시되는 내용의 상세 내용 표시 등을 설정할 수 있습니다. 알림 숨기기를 하는 경우 모든 과제 및 자료 등을 스트림 페이지에서 제거합니다.

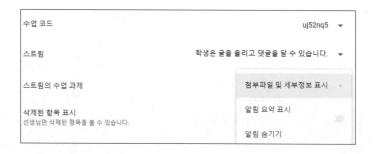

❹ 삭제된 항목 표시

선생님에게 삭제된 항목을 표시할 수 있습니다. 삭제된 항목은 밝은 회색으로 비활성화 상태로 스트림 페이지에 표시됩니다.

점수 매기기 설정

① 전체 성적 계산

전체 성적을 계산하여 표시할 수 있습니다. 카테고리를 설정하고 가중치를 적용하여 평가도 가능합니다. 교사의 성적 페이지에도 학생별로 종합 성적란이 추가되며, '%'로 전체 점수에 대한 비율이 표시됩니다. '전체 성적 없음' 으로 설정 시 종합 성적란은 표시되지 않습니다.

② 학생에게 전체 성적 표시

설정하는 경우 학생 페이지에서 자동 계산된 점수가 표시됩니다. 활성화된 경우 학생 성적 확인 페이지에서 % 단위로 오른쪽 상단에 표시됩니다.

③ 성적 카테고리

성적 카테고리를 지정하여 전체 성적에 대한 가중치를 지정할 수 있으며, 전체 가중치의 합은 100%로 설정해야 합니다.

Section 06

테마 선택 기능으로 **수업 페이지 꾸미기**

수업 카드와 수업 스트림 페이지는 수업을 상징할 수 있는 테마를 선택하여 사용할 수 있습니다. 기본적으로는 적절한 테마 이미지를 자동으로 선택하여 수업이 개설되지만 필요에 따라서 교사는 테마를 변경할 수 있습니다.

01 │ 수업 스트림 페이지와 수업 카드에서 보이는 테마 이미지를 변경하기 위해 테마의 오른쪽 하단에 있는 (테마 선택)을 클릭합니다.

02 │ 테마를 선택할 수 있는 갤러리 대화상자가 나타납니다. 현재 선택한 수업은 맞춤형 제품 디자인으로 디자인과 관련이 있는 (Math & Science) 탭을 클릭하고 Chemistry 테마를 클릭합니다.

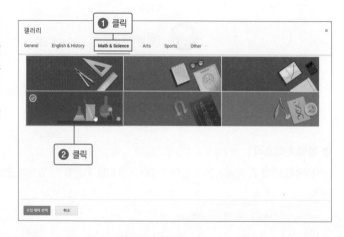

03 | 수업 테마가 선택되면 왼쪽에 체크박스와 테두리에 색상이 파란색으로 변경되어 선택된 것을 확인할 수 있습니다. 선택된 테마를 적용하기 위해 왼쪽 하단에 있는 (수업 테마 선택) 버튼을 클릭합니다.

04 | 왼쪽 하단에 '수업 테마가 업데이트되었습니다.' 메시지가 표시되며, 선택한 테마 이미지로 변경된 것을 확인할 수 있습니다.

05 | 수업 카드 페이지에서도 변경된 것을 확인하기 위해 (기본 메뉴)를 클릭하고 기본 메뉴에서 (수업)을 클릭합니다.

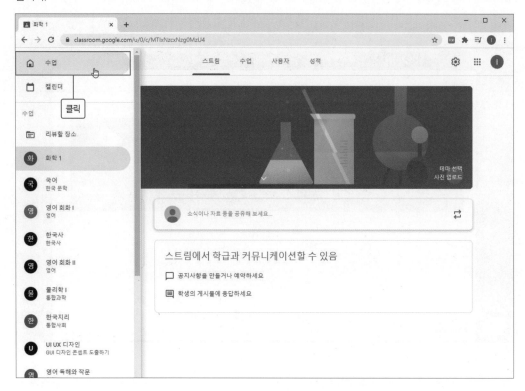

06 | 수업 카드 페이지에서도 수업 카드의 상단 테마 이미지가 변경된 것을 확인할 수 있습니다.

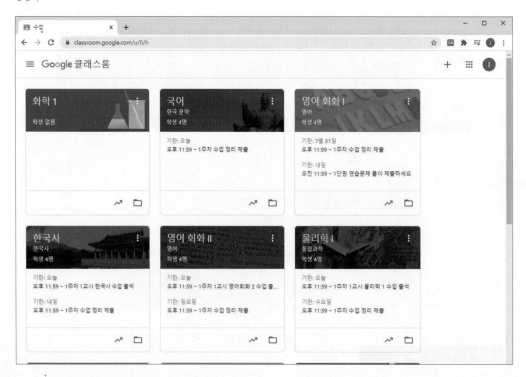

Section 07

무료 이미지로 **테마 변경하기**

대표적인 무료 이미지 사이트인 픽사베이(https://pixabay.com/ko)를 이용하여 테마 영역을 꾸며보도록 하겠습니다. 제공되는 테마는 다양한 교과목에 대응하기에는 한계가 있습니다. 따라서 교사에 적절한 이미지를 선택하고 테마를 변경할 수 있습니다. 직접 포토샵과 같은 이미지 에디터를 활용하는 방법도 가능합니다.

01 │ 무료 이미지를 다운로드하여 사용하기 위해 검색엔진에서 픽사베이를 검색하여 접속하거나 주소창에 'https://pixabay.com/ko'를 입력하여 사이트를 방문합니다. 자동 번역 기능을 지원하여 한글로 사용이 가능합니다.

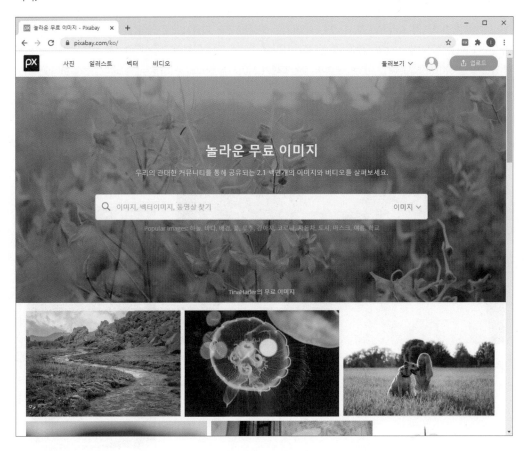

02 | 다운로드하기 위해서는 회원 가입 및 로그인이 필요합니다. 회원 가입 및 로그인 과정은 생략합니다. 필요한 이미지를 검색하기 위해서 검색창에 '화학'으로 검색합니다. 검색되어 나온 이미지 중에서 수업에 어울리는 이미지를 클릭합니다.

03 | 선택한 이미지를 다운로드할 수 있는 페이지로 이동합니다. 기본적으로 테마에 사용되는 이미지는 가로 1,010픽셀, 세로 250픽셀 이상의 크기여야 합니다. 따라서 가로가 1,280픽셀 이상인 JPG 이미지를 선택하면 되지만, 고해상도 이미지를 사용하기 위해 가로가 1,920픽셀인 이미지를 선택하고 [다운로드] 버튼을 클릭합니다.

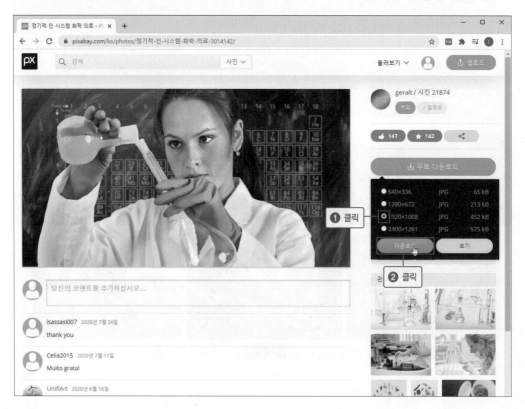

04 | 다운로드된 이미지를 테마로 적용하기 위해 수업 스트림 페이지에서 테마 오른쪽 하단에 있는 (사진 업로드)를 클릭합니다.

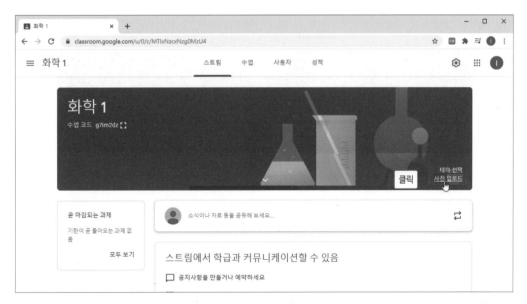

05 | 갤러리 대화상자가 나타나며 파일 탐색기로 폴더를 검색하여 사진을 추가하려면 (컴퓨터에서 사진 선택)을 클릭하여 선택할 수 있습니다. 다운로드된 폴더의 이미지를 찾아 갤러리 대화상자로 드래그하는 것이 편리합니다. 픽사베이에서 다운로드한 이미지를 대화상자로 드래그합니다.

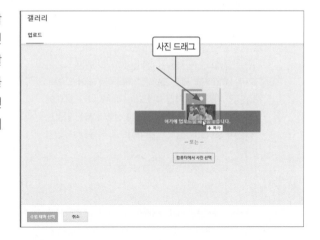

06 | 드래그하여 이미지가 썸네일 형태로 창에 표시됩니다. 조절점을 드래그하여 테마 영역에 보일 이미지 영역을 설정합니다. 설정이 완료되면 (수업 테마 선택) 버튼을 클릭하여 적용합니다.

07 | 수업 스트림 페이지로 이동하며 왼쪽 '하단에 수업 테마가 업데이트되었습니다.' 메시지가 표시되고 픽사베이에서 다운로드한 이미지가 테마에 적용된 것을 확인할 수 있습니다.

알아두기

테마 영역의 크기는 가로 1,000픽셀, 세로 240픽셀로 구성되어 있습니다. 따라서 포토샵 등에서 작업하기 위해서는 최소한 1,000픽셀, 세로 240픽셀 이상으로 크기를 지정하고 작업해야 합니다. 하단 이미지는 구글 테마에 적용된 원본 이미지를 100% 비율로 본 것으로, 브라우저의 테마에 적용된 이미지보다 조금 큰 것을 확인할 수 있습니다.

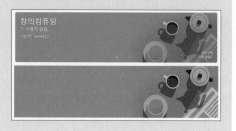

구글 클래스룸에 적용된 테마 이미지의 원본 크기는 가로 1,010픽셀, 세로 250픽셀 이미지로 되어 있으며, 상단을 기준으로 약간 축소되어 적용됩니다. 테마에 적용된 경우 오른쪽 하단에 테마 선택과 사진 업로드 버튼이 보이도록 컬러가 추가적으로 적용될 수 있습니다.

다운로드한 구글 테마 원본 이미지를 사진 업로드로 지정하는 경우 이미지 하단 부분이 조금 잘라서 이미지 일부는 보이지 않습니다.

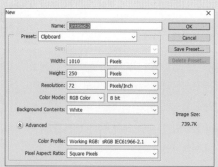

따라서 포토샵에서 작업할 때는 가로 1,010픽셀, 세로 250픽셀을 권장합니다. 또한 하단 이미지 5픽셀 정도는 테마에서 보이지 않기 때문에 보이지 않는 여백 부분을 감안하여 텍스트나 이미지의 배치를 유의해야 합니다. 만약 지정된 크기보다 작은 이미지의 경우는 작은 이미지를 확대하게 되므로 테마 이미지가 희미하게 보일 수 있습니다. 시각적인 주목도가 있는 부분이므로, 고해상도인 경우가 더 유용하고, 가로 세로 비율과 크기를 고려하여 테마용 이미지 작업이 필요합니다.

08 | 수업 카드에서 적용된 것을 확인하기 위해서 (기본 메뉴)를 클릭하여 기본 메뉴에서 (수업)을 클릭합니다.

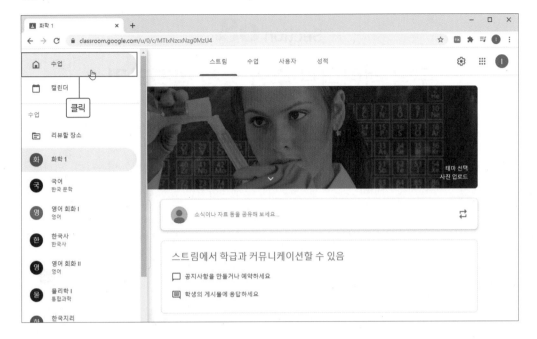

09 | 수업 카드의 테마가 다운로드한 이미지로 변경된 것을 확인할 수 있습니다.

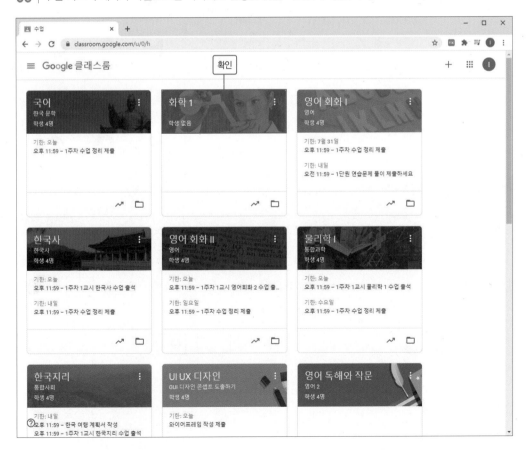

Section 08

구글 캘린더로 **수업 일정 설정하기**

구글 캘린더를 이용하면 수업 날짜와 시간, 구글 미트 화상 회의를 추가할 수 있습니다. 캘린더에 표시된 화상 회의 일정을 확인하고 빠르게 구글 미트를 실행하는 방법에 대해 알아봅니다.

01 | 구글 크롬을 실행한 다음 화면 상단의 (Google 앱) 버튼을 클릭하고 (캘린더) 버튼을 클릭합니다.

02 | 구글 캘린더를 실행되면 캘린더 표시를 (월)로 지정한 다음 일정을 지정하려는 날짜 영역을 클릭합니다.

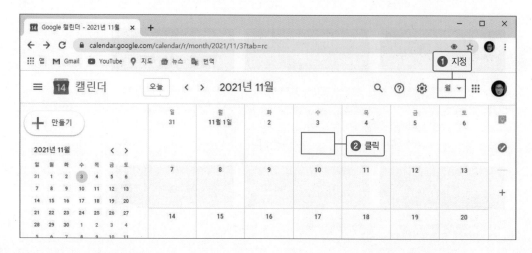

03 │ 제목 및 시간 추가 대화상자가 표시되면 수업 제목을 입력한 다음 〔시간 찾기〕를 클릭합니다.

04 │ 시간 표시자가 표시되면 수업 시간을 클릭하여 시간을 설정합니다. 구글 미트 화상 회의 일정을 추가하려면 〔Google Meet 화상 회의 추가〕 버튼을 클릭합니다.

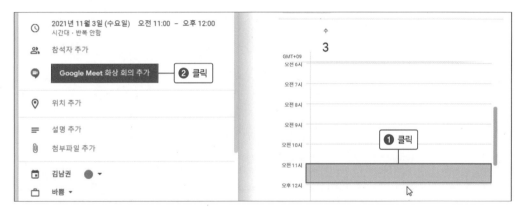

05 │ 수업 일정을 저장하기 위해 〔저장〕 버튼을 누릅니다.

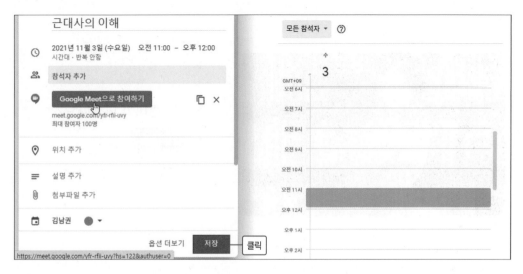

06 | 캘린더에 설정한 일정이 버튼 형식으로 표시됩니다. 캘린더에서 설정한 일정을 클릭하면 일정 요약표가 표시됩니다. (Google Meet으로 참여) 버튼을 클릭합니다.

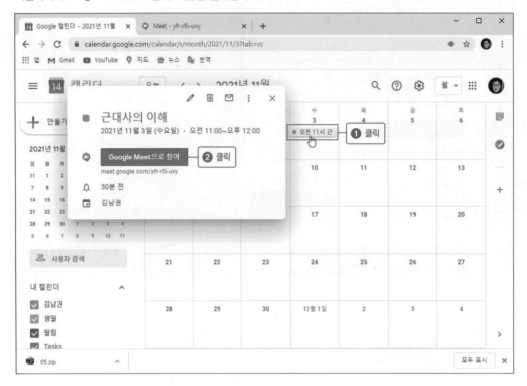

07 | 구글 미트 앱이 실행됩니다. 화상 회의에 참여하기 위해서는 (지금 참여하기) 버튼을 클릭합니다.

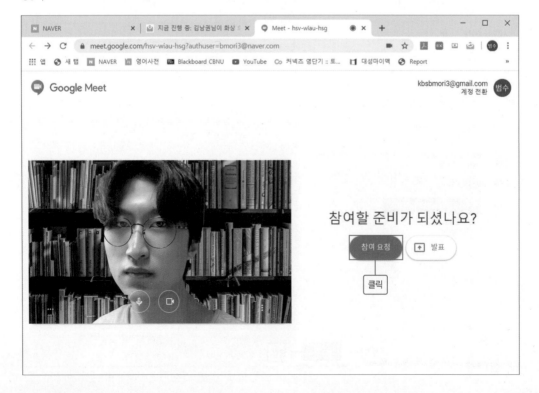

Section 09

개인 일정 이외에 **수업 일정 캘린더 새로 만들기**

구글 캘린더는 개인 일정 이외에 사용자가 별도로 목적에 맞는 캘린더를 추가할 수 있습니다. 여기서는 개인 일정 캘린더 이외에 별도로 수업 캘린더를 만들어 보겠습니다.

01 | 캘린더를 실행시킨 다음 왼쪽 하단에 [다른 캘린더] 항목의 [다른 캘린더 추가] 버튼을 클릭합니다.

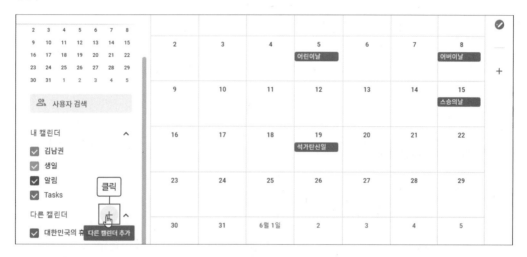

02 | 팝업 메뉴에서 [새 캘린더 만들기]를 클릭합니다.

03 | 〔새 캘린더 만들기〕 화면이 표시되면, 캘린더 이름과 설명을 입력한 다음 〔캘린더 만들기〕 버튼을 클릭합니다. 화면 왼쪽 하단의 내 캘린더를 확인해 보면 방금 만든 캘린더가 표시됩니다. 왼쪽 상단에 〔설정 이전〕 버튼을 누릅니다.

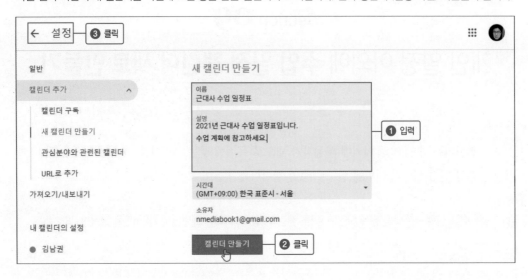

04 | 일정을 지정하려는 날짜 영역을 클릭합니다. 일정 제목에 수업 제목을 입력한 다음 개인 일정이 아닌 수업 일정 캘린더를 선택하고 〔저장〕 버튼을 클릭합니다.

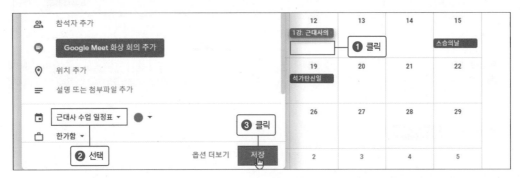

05 | 위와 같은 방법으로 달력 영역을 클릭한 다음 수업 일정을 지정합니다. 개인 일정과는 달리 일정 표시는 파란색으로 표시되었습니다.

Section 10

수업 캘린더 파일로 저장하여 **참여자에게 배포하기**

수업 일정이 정리된 캘린더를 별도의 파일로 저장하여 수업 참여자에게 전달할 수 있습니다. 여기서는 캘린더 파일 저장 방법에 대해 알아봅니다.

01 │ 구글 캘린더에 수업 일정을 지정하였다면 (설정(⚙)) 메뉴 버튼을 클릭한 다음 (설정)을 클릭합니다.

02 │ 내 캘린더 설정에서 저장하려는 캘린더를 클릭한 다음 (캘린더 내보내기) 버튼을 클릭합니다.

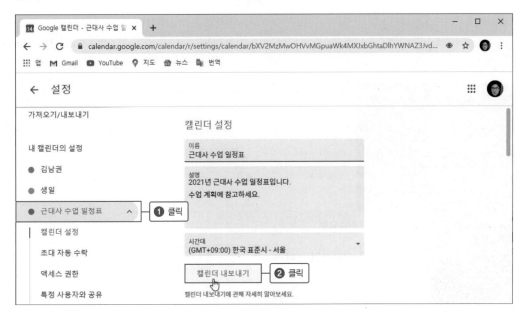

03 | 그림과 같이 캘린더 파일이 압축 파일인 ZIP 파일로 저장됩니다. 압축을 풀어 캘린더 파일을 더블클릭하여 실행합니다.

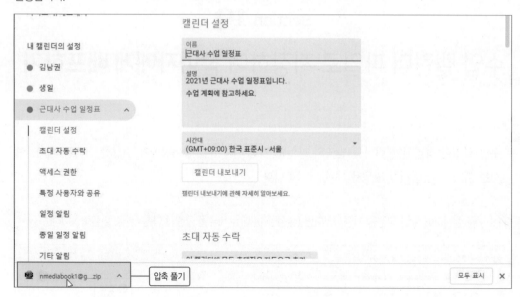

04 | 일정 화면이 표시되며, 리스트 형식으로 수업 제목과 일정이 표시됩니다. 캘린더로 확인하기 위해 〔이전(←)〕 버튼을 클릭합니다.

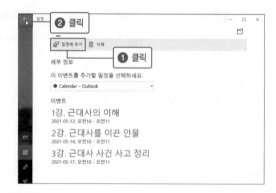

05 | 캘린더 형식으로 일정이 표시됩니다. 수업 일정 표시 부분을 클릭하면 자세하게 수업 일정을 확인할 수 있습니다.

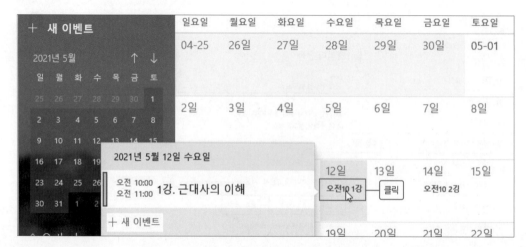

Section 11

모든 참여자에게 **링크로 일정표 전달하기**

수업 참여자에게 수업 일정을 전달하기 위해 구글 캘린더에서 링크를 받아 간편하게 일정표를 전달할 수 있습니다. 일정표를 전달받은 참여자는 자신의 캘린더에 해당 일정을 추가할 수 있습니다.

01 | 구글 캘린더의 내 캘린더에서 수업 일정을 공유하려는 캘린더만 체크박스를 선택한 다음 (옵션) 버튼을 클릭합니다. 팝업 메뉴에서 (설정 및 공유)를 클릭합니다.

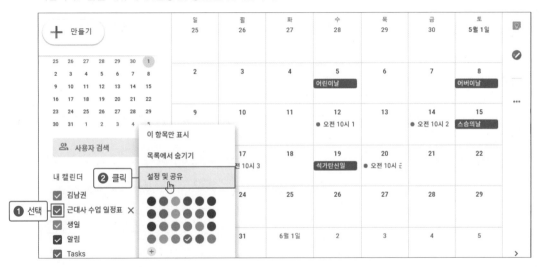

02 | 표시되는 메뉴의 액세스 권한 항목에서 (공개 사용 설정)을 클릭하여 체크를 표시합니다.

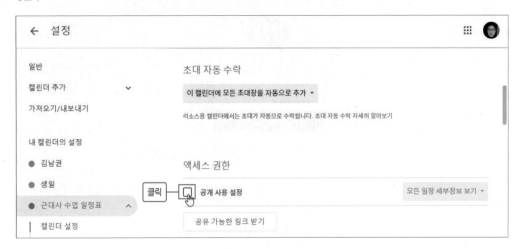

03 | 캘린더를 공개로 설정하면 누구나 구글 검색을 통해 모든 일정을 확인할 수 있다는 주의 메시지가 표시됩니다. (확인) 버튼을 클릭합니다.

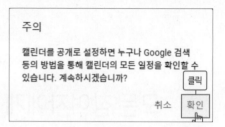

04 | (공유 가능한 링크 받기) 버튼을 클릭합니다.

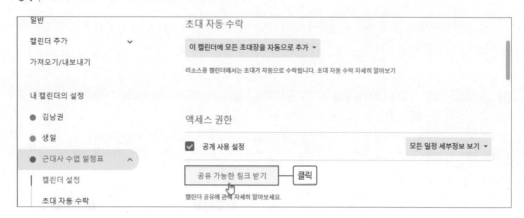

05 | '공유 가능한 내 캘린더 링크' 대화 상자가 표시되며, 공개 캘린더의 링크 주소가 표시됩니다. (링크 복사) 버튼을 클릭합니다.

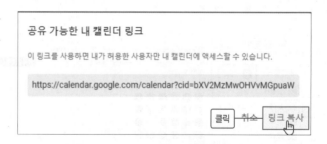

06 | 링크 주소는 메일이나 카카오톡을 이용하여 링크를 전달할 수 있습니다. 여기서는 카카오톡 입력창에 (Ctrl)+(V)를 눌러 참여자에게 캘린더 링크를 전달합니다.

07 | 참여자가 링크를 클릭하면 캘린더 추가 대화 상자가 표시됩니다. 캘린더를 추가하기 위해 〔추가〕 버튼을 클릭합니다.

08 | 다음과 같이 참여자의 캘린더에 수업 캘린더가 추가됩니다. 해당 수업 일정 날짜를 클릭하면 수업 관련 강의 제목과 일정 등을 확인할 수 있습니다.

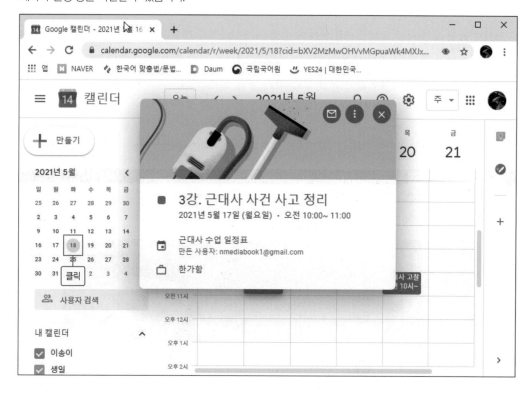

Section 12

구글 캘린더로 **구글 클래스룸 수업 참여하기**

교사나 학생 모두 구글 클래스룸을 통하여 수업을 개설하거나 참여하는 경우 구글 캘린더에 해당 수업이 등록되고 과제 및 기타 내용이 캘린더에 등록됩니다. 특히 중요한 과제 마감일은 매우 중요하므로 캘린더를 수시로 확인할 필요가 있습니다. 구글 클래스룸은 별도의 구글 클래스룸 캘린더 기능도 제공하고 있지만 제한적인 기능만 제공합니다.

01 | 수업 스트림 페이지에서는 전체적인 일정을 확인하지 못하고 마감이 임박한 과제만 표시됩니다.

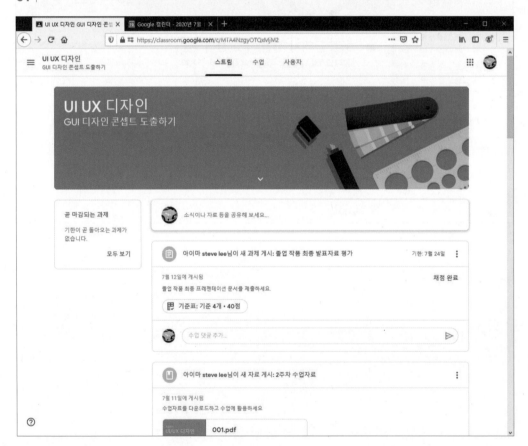

02 | 구글 캘린더를 통하여 현재 제출해야 할 과제나 수업 내용을 확인하기 위해서 오른쪽 상단의 (Google 앱) 버튼을 클릭합니다. 구글 앱 메뉴에서 (캘린더)를 클릭합니다.

알아두기   구글 캘린더는 수업 페이지에서도 접근할 수 있도록 기능을 제공하고 있으며, 오른쪽 상단의 (Google 캘린더) 메뉴를 클릭하여 접속할 수 있습니다.

03 | 구글 캘린더가 브라우저에 새로운 탭으로 열리며 수업에 배정된 과제나 질문 등이 표시되어 있는 것을 확인할 수 있습니다. 특히 수업을 개설했거나 참여하는 수업이 왼쪽에 캘린더로 표시된 것을 확인할 수 있으며, 필요에 따라서 해당하는 교과목만 표시할 수 있습니다.

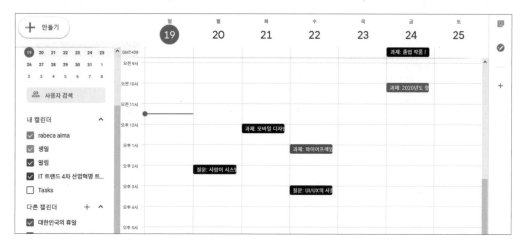

04 | 캘린더 중 세부 내용을 확인하기 위해 일정을 클릭하면 일정에 대한 대화상자가 표시되며, 해당 구글 클래스룸 과제 페이지로 이동할 수 있도록 링크도 제공하고 있습니다. 과제 상세 페이지로 이동하기 위해서 대화상자에 표시된 링크를 클릭합니다.

05 | 해당 과제 상세 페이지가 브라우저에서 새로운 탭으로 열리는 것을 확인할 수 있으며, 과제 제출 전이므로 과제를 작성하고 제출할 수 있습니다.

Section 13

지스위트 포 에듀케이션 평가판 신청하기

구글에서는 초·중등교육기관을 대상으로 무제한 드라이브 활용이 가능한 지스위트 포 에듀케이션 (G-Suite for Education) 서비스를 무료로 제공하고 있습니다. 학교의 도메인으로 이메일 계정 생성이 가능하므로 소속감 및 편의성을 제공할 수 있으며, 지스위트 포 에듀케이션 계정으로 다양한 기기에 어플리케이션을 한번에 설치 및 삭제가 가능합니다. 교육기관을 위한 계정이므로 교육기능이 추가된 구글 클래스룸 서비스를 이용 가능한 장점도 가지고 있습니다.

01 │ 구글 검색 사이트에서 'g suite for education' 로 검색하여 가장 상위에 노출되는 사이트로 이동합니다.

02 │ 지스위트 포 에듀케이션 가입을 위한 시작 페이지가 나타나면 (다음) 버튼을 클릭합니다.

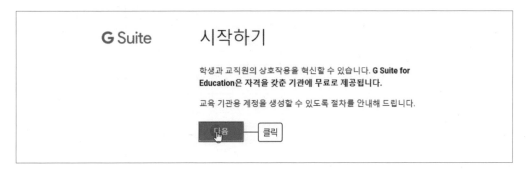

03 | 선생님의 소속 학교명을 적고, 기관 유형은 '초등/중등교육' 선택하고 (다음) 버튼을 클릭합니다. 만약 대학교라면 '고등교육'을 선택하면 됩니다.

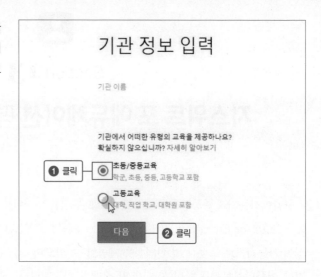

04 | 상세 기관 정보의 '기관 웹사이트' 항목에는 학교 홈페이지 주소를 입력합니다. '학생 및 직원수'는 학교 교직원과 전교생의 인원을 신택하고 (다음) 버튼을 클릭합니다.

05 | 기관 주소 항목에서는 학교의 도로명 주소를 입력합니다. 상세 주소까지 입력하고, 주소 2행은 비우고, 우편번호를 반드시 입력하고 (다음) 버튼을 클릭합니다.

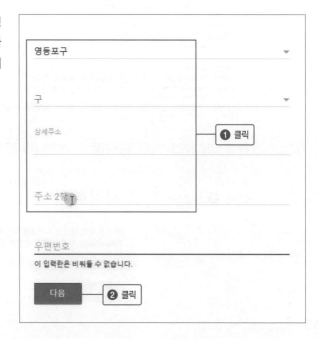

06 | 학교 기관에 대한 정보 입력을 마친 다음 신청자(관리자)에 대한 정보를 입력합니다. 구글에서 검토를 하며 승인을 위해 추가 자료를 요청할 수 있으니 반드시 자주 열어서 확인하는 메일 주소를 입력하고 (다음) 버튼을 클릭합니다.

07 | 학교 홈페이지 주소를 기반으로 교직원/학생 계정을 생성하기 위해 (예, 사용할 도메인이 있습니다.)를 클릭합니다.

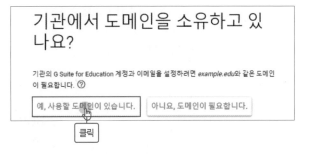

08 | 학교 홈페이지 주소를 'http://' 부분을 제외하고 입력한 다음 (다음) 버튼을 클릭합니다.

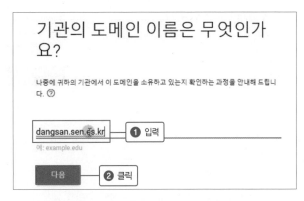

09 | 학교 도메인을 기반으로 한 신청자(관리자)의 계정을 생성하는 단계입니다. 관리자 계정으로 사용할 계정 아이디(admin)와 원하는 비밀번호를 입력하고, (다음) 버튼을 클릭합니다.

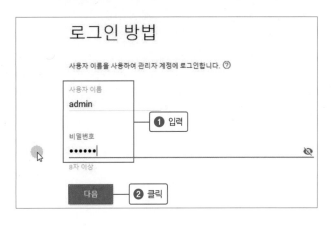

10 | 교육용 G Suite 학교 동의서 내용을 확인하고 [동의 및 계속하기] 버튼을 클릭합니다.

11 | 이제 지스위트 포 에듀케이션 평가판 사용이 가능해졌습니다. 사용자 인원과 기간이 제한되어 있으므로 향후, 추가적인 작업을 통해 기간 제한이 없는 계정으로 업그레이드 절차가 남았습니다. [설정 페이지로 이동] 버튼을 클릭합니다.

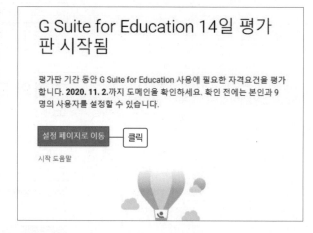

12 | 방금 전 생성한 학교 도메인이 포함된 관리자 계정과 비밀번호를 입력하고, [다음] 버튼을 클릭합니다.

13 │ 본인 인증을 위해서 휴대폰 문자 인증 과정을 거칩니다. 문자 메시지는 (G-숫자) 형식으로 오게 되는데, 숫자 부분만 입력하고 (확인) 버튼을 클릭합니다.

14 │ '새 계정 시작 창'에서 (동의) 버튼을 누르면, 구글 관리자 페이지(admin.google.com)로 이동합니다. (결제) 메뉴를 클릭합니다.

15 │ 정식 버전의 지스위트 포 에듀케이션이 되기 위한 추가 절차가 남았으므로, '무료 체험판(O일 남음)' 이라는 메시지가 나타납니다.

Section **14**

지스위트 포 에듀케이션 서비스 **무료 업그레이드하기**

앞에서 생성한 지스위트 포 에듀케이션은 기간 제한이 있는 체험판이라 이 기간 동안 다음의 단계를 통해 사용자와 기간에 제한을 받지 않는 무료 업그레이드 절차를 거쳐야 합니다. 지역마다 차이가 있지만 교육청 웹 호스팅을 통해 학교 홈페이지를 관리하는 학교를 중심으로 설명합니다. 도메인 소유권 확인, 학교 계정 메일 사용을 위한 MX 레코드 기입, G Suite for Education 구글 담당자에게 학교 교장 선생님 명의의 신청서를 작성해서 보내고 기다리면 모든 절차가 완료됩니다.

01 | 구글 관리자 페이지(admin.google.com)로 이동하여 학교 관리자 계정으로 로그인하면 지스위트 포 에듀케이션 설정을 위한 화면이 나타납니다. '1단계 : 도메인 소유권 확인하기'에서 [확인] 버튼을 클릭합니다.

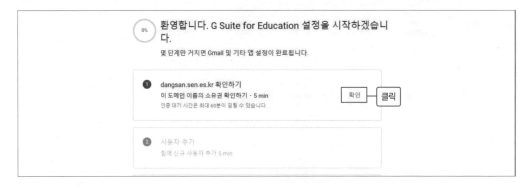

02 | 확인 코드 추가라는 메시지가 나타나면 'google-site-verification....' 항목에서 [복사] 버튼을 클릭합니다.

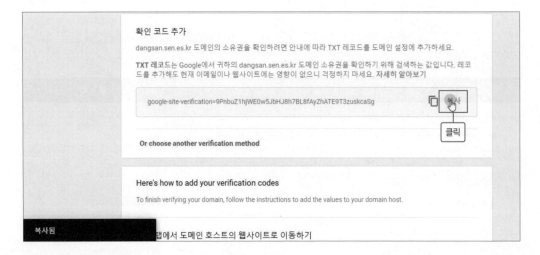

03 | 지역마다 차이가 있지만, 학교 홈페이지 관리자 페이지로 이동하면 구글 클래스룸(G-Suite) 항목이 있는 경우 방금 복사한 값을 붙여넣고 (등록) 버튼을 클릭합니다.

04 | 이후 학교 도메인으로 G Suite 계정을 사용하기 위하여 시도교육정보원 담당자에게 다음과 같은 도메인 등록 신청서를 작성하여 공문을 보냅니다. 사유에는 '구글 G Suite for Education 서비스 활용을 위한 DNS 레코드 신청' 이라고 기재하면 담당자가 처리할 것입니다.

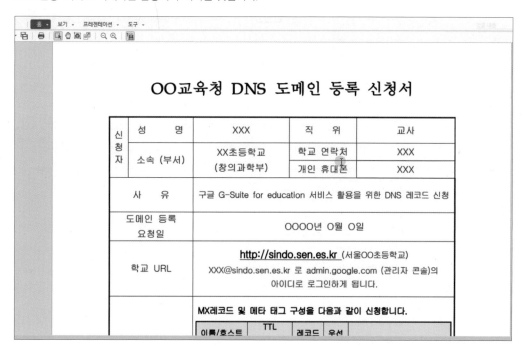

05 │ 학교 도메인 인증과 MX레코드 설정까지 완료되면 앞에서 신청했던 학교 관리자의 이메일로 Google Cloud Support 담당자로부터 메일이 도착합니다. 메일 내용 중에서 중요한 것은 업그레이드를 위한 신청서 작성 URL(https://support.google.com/a/answer/4601351) 입니다. 이 주소를 클릭합니다.

06 │ G Suite for Education 업그레이드 요청하기 화면에서 'G Suite for Education 업그레이드 요청' 부분을 클릭합니다.

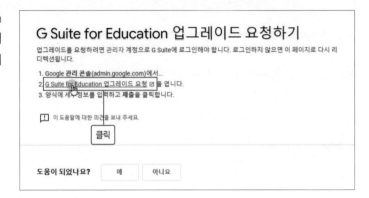

07 │ 무료 업그레이드를 위한 학교 홈페이지 주소, 국가, 기관 유형을 선택한 후, 상세 설명에는 'XXX Elementary School is a public elementary School located in XXX, Seoul in South Korea. It is 1000 students in grade 1–6 (7–12 years old) and 50 teachers.' 와 같이 학교에 맞는 정보를 적으면 됩니다.

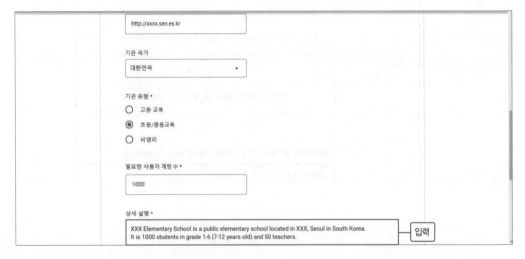

08 │ 'G Suite for Education 업그레이드' 담당자에게 교장 선생님의 도장이 찍힌 문서 양식을 보내 달라는 메일이 도착합니다. 혹시 메일이 오지 않으면 직접 메일을 보내도 됩니다.

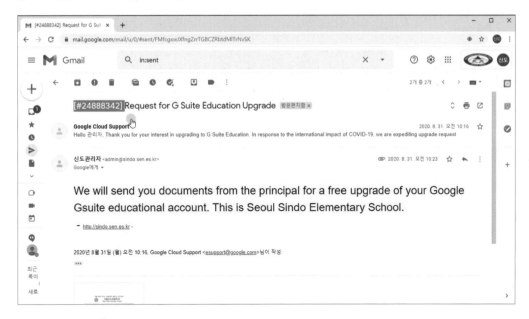

09 │ 업그레이드 승인을 위한 학교 공식 문서에는 학교 로고, 교장 선생님 성함, 학교 홈페이지 주소, 교장 선생님의 도장 또는 학교 직인이 찍혀 있으면 됩니다. 아래의 양식을 참고하면 됩니다.

10 | 앞의 학교 공식 문서 양식을 첨부하여 'G Suite for Education 업그레이드' 담당자에게 메일을 보냅니다. 처리 기한이 정해져 있지는 않지만 1주일 정도 기다리면 됩니다.

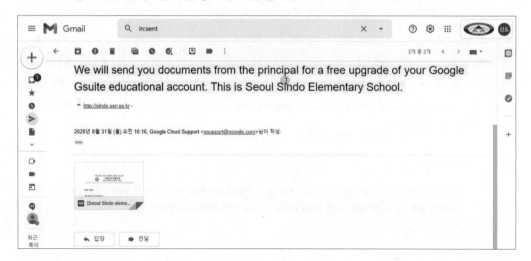

11 | 무료 업그레이드 처리 결과는 구글 관리자 페이지(admin.google.com)에서 확인할 수 있습니다. [결재] 메뉴를 클릭합니다.

12 | 결제 기한 항목에서 '무료버전(요금이 부과되지 않음)' 으로 표시가 되면 무료 업그레이드가 완료된 것입니다. 이제 사용자 인원과 기간에 제한 없이 지스위트 포 에듀케이션 서비스를 이용할 수 있습니다.

Section 15

관리자 계정으로 **교직원, 학생 계정 생성하기**

지스위트 포 에듀케이션 관리자 페이지에서는 학교 교직원과 학생의 계정을 자유롭게 추가할 수 있습니다. 1명씩 추가하는 경우에는 〔새 사용자 추가〕메뉴를 이용해도 되지만, 만약 학년 초에 대량의 교직원/학생 계정을 추가하는 경우에는 〔빈 CSV 템플릿 다운로드〕를 통해 엑셀 파일 형태로 이름, 메일 주소, 비밀번호를 수합하여 한번에 계정 생성도 가능합니다. 파일의 저장은 반드시 CSV UTF-8 형식으로 저장해야 하므로, 가급적 오피스 365 버전 엑셀 프로그램에서 작업하기를 추천합니다.

01 | 학교 관리자 계정으로 구글 관리자 페이지(admin.google.com)에 접속한 다음 〔사용자〕메뉴를 클릭합니다.

02 | 적은 수의 계정을 하나하나 생성하는 경우에는 〔새 사용자 추가〕버튼을 클릭합니다.

03 | 새 사용자 추가 대화상자에서 성, 이름, 사용을 원하는 계정의 아이디, 임시 비밀번호를 입력하고 [새 사용자 추가] 버튼을 누릅니다. 새 사용자가 첫 로그인을 했을 때 암호를 지정하도록 설정할 수도 있습니다.

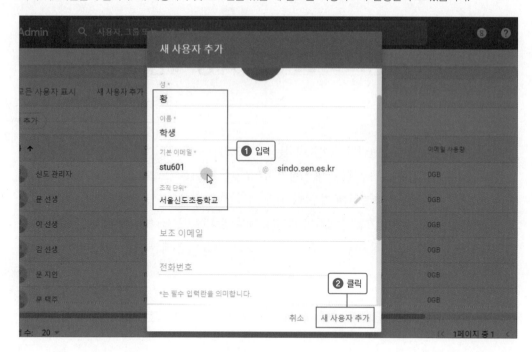

04 | '새 사용자 일괄 업데이트' 기능을 활용하면 [빈 CSV 템플릿 다운로드]를 클릭하여 다운로드 받은 서식을 통해 여러 사용자의 계정을 생성할 수도 있습니다. 엑셀 파일이 원활하게 등록되기 위하여 'CSV UTF-8 형식'으로 저장을 해야 하는 데, 오피스 365 버전의 엑셀 프로그램에서 작업하는 것을 추천합니다.

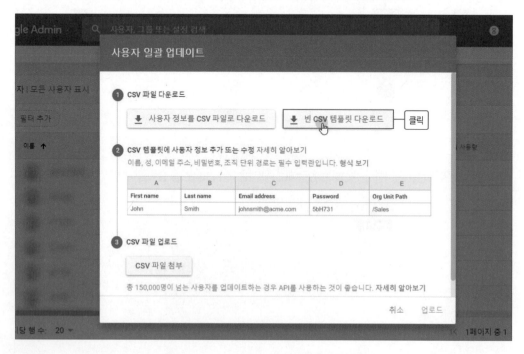

Section 16

구글 파일스트림으로 **무제한 G드라이브 사용하기**

지스위트 포 에듀케이션의 꽃은 평생 무제한 드라이브 공간이 제공되는 구글 파일스트림 서비스입니다. 학교 PC와 자택 PC에 가상의 G드라이브 공간을 활용하여 웹 브라우저가 아닌 파일 탐색기 형식으로 자유롭게 파일을 복사, 붙여넣기, 삭제가 가능합니다. 학년 매번 발생하는 수업 자료를 용량 제한 없이 업로딩하고, 새 학기가 되어 교실 컴퓨터가 바뀌어도 계정 연결을 해제하고 다시 새로운 교실의 컴퓨터에서 계정을 연결하면 그동안 모아두었던 자료를 그대로 동기화해서 사용할 수도 있습니다.

01 | 구글 사이트에서 지스위트 포 에듀케이션 계정으로 로그인한 다음 (구글 앱) – (드라이브) 서비스에 접속합니다. 오른쪽 상단의 (설정) 버튼을 클릭하고, '데스크톱용 드라이브 다운로드'를 클릭합니다.

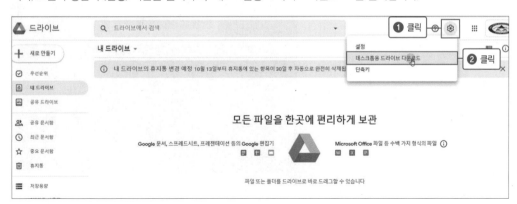

02 | 드라이브 파일 스트림 시작하기 페이지에서 (Windows 용 다운로드) 버튼을 클릭하여 프로그램을 설치합니다. 컴퓨터를 재부팅해도 바로 G드라이브가 잡히지만 만약의 경우를 대비하여 '바탕화면에 애플리케이션 바로가기 추가'에 체크 표시를 하고 설치를 진행합니다.

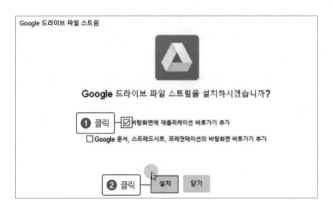

03 | (Google 드라이브에 로그인) 창에서 앞에서 생성한 지스위트 포 에듀케이션 사용자 계정과 비밀번호를 입력하고 (다음) 버튼을 클릭합니다.

04 | 최초 1회 '드라이브 파일 스트림 서비스에 오신 것을 환영합니다' 창이 나타납니다. 설명을 읽으며 오른쪽 화살표 버튼을 계속 클릭한 다음 창을 닫습니다.

05 | 내 컴퓨터로 이동하면 'Google Drive File Stream (G:)'라는 가상의 드라이브가 생성된 것을 알 수 있습니다. 파일 탐색기와 같이 폴더를 생성하고, 파일을 복사할 수 있습니다. G드라이브의 용량 표시는 C드라이브의 용량 표시이고, 실제로 무제한 용량이 제공됩니다.

06 | 만약 파일 탐색기 형태로 G 드라이브에 '용량 초과로 파일 붙여넣기가 안된다'는 메시지가 나타나면 웹 사이트의 구글 드라이브로 이동하여 [폴더 업로드]를 통해 무제한 자료 업로드가 가능합니다.

07 | 사용하는 PC가 변동되거나 교실의 컴퓨터가 바뀌는 경우에는 구글 파일스트림 프로그램을 실행하고 [설정] – [환경 설정] 메뉴로 이동합니다.

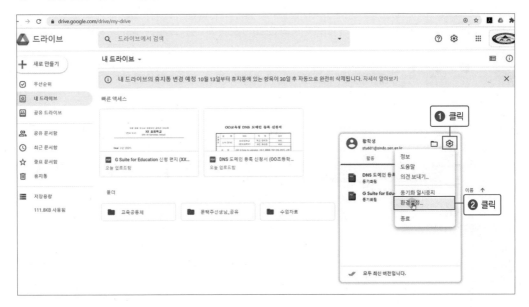

08 | [드라이브 파일 스트림 환경 설정] 창에서 파란색의 (계정 연결 해제) 버튼을 클릭합니다. 현재 내 PC에서 연결이 끊어진 것이지, 드라이브 자료는 그대로 저장되어 있습니다.

09 | 계정 연결을 해제하면 가상의 G드라이브가 사라진 것을 알 수 있습니다. 향후 새로운 교실에서 구글 파일 스트림 프로그램을 설치하고, 계정 로그인하면 가상의 G드라이브의 자료를 그대로 연동하여 사용할 수 있습니다.

핵심만 쏙쏙! 한번에 원격수업 마스터하기

줌 & 구글 클래스룸
MS 팀즈 ➕ EBS 온라인 클래스

한 권으로 끝내는 비대면 수업을 위한
줌 & 구글 클래스룸, MS 팀즈의 모든 것!

비대면 수업을 위해 줌과 구글 클래스룸, MS 팀즈, EBS 온라인 클래스까지 한 권으로 묶어 핵심 기능을 뽑아 구성하였습니다. 수업을 개설한 다음 과제 제작, 등록부터 평가, 쌍방향 피드백하는 기본 학습 방식에서 창의성을 발휘하여 프로그램이나 앱을 적재적소에 함께 공유하고 사용하면 보다 효율적인 온라인 수업이 가능할 것입니다.

1 영상 수업부터 소회의실까지
줌 & 영상 편집

줌을 이용한 기본적인 영상 수업뿐만 아니라 자료를 전송하고 원격 제어를 이용하여 자료를 공유하고 수정하는 방법과 팀별 회의를 위해 소회의실을 만들고 팀원들을 할당하고 제어하는 방법을 학습합니다. 강의를 녹화한 영상은 컷 편집을 진행하는 방법까지 소개합니다.

2 효율적인 온라인 수업을 위한
구글 클래스룸

구글 클래스룸을 이용하여 수업을 개설하고 과제를 제작, 등록할 수 있으며, 기준표를 이용하여 과제 채점과 평가를 합니다. 영상 수업을 위한 구글 미트, 구글 설문 기능을 이용하여 퀴즈 형태의 과제부터 다양한 유형의 과제를 만들고 커뮤니케이션을 합니다.

3 다양한 MS 기능의 비대면 교육
MS 팀즈

온라인을 기반으로 MS 팀즈를 이용하여 다양한 기능을 통합하고 탑재하여 학습 효과를 높이기 위한 다양한 소통 방식을 제공합니다. 수업을 신청하거나 수업 내용을 확인할 수 있으며 수업 진행 시 실시간 화상 수업과 채팅을 포함하여 학생의 수업 관리를 위한 과제 출제, 채점, 피드백 등이 가능합니다.

4 EBS 강좌와 연계 수업이 가능한
EBS 온라인 클래스

EBS에서는 정상적인 학사 일정이 온라인을 통해 이루어질 수 있도록 EBS 온라인 클래스를 제공합니다. EBS 온라인 클래스는 선생님들이 학급 단위, 학년 단위, 과목 단위로 자유롭게 구성할 수 있으며, 학생들의 학습 여부 체크 및 게시판을 활용한 학급 관리가 가능합니다.

값 25,000원
ISBN 978-89-315-5695-7
9788931556957
93000

비대면 수업, 과제 제작부터 화상 수업, EBS 온라인 클래스까지
한 권으로 끝내는 줌 & 영상 편집, 구글 클래스룸, MS 팀즈의 모든 것!

줌 & 구글 클래스룸 MS 팀즈

3권
MS팀즈

+ EBS 온라인 클래스

문택주, 이문형, 앤미디어 지음

MS 팀즈 편

핵심만 쏙쏙!
한번에 원격수업 마스터하기

wow!

온라인수업
1+1+1
통합본

BM (주)도서출판 성안당

핵심만 쏙쏙! 한번에 원격수업 마스터하기

줌 & 구글 클래스룸 MS팀즈

MS팀즈 편

BM (주)도서출판 성안당

MS 팀즈로
온라인 수업 준비와
팀 만들기

MS 팀즈는 마이크로소프트에서 제공하는 학습 관리
시스템입니다. 온라인 기반으로 다양한 기능을 통합
하고 탑재하여 교육용, 업무용까지 다양한 분야로 활
용이 가능합니다. 특히 언택트 시대에 맞춰 온라인 교
육용 시스템으로 활용도가 매우 높고, 화상 서비스,
오피스 365까지 포함하여 다양한 환경에 활용이 가
능합니다.

Part 1

Section 01

수업과 업무를 효과적으로 관리하는 **MS 팀즈**

대표적으로 사용하는 컴퓨터 OS와 오피스 프로그램을 만든 마이크로소프트(Microsoft)에서 언택트 시대에 맞춰 온라인 교육과 비즈니스에 효과적으로 사용할 수 있는 온라인 기반의 팀즈 서비스를 제공하고 있으며 화상 회의, 화면과 파일 공유까지 제공합니다.

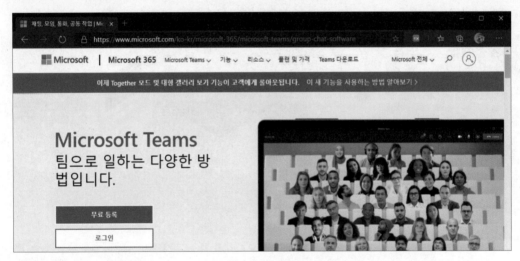

▲ https://www.microsoft.com/ko-kr/microsoft-365/microsoft-teams/group-chat-software

MS 팀즈는 코로나 19로 인하여 강조되고 있는 언택트(Untact) 시대에 맞춰 제공되는 최적의 시스템으로 학습 관리에서부터 협업 도구로, 비즈니스까지 활용할 수 있는 다양한 기능이 있습니다. 교육과 비즈니스 외에도 일상생활 전반에 활용할 수 있는 기능도 포함하고 있으며 무엇보다 대표적으로 사용하는 컴퓨터 OS인 윈도우즈와도 호환성이 높은 시스템이라고 할 수 있습니다. 기본적으로 MS 계정이 필요하며 계정 등록은 무료로 제공됩니다. 사용자에 따라서 필요한 기능을 추가하여 활용할 수 있으며, 더 많은 기능을 사용하기 위해서는 유료로 서비스를 제공하고 있습니다. 일반적인 사용자라면 무료 버전으로도 활용이 가능하며 기업에서는 필요에 따라서 사용자별로 월 5,600~2만 2,500원의 가격으로 사용할 수 있습니다. 학교에 소속된 교사나 관계자, 학생은 교육청별로 제공하는 오피스(Office) 365 서비스를 이용하여 무료로 오피스와 팀즈를 사용할 수 있습니다. 시도 교육청에 따라서 지원하는 내용은 다를 수 있으며, 학교에서 제공한 가입 인증 코드가 필요합니다.

별도로 오피스 365 계정을 제공받지 못해도 무료로 활용이 가능하며 무료 사용자에게도 무제한 채팅 및 검색 기능과 온라인 모임 및 영상 통화 기능도 제공합니다. 10GB의 팀 파일 저장소 및 개인별 2GB의 파일 저장소를 제공하고 있습니다.

MS 팀즈는 업무에서 활용 외에도 온라인 학습 관리 시스템으로 관심과 활용이 증가하고 있는데, 대표적인 온라인 학습 관리 서비스로는 구글 클래스룸이 있습니다. 그러나 구글 클래스룸과는 차이가 있으며, 관리 기능에서 좀 더 뛰어나고, 대표적인 MS 오피스와도 매우 높은 호환성이 있으며 이외에 다양한 앱과 서비스를 활용할 수 있습니다.

학습 관리 시스템 MS 팀즈

많은 대학교 등에서는 학습 관리 시스템을 다양하게 도입하여 이미 사용하고 있는데 학생들의 교육 과정에 대한 전체적인 프로그램 관리 및 학습 자료, 동영상 교육, 출석 및 과제 관리 등을 할 수 있는 시스템으로 되어 있습니다. 학습 관리 시스템은 LMS(Learning Management System)의 약자로 흔하게 이클래스(e-Class)라는 말도 많이 합니다. 기본적으로는 학습 전 과정과 학습 과정 종료 후 관리 등의 기능을 전체적으로 관리할 수 있으며 현재와 같이 언택트 시대에 그 중요성이 부각되고 있습니다. 초중고에서는 학생과 교사 그리고 학부모까지 서로 커뮤니케이션 가능하도록 제공되고 있습니다.

일부 학교에서는 직접 시스템을 자체적으로 개발하여 운영하기도 하지만 개발되어 있는 플랫폼을 활용하는 경우가 있습니다. 국내에서는 클래스팅 서비스가 있습니다. 여기에는 구글 클래스룸, 무들(Moodle), 블랙보드 등이 있으며 MS 팀즈도 포함됩니다. 학습 관리 시스템은 원격 학습 외에도 온라인과 오프라인이 혼합된 혼합 학습(Blended Learning), 거꾸로 학습(Flipped) 등과 같이 새로운 트렌드로 제시되는 효과적인 학습법을 지원하기 위해 필요합니다. 특히 클라우드 환경으로 제공되는 대부분의 학습 관리 시스템은 장비나 장소에 구애받지 않고 다양하게 활용될 수 있으며 단방향이 아닌 양방향 서비스로 학습 효과를 증대시킬 수 있습니다.

▲학습 관리 시스템

MS 팀즈도 클라우드를 기반으로 하는 시스템으로 많은 사용자를 확보한 MS 오피스와도 높은 호환성을 제공하며 팀즈 플랫폼 내에서도 온라인 기반의 오피스 365를 이용하여 사용할 수 있는 장점이 있습니다. 또한 오피스 365에서 생성한 파일은 다른 사용자와도 공유할 수 있으며 MS 계정만 있다면 MS 팀즈를 이용하여 컴퓨터, 스마트폰, 태블릿 등 다양한 장비를 이용하여 장소에 제한받지 않고 수업을 진행하거나 수강할 수 있으며 학습 효과를 높이기 위한 다양한 소통도 제공합니다. 수업 전 수업을 신청하거나 수업 내용을 확인할 수 있으며 수업 진행 시 실시간 화상 수업과 채팅을 포함하여 학생의 수업 관리를 위한 과제 출제, 채점, 피드백 등이 가능합니다. 특히 수업용 전자 필기장은 학생과의 상호 작용을 위해 활용되는 중요한 기능이라 할 수 있으며 필요에 따라서 교사를 추가하거나 모둠을 만들어 공동으로 과제를 풀어나가게 할 수 있습니다.

MS 팀즈는 현재 인증 교육기관에 무료로 오피스 365를 제공하고 있으며 학생과 교사는 교육기관을 인증할 수 있는 전자 메일 주소를 이용하여 오피스 365 및 MS 팀즈 정식 버전을 사용할 수 있도록 제공합니다. 비영리 조직에도 비슷한 혜택을 제공하고 있으며 국내에서는 교육용 오피스 365를 각 교육청 단위로 제공하고 있습니다. 학생과 교사에게 제공하고 있으며 별도의 인증 과정이 필요합니다.

▲ 서울특별시 교육청 오피스 365 사이트(https://o365.sen.go.kr)

교육청별로 제공하는 서비스는 상이할 수 있으며, 교육청에서 관리하는 계정과 학교 단위로 관리가 가능한 계정을 신청할 수 있습니다. 학교 단위로 관리자가 지정된다면 학교에서 일괄적으로 학생 및 교사를 관리할 수 있고 학교 단위로 관리가 가능한 장점이 있습니다. 그러나 학교 내에 별도의 관리자가 지정되어야 하는 점이 있으나 교사 및 학생 관리에는 유용한 면이 있으므로 자세한 사항은 교육청에 문의해야 할 수도 있습니다.

MS 팀즈 라이센스별 비교

MS 팀즈는 기본적으로 무료로 가입이 가능하고 주요 기능을 사용할 수 있도록 제공하고 있습니다. 국내에는 크게 3가지 유료 플랜을 제공하고 있으며 큰 차이점으로는 모임의 녹음과 녹화 기능을 무료 버전에서는 지원하지 않고 있으며 파일 첨부 및 공유 용량을 유료 사용자와 차별화하고 있습니다. 주요 기능의 차이는 다음의 표와 같습니다.

구분	Microsoft Teams 무료	Microsoft 365 Business Basic	Microsoft 365 Business Standard	Office 365 E3
비용(월, 연간 약정 시)	무료	5,600원	1만 4,100원	2만 2,500원
음성/영상 통화	지원	지원	지원	지원
화면 공유	지원	지원	지원	지원
온라인 화상 회의 모임	지원	지원	지원	지원
모임 녹음/녹화	–	지원	지원	지원
최대 사용자 수	500만 명	300명	300명	500만 명
채팅에서 파일 첨부	2GB	1TB	1TB	무제한
파일 공유(팀/채널 내)	10GB	1TB (라이선스당 10GB)	1TB (라이선스당 10GB)	1TB (라이선스당 10GB)
문서 공동 작업	지원	지원	지원	지원
웹 버전 워드, 엑셀, 파워포인트	지원	지원	지원	지원
데스크톱 버전 워드, 엑셀, 파워포인트	–	–	지원	지원
OneDrive 저장소	–	1TB	1TB	1TB

Section 02

MS 팀즈 사용을 위한 **계정 만들기**

MS 팀즈는 기본적으로 마이크로소프트 계정을 필요로 하며 무료로 가입이 가능합니다. 무료로 가입하여도 웹 버전의 오피스 365를 사용할 수 있으며 인증 과정이 필요하기 때문에 전화번호 또는 이메일이 필요합니다.

01 | MS 팀즈를 검색 엔진에서 검색하고 검색된 결과에서 (Microsoft Teams)를 클릭합니다.

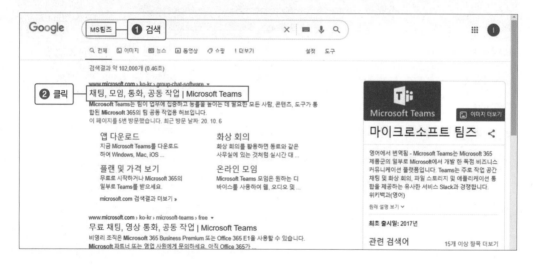

02 | MS 팀즈 사이트로 이동하면 메인 이미지 부분에 있는 (무료 등록) 버튼을 클릭합니다.

03 | 기존에 사용하던 이메일 주소를 MS 팀즈에 계정으로 등록할 수 있습니다. 이메일 입력란에 Microsoft 계정으로 등록할 이메일을 입력하고 (다음) 버튼을 클릭합니다.

04 | 무료 계정으로 등록하기 위해 (회사 및 조직의 경우)를 선택하고 (다음) 버튼을 클릭합니다.

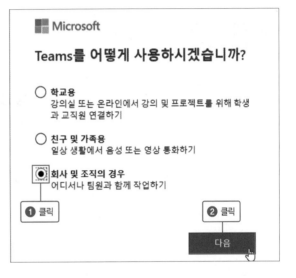

알아두기 오피스 365 계정 등록

학교용으로 등록하는 경우 학교에 관련된 이메일 주소 또는 계정이 아니라면 가입되지 않습니다. 학교를 확인할 수 있는 계정으로 등록하거나, 관리자인 경우 학교에 등록할 수 있습니다. 만약 교육청에 오피스 365 계정을 등록하고 다운로드할 수 있는 경우 각 교육청에서 제공하는 계정을 사용하세요.

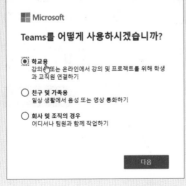
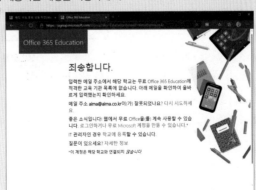

05 | 마이크로소프트에 등록되지 않은 계정이
라면 계정 만들기 단계로 이동되며 계정을 계속
만들기 위해 (계정 만들기) 버튼을 클릭합니다.

06 | 마이크로소프트 계정의 암호를 입력하고
(다음) 버튼을 클릭합니다.

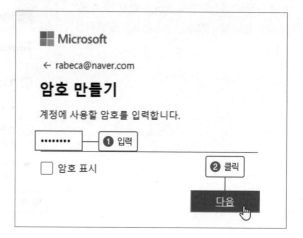

07 | 추가적으로 정보 입력이 필요하며, 국가/
지역과 생년월일을 지정하고 (다음) 버튼을 클
릭합니다.

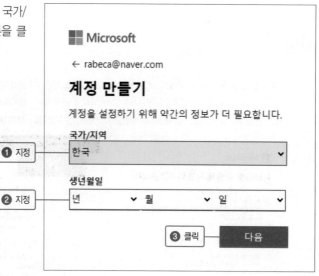

08 | 이메일로 인증 코드가 전송되며, 이메일을 확인하여 인증 코드를 하단에 입력하고 (동의하고 계정 만들기) 버튼을 클릭합니다.

09 | 개인 컴퓨터로 사용한다면 로그인 상태를 유지하는 것이 사용하는 데 편리하기 때문에 로그인 상태 유지 질문에 대하여 (예) 버튼을 클릭합니다.

10 | 회사 정보를 입력하는 페이지가 표시되면 이름과 회사 이름 등을 입력하고 국가 또는 지역을 지정한 다음 (Teams 설정) 버튼을 클릭합니다.

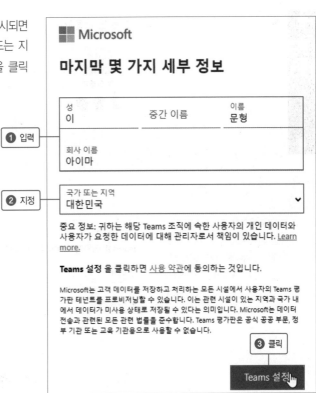

11 | 계정 등록이 완료되고 팀즈를 웹브라우저에서 사용할지 앱을 다운로드하여 사용할지 확인하는 페이지로 이동됩니다. 웹브라우저에서 사용하기 위해 [웹 응용 프로그램을 대신 사용합니다.] 버튼을 클릭합니다.

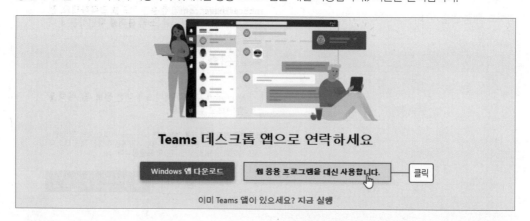

알아두기   이미 MS 팀즈 앱이 설치되어 있다면 자동으로 계정 등록이 완료되는 단계에서 MS 팀즈 앱을 실행하는 대화상자가 표시됩니다. MS 팀즈 앱을 실행하려면 [열기] 버튼을, 웹 브라우저에서 사용하려면 [취소] 버튼을 클릭합니다.

12 | MS 팀즈 페이지로 이동하였으며 팀이 없기 때문에 팀 만들기가 화면에 표시됩니다.

알아두기   **친구 및 가족과 연결**

계정을 등록할 때 친구 및 가족용을 선택하고 [다음] 버튼을 클릭하는 경우에는 MS 팀즈보다는 Skype 계정이 적합하다고 안내하며 Skype로 이동하도록 제공하고 있습니다.

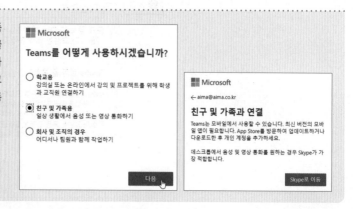

Section 03

학교 이메일 주소를 사용하여 **MS 팀즈 가입하기**

MS 팀즈는 인증된 교육 기관 외에 학생 및 교사에게 무료로 마이크로소프트 계정을 제공하고 있습니다. 학교를 확인할 수 있는 이메일 주소여야 하며 개인 이메일 주소는 불가능합니다. 학생 및 교사라면 학교를 확인할 수 있는 이메일 주소를 사용하여 MS 팀즈와 오피스 365를 무료로 사용하세요.

01 | MS 팀즈를 검색하여 MS 팀즈 사이트에 접속하고 학교 관련 계정을 가입하기 위해 오른쪽 상단에 (Microsoft 전체) 버튼을 클릭한 다음 팝업 메뉴에서 (Microsoft Teams)를 클릭합니다.

02 | 웹 사이트 중간에 있는 학생 및 교사 항목의 (무료 가입)을 클릭합니다.

03 | 오피스 365 교육용 버전 페이지로 이동하며 교육용 마이크로소프트 계정으로 사용할 이메일 주소를 입력하고 등록 오른쪽에 있는 (다음) 버튼을 클릭합니다.

04 | 학교 이메일 주소로 학생과 교사를 구분할 수 없기 때문에 학생인지 교사인지를 물어봅니다. '학생입니다.' 또는 '교사입니다.' 중에서 선택하여 (다음) 버튼을 클릭합니다.

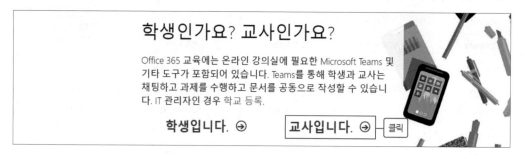

05 | 계정 생성 페이지로 이동되며 가입에 필요한 이름 및 암호 등을 입력합니다. 등록한 이메일 주소로 확인 코드가 전송되며 메일로 전송된 확인 코드를 필수로 입력해야 합니다. 사용자의 국가 또는 지역을 지정합니다.

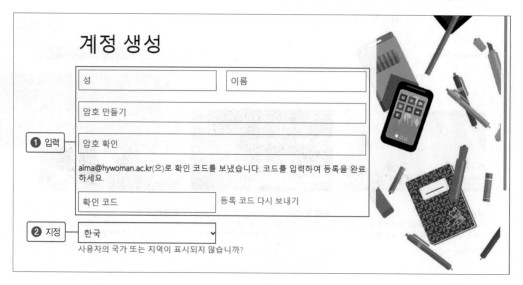

06 | 모든 정보를 입력했다면 하단에 있는 시작 오른쪽에 있는 (다음) 버튼을 클릭하여 계정 등록을 완료합니다.

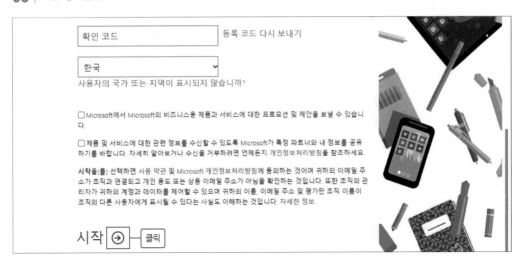

07 | 오피스 365 교육용 계정으로 등록되었기 때문에 오피스 화면으로 이동되며 처음 실행 시 오피스 365 관련 대화상자를 확인할 수 있습니다. 오른쪽에 있는 (확인(☑)) 버튼을 클릭합니다.

08 | 오피스 화면으로 이동되면 워드, 엑셀, 파워포인트 외에 앱을 사용할 수 있으며 왼쪽에 있는 (Word(🅦)) 버튼을 클릭하여 워드를 실행해 봅니다.

학교 계정인 경우 오피스 프로그램을 컴퓨터에 설치할 수 있도록 기능을 제공하고 있으며, 오른쪽 상단에 (Office 설치) 버튼을 클릭하여 설치 과정을 진행할 수 있습니다.

09 | 오피스 365의 워드로 이동되며 온라인 기반의 워드 프로그램을 편리하게 사용할 수 있습니다. MS 팀즈를 실행하기 위해 왼쪽에서 (Teams(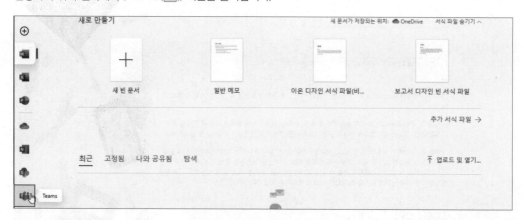)) 버튼을 클릭합니다.

10 | 데스크톱용 MS 팀즈 앱이 설치되어 있지 않다면 앱을 다운로드할 수 있는 페이지가 표시됩니다. 웹브라우저에서 사용하기 위해 (웹 응용 프로그램을 대신 사용합니다.)를 클릭합니다.

11 | MS 팀즈로 이동하여 팀을 만들고 온라인으로 수업을 진행할 수 있습니다.

데스크톱 알림 기능을 활용하려면 오른쪽 하단에 표시된 대화상자에서 (켜기) 버튼을 클릭합니다. 알림 기능을 사용하지 않으려면 (해제) 버튼을 클릭합니다.

Section 04

MS 팀즈 **설치하기**

MS 팀즈는 웹브라우저에서 사용이 가능하지만 편리하게 사용하기 위해는 데스크톱용 앱을 다운로드하여 설치하고 사용할 수 있습니다. 웹브라우저용 MS 팀즈보다 안정성이나 활용도가 높을 수 있으나 필수적으로 설치해서 사용하지 않아도 기능적 제한은 없습니다.

01 | MS 팀즈 사이트에 접속한 경우 MS 팀즈 앱을 다운로드할 수 있는 페이지가 표시됩니다. 윈도우즈와 맥용 앱을 모두 지원하며, 앱을 설치하기 위해 (Windows 앱 다운로드) 버튼을 클릭합니다.

02 | 앱의 다운로드가 시작되고 다운로드가 완료되면 브라우저 왼쪽 하단에 다운로드 완료된 앱 설치 파일을 클릭하여 설치 과정을 시작합니다.

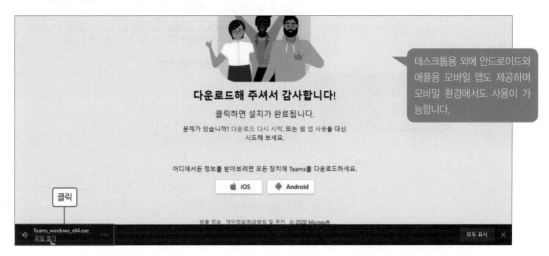

03 | 설치 과정이 진행되면서 MS 팀즈에 사용할 계정 정보인 이메일 주소를 입력하고 (로그인) 버튼을 클릭합니다.

04 | 계정 암호를 입력한 다음 (로그인) 버튼을 클릭합니다.

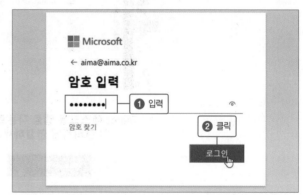

05 | MS 팀즈 관리를 위해 조직에서 관리가 가능하도록 '조직에 내 디바이스를 관리하도록 허용'을 체크하고, MS 팀즈에 로그인된 계정 정보를 계속 유지하기 위해 (확인) 버튼을 클릭합니다.

MS 팀즈 앱에만 로그인하려면 하단에 있는 (아니요. 이 앱에만 로그인합니다.)를 클릭합니다.

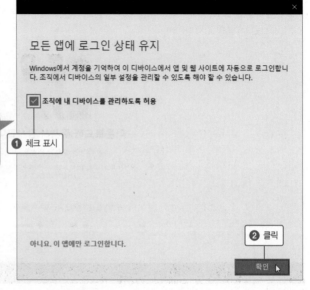

06 | 앱 설치가 완료되고 계정 로그인까지
완료되었다면 사용이 가능한 상태로 설정되
며 (완료) 버튼을 클릭하여 설치 과정을 완료
합니다.

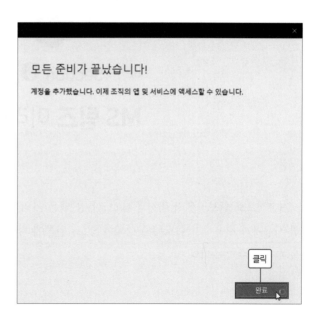

07 | 모든 과정이 완료되면 MS 팀즈 앱에서 모든 기능을 사용할 수 있습니다.

알아두기　　**모바일 앱 설치를 위한 QR 코드**

데스크톱용 MS 팀즈에서 모바일 앱 설치를 쉽게 할
수 있도록 QR 코드를 제공하고 있습니다. MS 팀즈
앱 왼쪽 하단에 있는 (모바일 앱 다운로드) 버튼을
클릭합니다.

MS 팀즈 모바일 앱 다운로드 QR 코드가 생성되며
QR 코드를 이용하여 쉽게 모바일용 앱 설치가 가능
합니다.

Section 05

MS 팀즈 미리보기

    기본적으로 웹브라우저 버전과 데스크톱용 앱은 거의 동일한 인터페이스를 가지고 있습니다. 특히 사용자가 사용하기 쉽도록 구성되어 있고, 왼쪽에 다양한 메뉴를 포함하고 있으며 필요한 앱들을 추가할 수 있습니다.

❶ 이전 페이지, 다음 페이지(■)

이전 또는 다음 페이지로 이동할 수 있습니다. 웹브라우저에서는 브라우저 자체 기능으로 사용합니다.

❷ 활동(■)

주요 활동 알림을 표시합니다.

❸ 채팅(■)

1:1 또는 그룹으로 채팅 또는 영상 통화를 할 수 있습니다.

❹ 팀(■)

수업이나 업무에 활용할 수 있는 팀을 만들고 관리합니다. 기본적으로 수업용 전자 필기장 및 과제와 성적 기능을 포함하고 있습니다.

❺ 과제 (■)

과제에 관련된 항목들을 표시합니다.

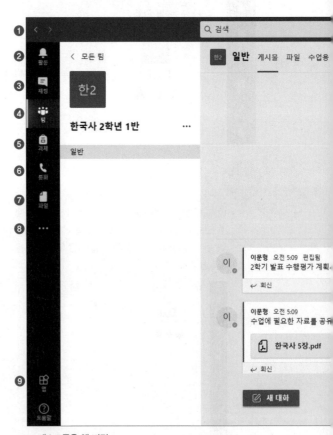

▲ 데스크톱용 앱 버전

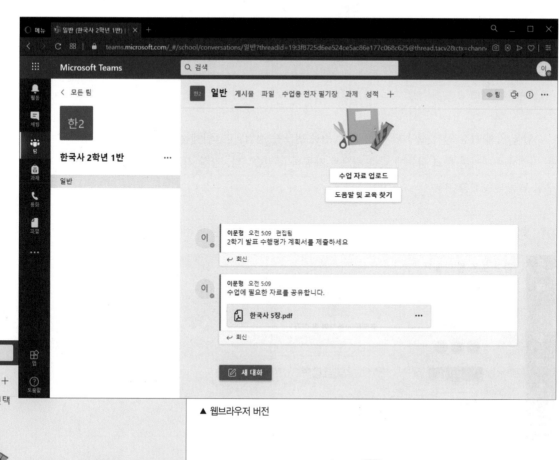

▲ 웹브라우저 버전

❻ 통화(📞)

연락처를 추가하고 관리할 수 있으며 전화 통화가 가능합니다.

❼ 파일(📁)

등록된 파일을 관리하고 다운로드할 수 있습니다.

❽ 더 많은 추가 앱 (···)

최근 사용한 앱들을 보여 줍니다. 필요 시 추가 앱을 클릭하여 다양한 앱을 팀즈에서 사용할 수 있습니다.

❾ 앱(⊞)

다양하게 활용할 수 있는 많은 앱들을 설치하고 관리할 수 있습니다.

Section 06

MS 팀즈로 **수업에 사용할 팀 만들기**

수업을 위해 가장 먼저 해야 할 일은 바로 팀을 만드는 것입니다. 팀에는 기본적으로 4가지 방식을 지원하며 다양한 학교 활동에 맞춘 팀으로 제공하고 있습니다. 가장 기본적으로 활용할 수 있는 수업 팀을 만들겠습니다.

01 | MS 팀즈를 실행하고 (팀) 메뉴를 선택한 다음 팀을 만들기 위해 (팀 만들기) 버튼을 클릭합니다.

02 | 팀 유형 선택 대화상자가 표시되면 수업을 만들기 위해 (수업) 메뉴를 클릭합니다.

03 | 팀 만들기 대화상자가 표시되면 이름에 과목명 또는 구분할 수 있는 반 정보를 입력합니다. 설명에는 좀 더 상세한 설명을 입력하여 학생들이 팀에 대한 자세한 내용을 확인할 수 있도록 입력하고 (다음) 버튼을 클릭합니다.

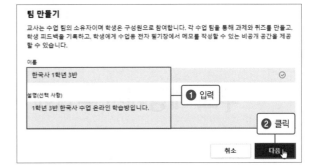

학생 추가하기

학생을 추가하기 위해 이름을 검색하면 연관된 이름의 학생 리스트가 표시됩니다. 학생을 선택하여 팀으로 학생을 초대할 수 있습니다. 학생을 선택하였다면 (추가) 버튼을 클릭합니다.

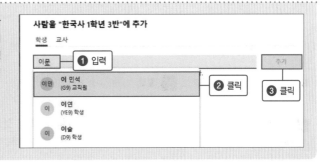

04 | 팀을 만들고 학생들을 추가하기 위해 (건너뛰기) 버튼을 클릭합니다.

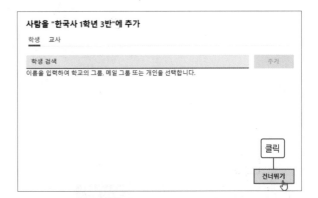

05 | 수업에 사용할 팀이 만들어졌습니다. 수업에 필요한 자료 등록 및 학습 관리가 가능합니다.

Section 07

무료 계정에서 수업에 사용할 팀 만들기

교육용 계정에서 수업을 만드는 방법과 무료 계정에서 수업을 만드는 방법은 약간의 차이가 있습니다. 무료 계정에서 수업에 활용할 팀을 만들어 보겠습니다.

01 | MS 팀즈를 실행하고 왼쪽 하단에 있는 (참가 또는 팀 만들기)를 클릭합니다.

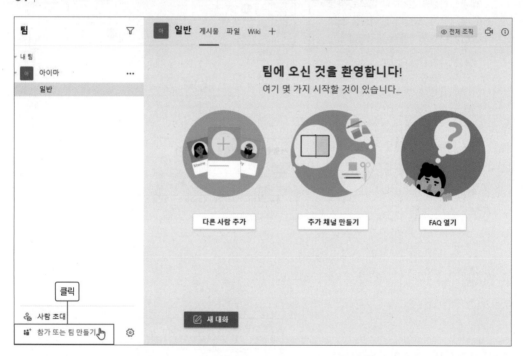

02 | 참가 또는 팀 만들기 페이지로 이동되며, 수업에 사용할 팀을 만들기 위해 (팀 만들기) 버튼을 클릭합니다.

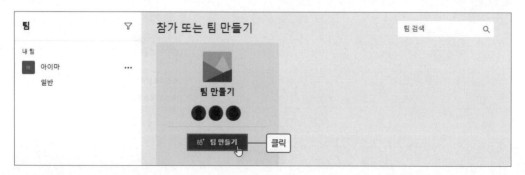

03 | 팀 만들기 대화상자가 표시되면 기본 팀을 만들기 위해 (처음부터)를 선택합니다.

04 | '어떤 종류의 팀이 됩니까?'라는 대화상자가 표시되면 공개 여부를 선택할 수 있습니다. 공개 팀을 만들기 위해 (공개)를 클릭합니다.

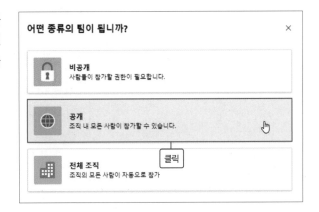

05 | 수업으로 사용할 팀 이름과 설명을 입력하고, (만들기) 버튼을 클릭합니다.

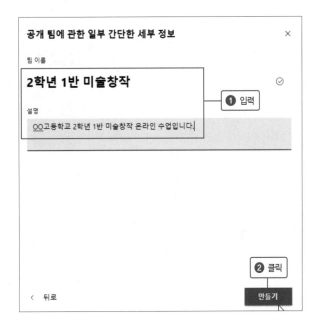

06 | 수업에 초대할 구성원을 추가하기 위해 이메일 주소를 입력하고 팝업 메뉴에서 선택하여 구성원으로 추가합니다.

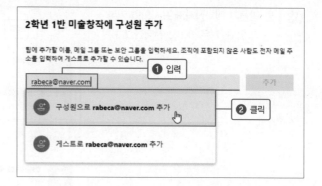

07 | 추가된 사용자를 확인하고 (추가) 버튼을 클릭하면 리스트에 추가됩니다.

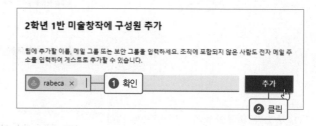

08 | 같은 방법으로 다른 사용자를 추가합니다.

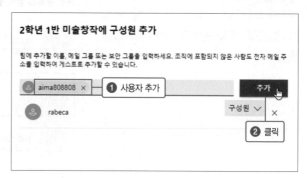

09 | 수업에 참여할 학생이 모두 추가되었다면 (닫기) 버튼을 클릭하여 수업을 위한 팀 만들기를 완료합니다.

10 | 팀 만들기가 완료되었으며 팀에 관련된 추가적으로 할 수 있는 기능들을 표시한 화면이 표시됩니다.

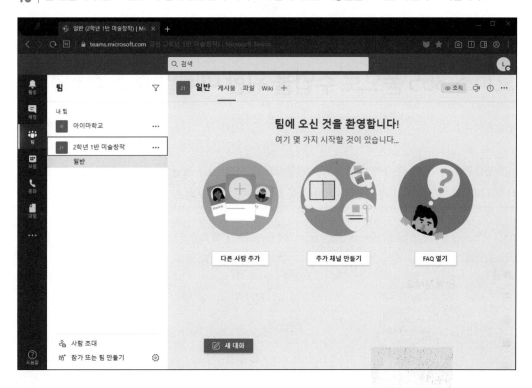

알아두기 무료 계정에서 업그레이드하려면 오른쪽 상단에 (프로필)을 클릭하면 표시되는 팝업 메뉴에서 (업그레이드) 버튼을 클릭하여 유료 계정으로 변환할 수 있습니다.

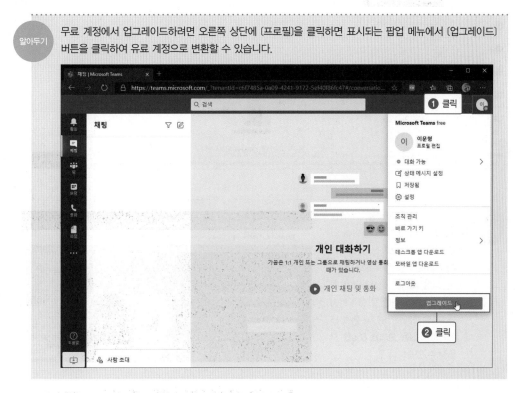

Section 08

오피스 365 폼으로 **수업을 위한 이메일 주소 수집하기**

학생들을 수업 팀에 추가하기 위해서는 기본적으로 학생 이름 또는 학생의 이메일 주소를 수집해야 합니다. 학생들의 이름과 정보 등을 받아 등록할 수 있도록 오피스 365 폼을 활용해 보겠습니다.

01 | 오피스 365 사이트(https://www.office.com/)에 접속하여 왼쪽 메뉴에서 (Forms(📧)) 버튼을 클릭합니다.

알아두기

오피스 365를 사용할 수 있는 계정이 아니거나 로그인되어 있지 않은 경우 오피스 365 사이트에 접속이 안 될 수도 있습니다. 이미 계정을 생성하였기 때문에 (로그인) 버튼을 클릭하거나 (무료 Office 버전에 등록)을 클릭하여 웹용 오피스 365를 사용할 수 있습니다.

02 | 학생 정보를 설문을 이용하여 받기 위해 (새 양식) 버튼을 클릭하여 새로운 폼을 만듭니다.

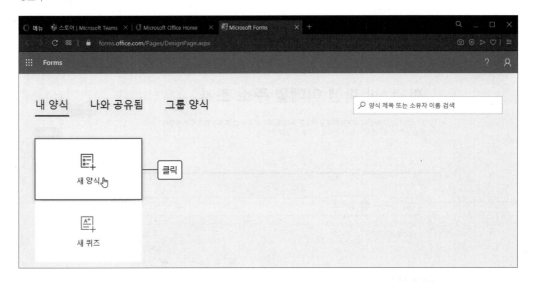

03 | 질문에 대한 기본적인 타이틀과 개요를 입력할 수 있습니다. 학생들의 이름과 이메일 주소를 수집하여 수업에 등록하기 위한다는 설명과 타이틀을 입력합니다.

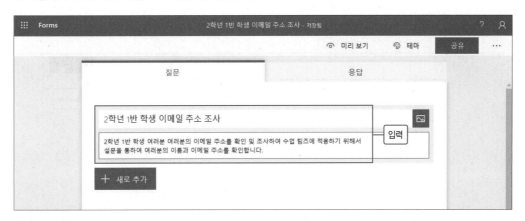

04 | 학생 정보를 직접 텍스트로 입력하는 설문을 만들기 위해 왼쪽에 있는 (새로 추가) 버튼을 클릭하고 팝업 메뉴에서 (텍스트)를 선택합니다.

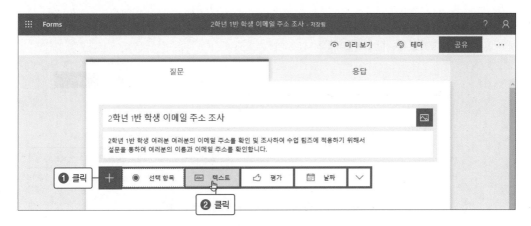

05 | 설문 항목에 이름을 입력하고 새로운 설문을 추가하기 위해 (새로 추가) 버튼을 클릭합니다.

06 | 새로운 설문이 추가되면 '이메일 주소'라고 입력하고 설문을 완료합니다. 완료된 설문을 공유하기 위해 오른쪽 상단에 있는 (공유) 버튼을 클릭합니다.

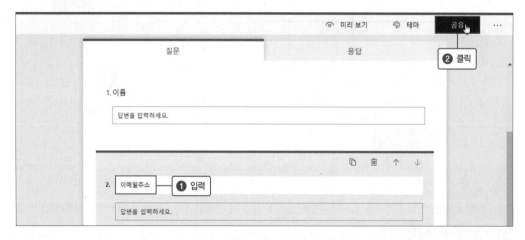

07 | 공유 관련 팝업 메뉴가 표시되면 링크를 본 모든 사용자가 답변할 수 있도록 응답 보내기 및 수집에서 (링크가 있는 모든 사용자가 응답할 수 있음)을 선택합니다.

08 │ 기본적으로는 링크가 표시되며 링크를 복사하여 게시글 등에 제공할 수 있습니다. 링크를 제공받은 학생은 링크를 클릭하여 설문에 답할 수 있습니다.

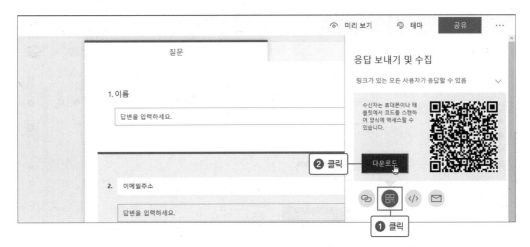

09 │ 모바일 환경에서 쉽게 설문에 답변할 수 있도록 QR 코드를 생성하여 제공하기 위해 오른쪽에 있는 (QR 코드) 버튼을 클릭합니다. QR 코드가 표시되면 QR 코드를 다운로드하기 위해 (다운로드) 버튼을 클릭합니다.

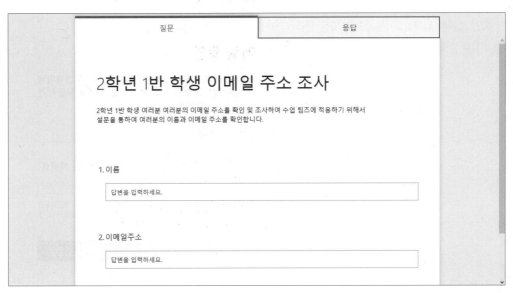

10 │ 완성된 설문 형태입니다. 응답한 설문은 (응답) 탭을 클릭하여 확인이 가능하며 Excel에서 결과를 확인할 수 있습니다.

Section 09

이메일로 초대된 **MS 팀즈에 참여하기**

팀을 만들 때 구성원으로 초대하는 경우 동일한 조직 내 구성원이 아닐 때에는 초대 메일이 발송됩니다. 메일을 수락하여 팀즈에 구성원이 될 수 있으며 쉽게 팀즈에 참여가 가능합니다.

01 | 이메일을 확인하면 MS 팀즈에서 초대된 메시지를 확인할 수 있으며, 초대한 계정명과 초대되는 그룹의 이름이 표시됩니다. 초대된 팀에 들어가려면 (Join Teams) 버튼을 클릭합니다.

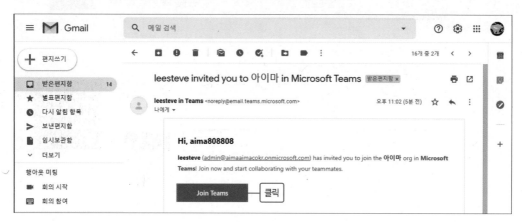

02 | 메일 확인 대화상자가 표시되면 한 번 더 이메일로 확인 코드를 전송합니다. 메일에 전송된 확인 코드를 입력하고 (동의하고 계정 만들기) 버튼을 클릭합니다.

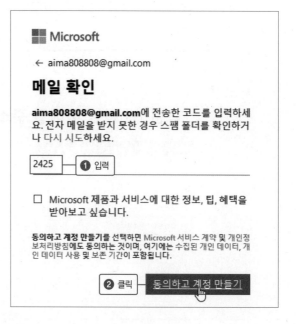

03 | 계정 만들기 대화상자로 바뀌면서 실제 사용자가 팀즈의 계정을 만들고 있는지 확인하기 위해 그림으로 보이는 보안 문자를 입력하고 (다음) 버튼을 클릭합니다.

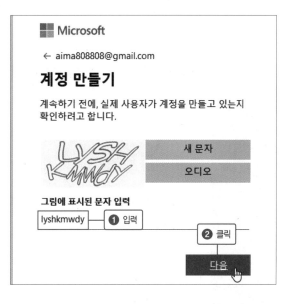

04 | 그룹에 초대되었다는 메시지를 표시하며 팀즈의 구성원이 된 것을 확인할 수 있습니다. 다음 단계로 진행하기 위해 (계속) 버튼을 클릭합니다.

05 | 권한 검토 메시지가 포함된 대화상자가 표시되면 (수락) 버튼을 클릭하여 완료합니다.

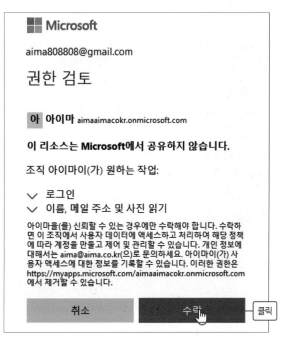

06 | 팀에 사용할 이름을 변경하고 사진을 등록할 수 있는 대화상자가 표시되면 사진을 업로드하고 (다음) 버튼을 클릭합니다.

07 | 팀의 조직에 다른 사람들을 초대할 수 있도록 링크가 제공되며 링크를 복사하여 사용할 수 있습니다.

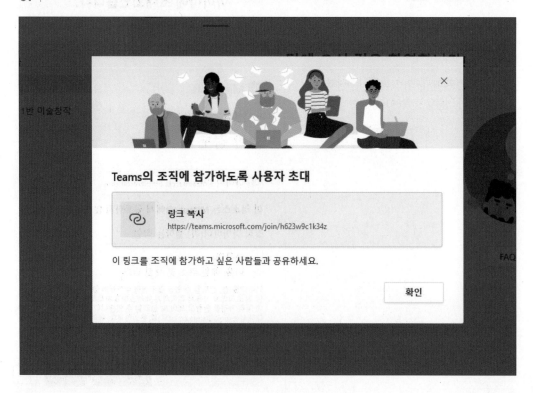

Section 10

전문 학습 커뮤니티 PLC 팀 만들기

OneNote 공유 전자 필기장으로 전문 학습 커뮤니티로 사용할 수 있도록 제공하는 팀입니다. 메뉴에 PLC(Professional Learning Community) 전자 필기장 메뉴가 생성되며 언제 어디서나 원하는 장치에서 학습 또는 공동 작업하기 유용하게 제공됩니다.

01 | 전문 학습 커뮤니티 팀을 만들기 위해 MS 팀즈를 실행하고 (팀) 메뉴를 선택한 다음 오른쪽 상단에 있는 (팀 참가 또는 만들기) 버튼을 클릭합니다.

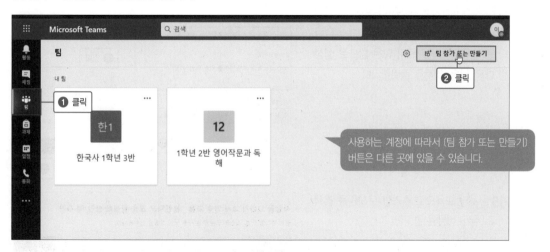

02 | 참가 또는 팀 만들기 페이지로 이동되며 (팀 만들기) 버튼을 클릭하여 팀을 만듭니다.

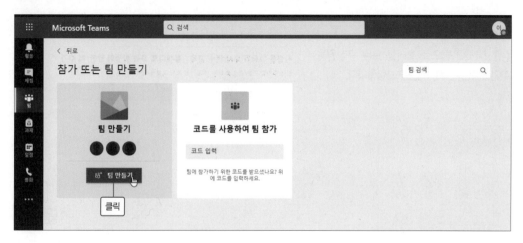

03 | PLC 형식의 팀을 만들기 위해 팀 유형 선택 대화상자가 표시되면 (전문 학습 커뮤니티(PLC))를 선택합니다.

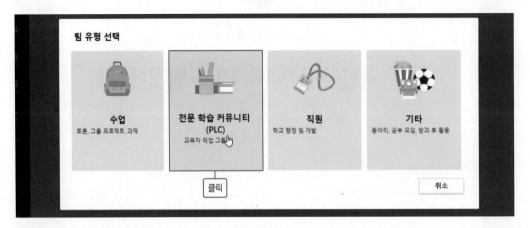

04 | 팀 만들기 대화상자가 표시되면, 이름과 설명에 팀 이름과 팀에 대한 자세한 설명을 입력합니다. 개인정보취급방침에서 (비공개-팀 소유자만 구성원을 추가할 수 있습니다.)로 선택하여 공개되지 않은 팀으로 설정한 다음 (다음) 버튼을 클릭합니다.

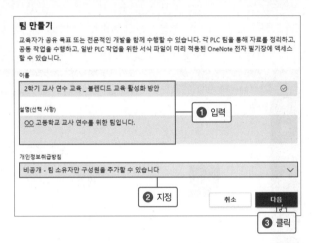

05 | 해당 교육으로 추가할 구성원을 검색하고 (추가) 버튼을 클릭합니다.

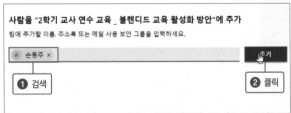

06 | PLC 팀으로 초대할 모든 구성원을 추가했다면 (닫기) 버튼을 클릭합니다.

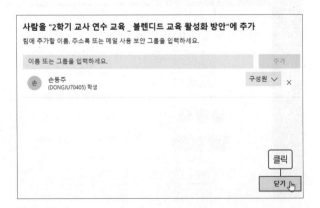

07 | PLC 팀이 만들어졌습니다. 수업에 관련된 팀과의 차이점으로 PLC 전자 필기장이 메뉴에 생성되었습니다.

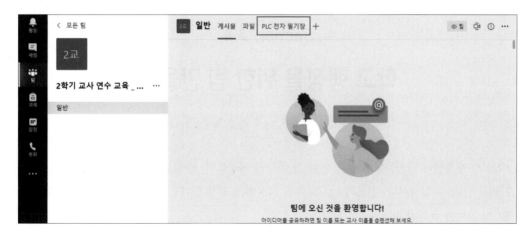

08 | PLC에 대한 문서가 포함된 OneNote 전자 필기장이 열립니다. OneNote를 이용하는 것은 수업 전자 필기장과 동일합니다.

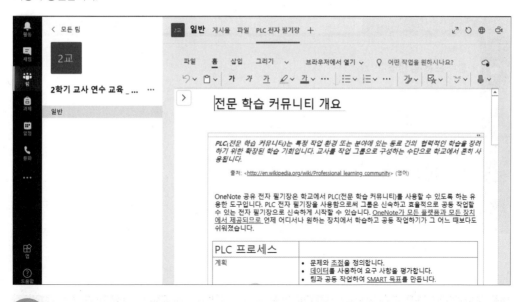

알아두기 전자 필기장을 처음 사용할 경우

전자 필기장을 처음 사용하는 경우 개인 정보 옵션에 대한 확인이 필요합니다. 내용을 확인하고 (닫기) 버튼을 클릭합니다.

Section 11

학교 행정을 위한 팀 만들기

학교의 행정이나 직원들의 소통을 위한 팀 기능을 제공하며, 불필요한 과제, 평가 기능은 제외하고 팀을 만들 수 있습니다. 기본적으로 교육용 버전에는 전자 필기장이 제공되며 무료 계정에 전자 필기장 기능만 추가된 형태와 동일합니다.

01 | (팀) 메뉴를 선택하고 (팀 참가 또는 만들기) 버튼을 클릭한 다음 참가 또는 팀 만들기 페이지에서 팀을 만들기 위해 (팀 만들기) 버튼을 클릭합니다.

02 | 팀 유형 선택 대화상자가 표시되면 (직원)을 선택하여 학교 행정 및 개발에 관련된 팀을 만듭니다.

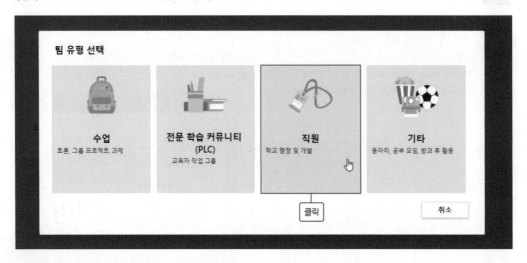

03 | 팀 만들기 대화상자가 표시되면 이름과 설명에 행정 관련된 내용을 입력하고 (다음) 버튼을 클릭합니다.

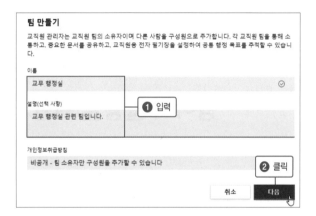

04 | 구성원을 추가할 수 있으나 이번 단계에서는 구성원 없이 팀을 만들기 위해 (건너뛰기) 버튼을 클릭합니다.

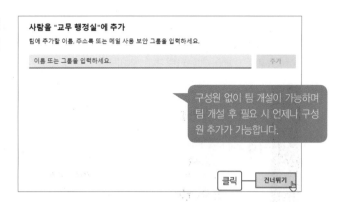

05 | 직원 관련된 팀 개설이 완료되었으며 상단에 '직원 전자 필기장' 메뉴가 생성된 것을 확인할 수 있습니다.

알아두기 직원 전자 필기장도 OneNote로 생성됩니다.

Section 12

동아리 활동을 위한 기타 팀 만들기

동아리 및 개별 스터디 등의 활동을 위한 팀을 개설할 수 있으며, 개설된 팀은 수업 활동이 아니기 때문에 수업 관련된 과제, 평가 기능과 전자 필기장 기능도 지원하지 않는 상태로 만들어집니다.

01 │ 동아리 활동을 위한 팀을 만들기 위해 '팀' 메뉴를 선택하고 [참가 또는 팀 만들기] 버튼을 클릭한 다음 참가 또는 팀 만들기 페이지에서 [팀 만들기] 버튼을 클릭합니다.

02 │ 팀 유형 선택 대화상자가 표시되면 동아리 관련된 팀으로 방송부 팀을 만들기 위해 [기타]를 선택합니다.

03 | 팀 만들기 대화상자가 표시되면 팀 이름, 설명에 필요한 내용을 입력하고 〔다음〕 버튼을 클릭합니다.

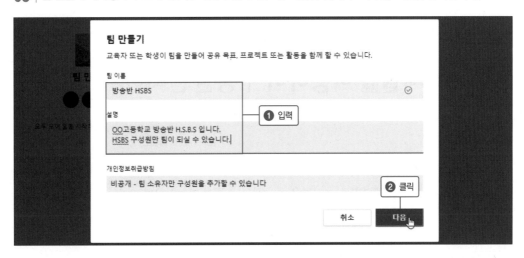

04 | 구성원으로 초대할 계정을 구성원 리스트에 추가하고 〔닫기〕 버튼을 클릭합니다.

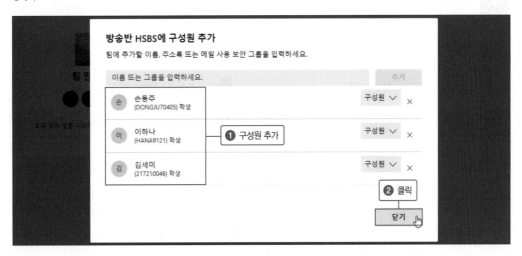

05 | 동아리로 설정한 팀이 만들어졌습니다. 상단 메뉴에 게시물과 파일 2개의 메뉴만 생성된 것을 확인할 수 있습니다.

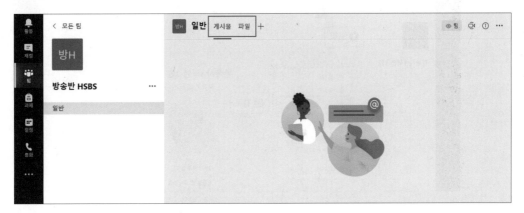

Section 13

채널을 이용하여 구성원 관리하기

조별 단위로 수업 또는 과제를 진행하거나 내부의 팀을 나눠야 하는 경우 채널 기능을 활용할 수 있습니다. 채널을 나누면 채널별로 게시물을 등록하고 소통이 가능합니다.

01 │ 팀에 속한 구성원을 채널로 구분하기 위해 팀 이름 옆에 (기타 옵션) 버튼을 클릭하고 팝업 메뉴에서 (채널 추가)를 클릭합니다.

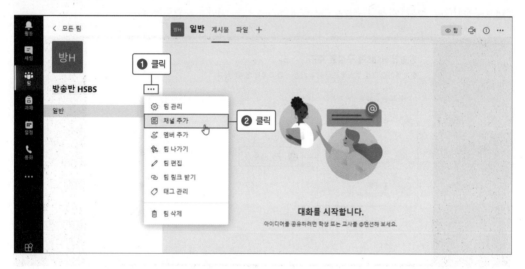

알아두기 팀에 구성원을 추가하기 위해 (기타 옵션(…)) 버튼을 클릭하고 팝업 메뉴에서 (멤버 추가) 기능을 활용하여 추가할 수 있습니다.

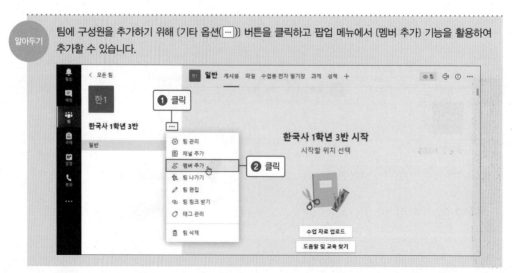

02 | 채널 만들기 대화상자가 표시되면 채널 이름과 설명을 입력합니다. 자유롭게 채널의 구성원을 비공개로 하여 구성원을 소유자가 구성할 수 있도록 하기 위해 '비공개 – 팀 내 특정 사용자 그룹만 액세스 가능'을 선택합니다.

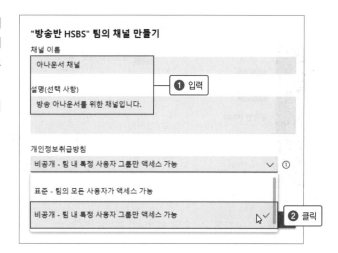

03 | 모든 설정이 완료되면 (다음) 버튼을 클릭하여 채널에 대한 기본적인 설정을 마무리합니다.

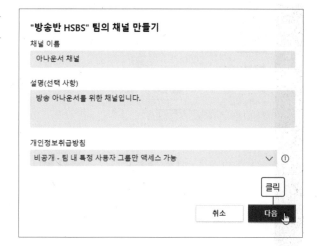

04 | 팀 내에 속한 구성원을 검색하여 추가하고 (완료) 버튼을 클릭하여 채널에 구성원을 추가합니다.

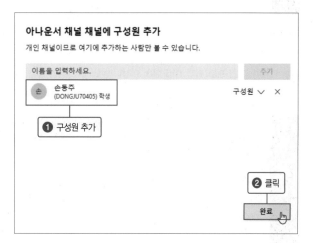

05 | 비공개로 채널을 만들어서 채널명에 자물쇠 형태의 아이콘이 표시되어 있습니다.

06 | 채널에 포함된 구성원을 확인하고 관리를 확인하기 위해, 채널 관리를 할 채널명의 [기타 옵션(•••)] 버튼을 클릭하여 팝업 메뉴에서 [채널 관리]를 선택합니다.

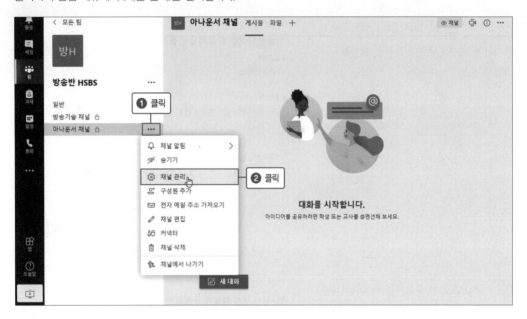

07 | 채널 관리 페이지로 이동되며 멤버, 설정, 분석 3가지 설정 메뉴를 제공합니다. 소유자 외에 구성원을 확인하기 위해 [구성원 및 게스트]를 클릭하면 해당 채널에 속한 구성원을 확인할 수 있습니다.

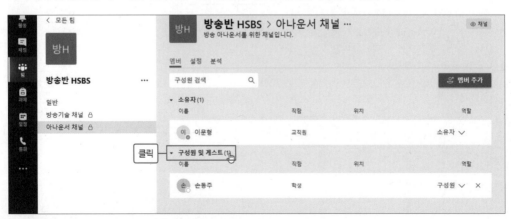

❶ **멤버** : 구성원을 검색하거나 추가할 수 있으며, 구성원의 역할을 변경할 수도 있습니다.

❷ **설정** : 구성원의 권한과 멘션 기능을 설정할 수 있고 스티커 및 밈 기능을 사용할 수 있습니다. 밈(Meme)은 인터넷에서 유행하는 문화 컨텐츠 요소를 의미합니다.

❸ **분석** : 채널의 활동 내용을 분석 데이터로 제공합니다.

Section **14**

팀 관리 기능으로 구성원 추가하기

구성원을 추가하기 위해 팀을 만들 때 구성원을 추가하거나 멤버 추가 기능을 활용하여 추가할 수 있습니다. 팀 관리 기능에도 다양한 기능을 지원하고 있으며 팀 관리 기능으로 구성원을 추가해 보겠습니다.

01 | 구성원을 추가하기 위해 팀 이름의 오른쪽에 있는 (기타 옵션) 버튼을 클릭하여 팝업 메뉴에서 (팀 관리)를 선택합니다.

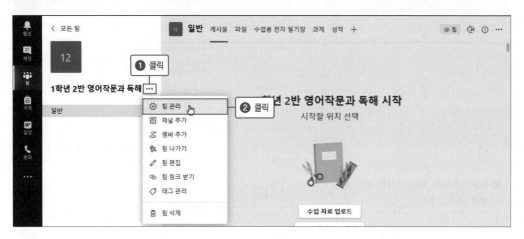

02 | 팀 관리 기능에는 총 6개의 메뉴가 제공되며, 구성원을 추가하기 위해 (멤버)를 클릭합니다. 구성원을 확인하기 위해 (구성원 및 게스트)를 클릭합니다.

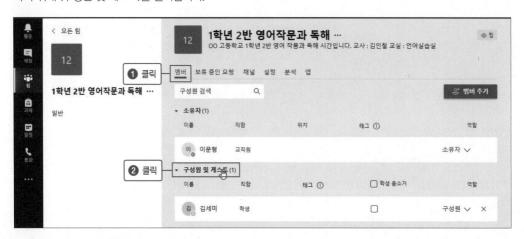

03 | 구성원을 추가하기 위해 오른쪽에 있는 (멤버 추가) 버튼을 클릭합니다.

04 | 학생을 검색하여 구성원으로 포함할 학생을 리스트에 추가 적용하고 (닫기) 버튼을 클릭합니다.

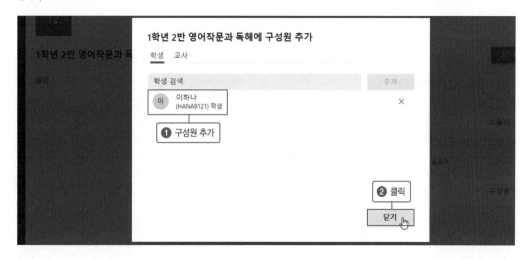

05 | 구성원 및 게스트 항목에 새로 추가한 구성원이 적용된 것을 확인할 수 있습니다.

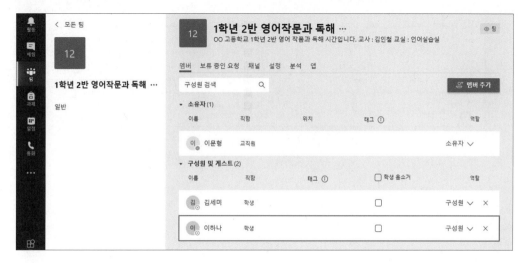

팀 관리에는 총 6개 설정 메뉴를 제공하며 기본적인 팀 단위 관리가 가능합니다.

❶ 멤버 : 멤버 전체를 관리하고 학생별로 역할이나 태그 지정이 가능합니다. 구성원을 추가할 수 있는 기능도 지원하며 역할을 소유자로 또는 구성원으로 변경이 가능합니다.

❷ 보류 중인 요청 : 팀에 참가를 희망하는 경우가 있다면 신청 내용이 표시됩니다.

❸ 채널 : 구성원을 분류하여 모둠별로 만들거나 부서 등을 구분할 경우 만들어지는 채널을 관리할 수 있습니다.

❹ 설정 : 팀에 관련된 다양한 기능을 설정합니다. 팀의 테마부터 구성원, 게스트 설정을 할 수 있으며 팀 코드를 통하여 사용자를 초대할 수 있습니다.

❺ 분석 : 팀에 대한 현재 상황 및 전체적인 내용을 분석합니다.

❻ 앱 : MS 팀즈에서 사용하는 앱들을 관리할 수 있습니다.

Section 15

팀 코드로 **구성원 초대하기**

구성원을 직접 추가하는 방법이 있지만 필요에 따라서 팀 코드를 제공하여 사용자가 직접 팀 코드를 입력하여 팀에 구성원으로 들어올 수 있습니다. 팀 코드를 생성하고 복사하는 초대하는 방법을 확인하겠습니다.

01 | 팀 코드를 사용하여 구성원을 초대하기 위해 팀 이름 오른쪽에 있는 (기타 옵션(…)) 버튼을 클릭하고 팝업 메뉴에서 (팀 관리)를 선택합니다.

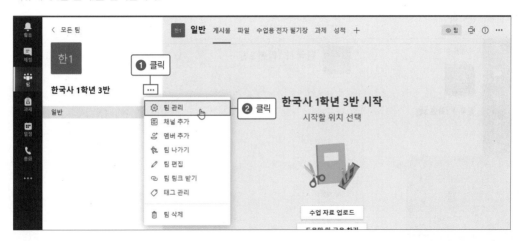

02 | 팀 관리 페이지로 이동하면 상단에 있는 (설정) 메뉴를 클릭합니다. 설정에 포함된 세부 메뉴 중에서 (팀 코드) 설정을 클릭합니다.

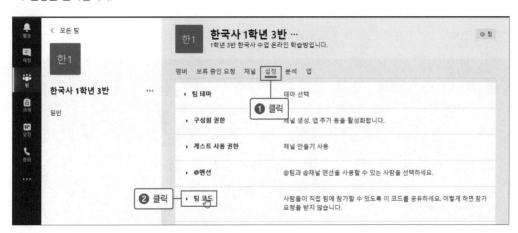

03 | 학생들을 초대하려면 팀 코드를 우선 생성해야 합니다. 팀 코드를 생성하기 위해 (생성) 버튼을 클릭합니다.

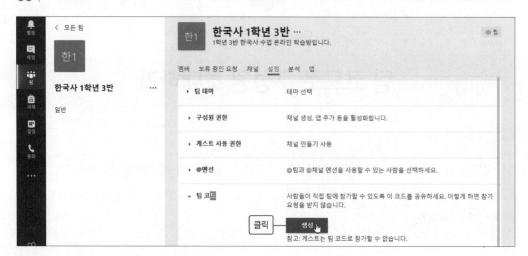

04 | 무작위로 팀 코드가 생성되며 생성된 팀 코드를 제공하면 팀에 구성원으로 참여할 수 있습니다. 생성된 팀 코드를 확대해서 보기 위해 (전체 화면)을 클릭합니다.

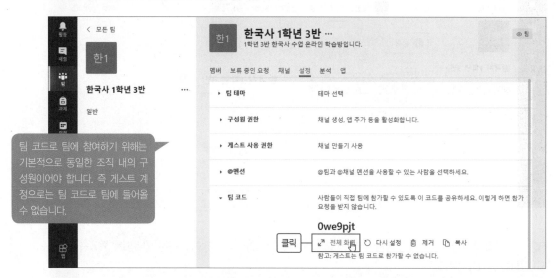

05 | 팀 코드가 화면에 크게 표시되며 팀 코드를 직접 보여주거나 공유할 수 있습니다.

06 팀 코드 공유가 완료되면 오른쪽 상단에 있는 (전체 화면 프레젠테이션 끝내기) 버튼을 클릭합니다.

07 팀 코드를 직접 복사하려면 (복사) 버튼을 클릭합니다. 팀 코드는 클립보드에 저장되며 게시물, 문서 등에 붙여 넣어 코드를 공유할 수 있습니다.

08 공유된 팀 코드는 코드를 사용하여 팀 참가 항목에 입력 또는 붙여 넣어 (팀 참가) 버튼을 클릭합니다.

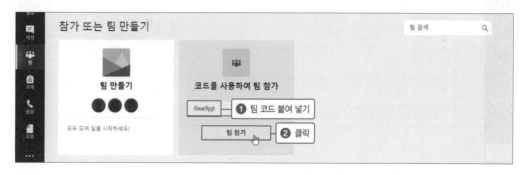

Section 16

모임 예약으로 **실시간 화상 수업 공지하기**

실시간으로 화상 수업을 위해서는 바로 시작하기보다 사전에 수업에 대한 공지를 게시물에 하여 학생들이 수업 참여에 대해서 잊지 않도록 하는 것이 좋습니다. 실시간 화상 수업을 진행하기 위하여 모임 예약 기능을 사용해 보겠습니다.

01 | MS 팀즈의 오른쪽 상단에서 (지금 모임 시작) 버튼을 클릭하고 팝업 메뉴에서 (모임 예약)을 선택합니다.

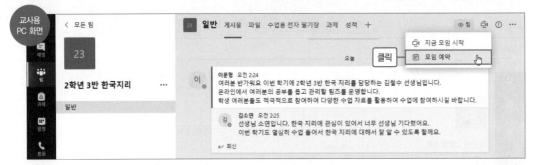

02 | 새 모임의 페이지로 이동하면 수업에 대한 기본적인 정보를 입력합니다. 수업에 대한 내용을 모두 입력했다면 (보내기) 버튼을 클릭합니다.

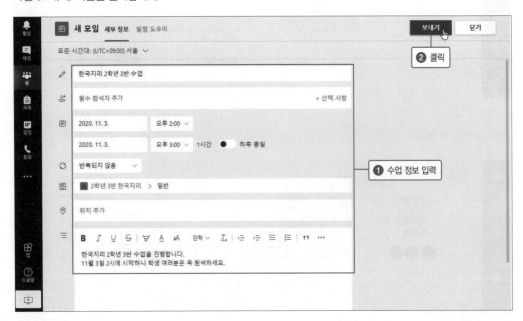

03 | 수업에 대한 정보가 게시글에 등록된 것을 확인할 수 있으며, 게시글에 등록한 일정을 클릭하면 모임 기능이 실행되며 실시간 화상 수업이 가능합니다.

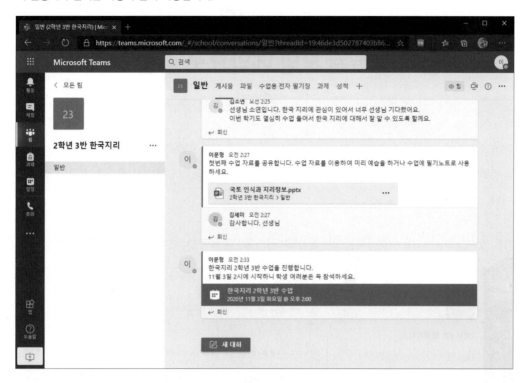

04 | 학생 MS 팀즈에도 동일하게 게시글로 등록되며, 학생도 동일하게 해당 게시글에 등록된 일정을 클릭하여 모임에 접속하여 실시간 화상 수업이 가능합니다.

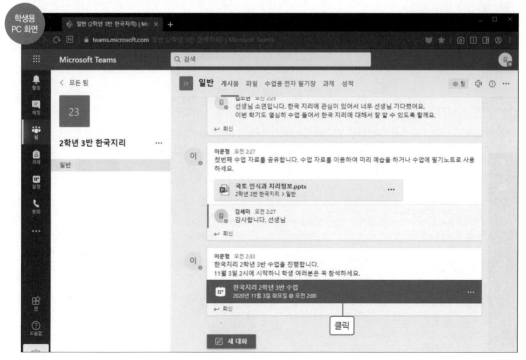

Section 17

게시물에 등록된 **모임 예약으로 수업 시작하기**

게시물에 등록된 모임 예약을 통하여 수업을 시작하거나 참여할 수 있습니다. 모임 예약으로 된 수업의 경우 모임 옵션을 통하여 참석자 발표자를 구분할 수 있으며 대기실 기능을 설정할 수 있습니다.

01 | 실시간 화상 수업을 위해 등록된 모임 예약 게시글의 일정을 클릭합니다.

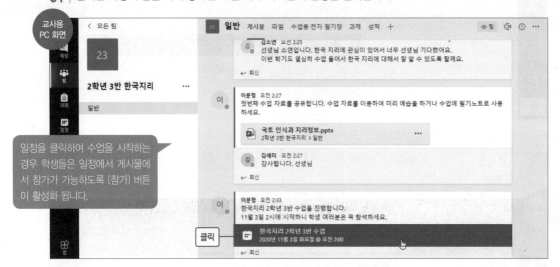

일정을 클릭하여 수업을 시작하는 경우 학생들은 일정에서 게시물에서 참가가 가능하도록 (참가) 버튼이 활성화 됩니다.

02 | 수업 정보가 작성된 모임 세부정보로 이동됩니다. 필요한 정보가 있다면 수정이 가능하며 모임 옵션을 통하여 모임에 접속하는 학생들의 권한과 방법을 변경하기 위해서 (모임 옵션) 버튼을 클릭합니다.

03 | 모임 옵션 페이지로 이동되며 학생들은 참석만 하고 수업 진행은 교사가 하도록 하기 위해 '누가 발표할 수 있나요?'의 (모든 사용자) 버튼을 클릭하고 팝업 메뉴에서 (나만)을 선택합니다.

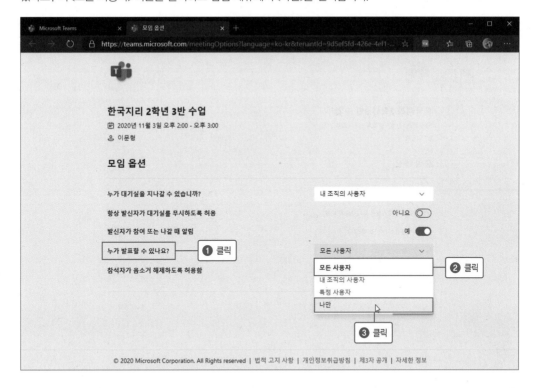

04 | 모임 옵션에 필요한 설정을 모두 완료하였다면 (저장) 버튼을 클릭하여 설정을 저장합니다.

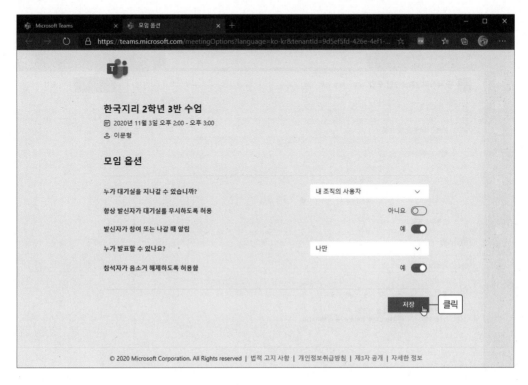

05 | 설정이 저장되면 버튼 클릭 위치에 완료라고 표시가 변경되며, 수업을 위한 모임 설정 페이지로 이동하기 위해 MS 팀의 탭을 클릭합니다.

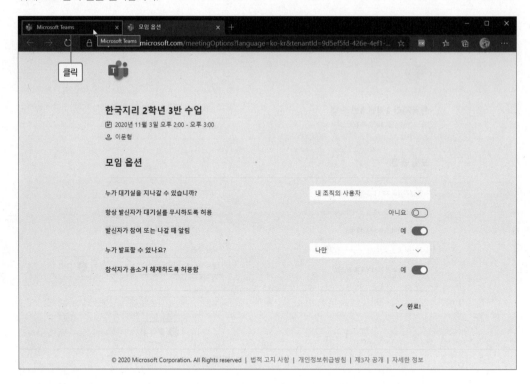

06 | 실시간 화상 수업을 시작하기 위해 오른쪽 상단에서 (참가) 버튼을 클릭합니다.

07 │ 브라우저에서 마이크나 웹캠 사용이 설정되어 있지 않은 경우 브라우저에서 허용할지 묻는 대화상자가 나타나며 수업에 필요하므로 (허용) 버튼을 클릭합니다.

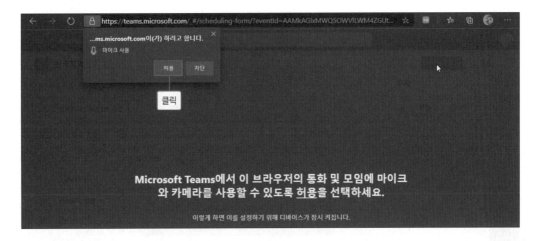

08 │ 수업을 진행하기 위해서 카메라 및 마이크 등의 설정을 확인할 수 있으며, 수업을 시작하기 위해서 (지금 참가) 버튼을 클릭합니다.

09 │ 수업이 시작되어 영상과 마이크를 통한 음성 입력이 가능합니다.

10 │ 학생의 MS 팀즈의 게시물에 (참가) 버튼이 활성화되어 바로 실시간 화상 수업에 참여할 수 있으며, 현재 참여한 사람들을 확인할 수 있습니다. 수업에 참여하기 전에 수업에 대한 세부 정보를 확인하기 위해 일정 항목을 클릭합니다.

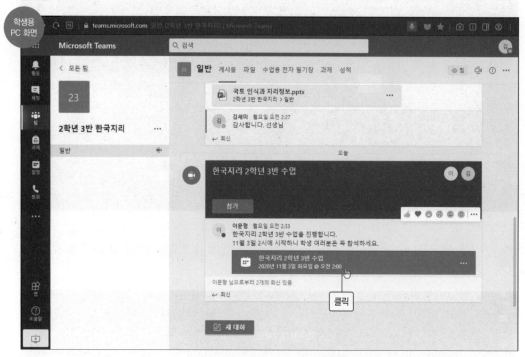

11 │ 실시간 화상 수업에 관한 정보를 확인하고 수업에 참여하기 위해 (참가) 버튼을 클릭합니다.

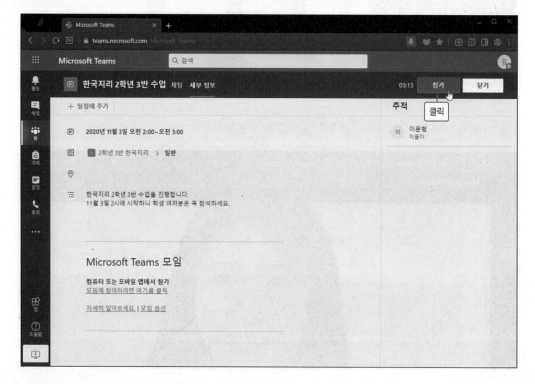

12 | 수업에 참여하기 전 카메라, 마이크 등을 확인할 수 있는 페이지로 이동되며 수업에 참여하기 위해 (지금 참가) 버튼을 클릭합니다.

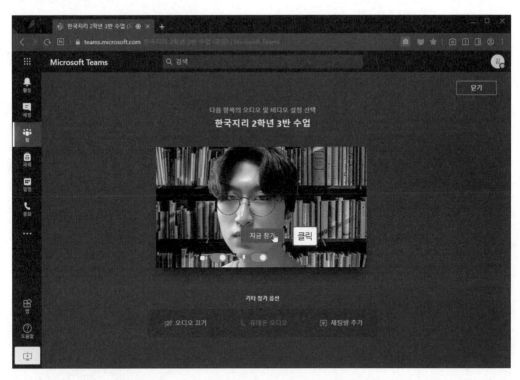

13 | 학생들은 참석자로 설정되어 있기 때문에 참석자로 브라우저 상단에 표시되며, 콘텐츠 공유 및 활용이 불가능하다는 정보가 표시됩니다. 정보를 더 이상 보지 않으려면 (해제) 버튼을 클릭합니다. 학생 본인 화면은 오른쪽 하단에 작게 표시되며 나머지 발표자 및 참석자가 화면에 표시됩니다.

MS 팀즈로
수업 자료 제작 &
과제 평가하기

MS 팀즈는 업무에서 활용이 가능하지만 수업에 특화
된 기능을 추가적으로 제공하고 있습니다. 수업 자료,
과제 평가, 수업을 진행하기 위한 필기장 등 다양한
기능으로, 실시간 수업과 비대면 온라인 수업에 모두
활용이 가능합니다.

Part 2

Section 01

수업을 시작하기 위한 **수업 자료 업로드하기**

수업에는 기본적으로 교과서를 활용하지만 수업에 필요한 자료를 학생들에게 제공해야 할 때가 있습니다. 특히 온라인의 경우 학생들에게 미리 수업 자료, 노트 등 다양한 자료를 학생들에게 공유해야 합니다. 수업 자료 공유를 위해서 업로드하는 방법을 확인하겠습니다.

01 | 학생들에게 수업 자료를 공유하기 위해서 (팀) 메뉴에서 원하는 수업을 선택한 다음 (수업 자료 업로드) 버튼을 클릭합니다.

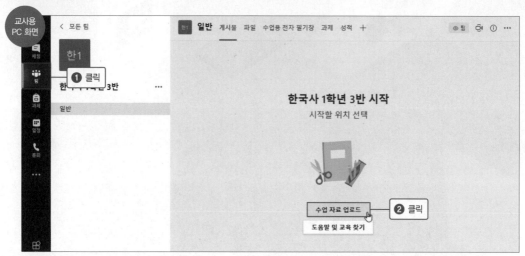

02 | 파일 메뉴로 페이지가 이동되며 학습 자료 폴더가 미리 생성된 것을 확인할 수 있습니다. 학습 자료 폴더에 수업 자료를 공유하기 위해서 (학습 자료) 폴더를 클릭합니다.

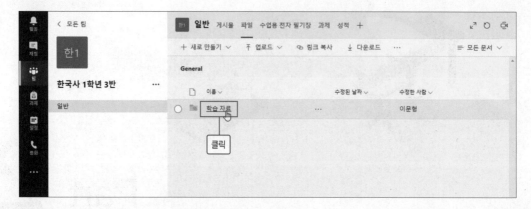

03 | 학습 자료 폴더에 파일을 업로드하기 위해서 (업로드)를 클릭하고 팝업 메뉴에서 (파일)을 선택합니다.

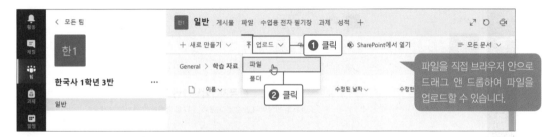

04 | 열기 대화상자가 표시되면 업로드할 파일을 선택하고 (열기) 버튼을 클릭합니다.

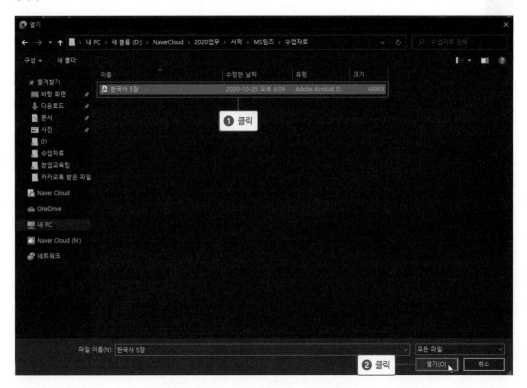

05 | 선택한 수업 자료가 업로드되며 업로드한 사람의 이름이 수정한 사람에 표시됩니다.

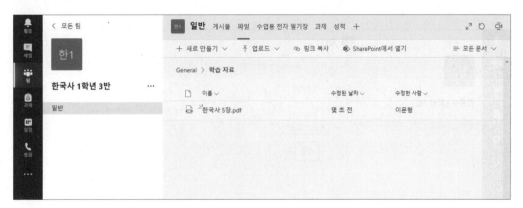

06 | 수업 자료를 다운로드하기 위해서 수업 팀에서 상단에 있는 (파일) 메뉴를 클릭합니다.

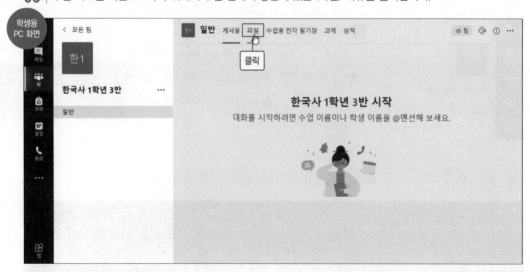

07 | 학생의 경우 자료 수정이 불가능하도록 설정되었기 때문에 폴더명 오른쪽에 쓰기 금지 아이콘(🚫) 표시가 있습니다. 폴더로 이동하기 위해서 (학습 자료) 폴더를 클릭합니다.

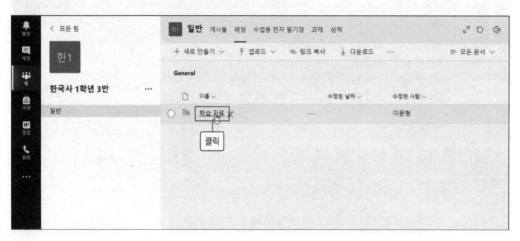

08 | 교사가 등록한 수업에 필요한 학습 자료가 등록되어 있으며 학습 자료를 클릭하여 자료를 확인할 수 있습니다.

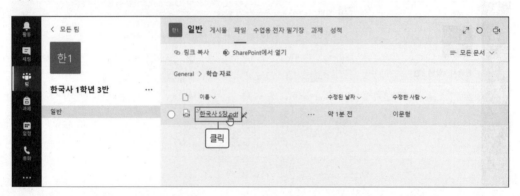

파일명 오른쪽에 [작업 표시] 버튼을 클릭하면 파일을 다운로드하거나 복사 등을 할 수 있습니다.

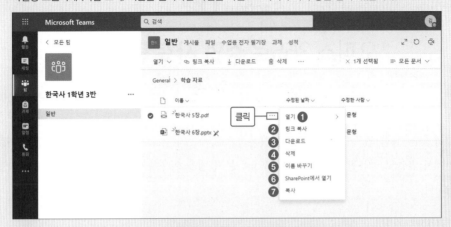

❶ **열기** : 파일 형식에 따라서 브라우저 또는 앱을 선택하여 파일을 열 수 있습니다

❷ **링크 복사** : 링크를 복사하여 공유할 수 있으며 링크를 브라우저 주소창에 붙여 넣으면 해당 파일로 접근할 수
　있습니다. 계정에 로그인되어 있어야 하며 앱이 설치되어 있다면 앱에서 파일에 접근할 수 있습니다.

❸ **다운로드** : 파일을 다운로드할 수 있습니다.

❹ **삭제** : 파일을 삭제할 수 있으며 읽기 전용인 경우 불가능합니다.

❺ **이름 바꾸기** : 파일명을 변경할 수 있으며 읽기 전용인 경우 불가능합니다.

❻ **SharePoint에서 열기** : SharePoint 앱으로 이동합니다.

❼ **복사** : 파일을 원하는 곳으로 복사할 수 있습니다.

09 │ PDF 파일은 별도의 앱이 아니라 브라우저에서 바로 열리며 수업 자료를 확인하면서 수업을 진행하거나
대화를 할 수 있습니다.

Section 02

오피스 365로 **수업 자료 만들기**

만들어 둔 자료를 업로드할 수 있지만 기본적으로 제공되는 오피스 앱을 이용하여 수업 자료를 온라인에서 만들고 공유할 수 있습니다. Word 문서 앱을 이용하여 수업에 활용할 자료를 만들어 보겠습니다.

01 | (팀) 메뉴에서 원하는 수업을 선택한 다음 (파일) 메뉴를 클릭합니다.

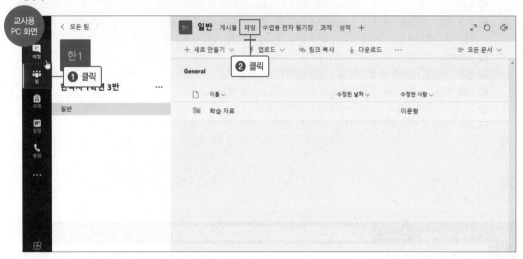

02 | 수업 자료를 구분할 폴더를 만들기 위해서 (새로 만들기)를 클릭하고 팝업 메뉴에서 '폴더'를 선택합니다.

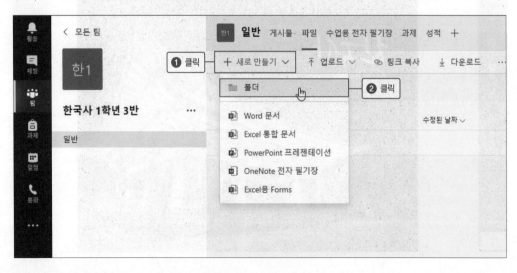

03 | 폴더 만들기 대화상자가 표시되면 폴더명으로 사용할 이름 '수업노트'를 입력하고 (만들기) 버튼을 클릭합니다.

04 | '수업노트' 폴더가 생성되었습니다. 수업 노트에 수업 자료를 만들기 위해서 '수업노트' 폴더를 클릭합니다.

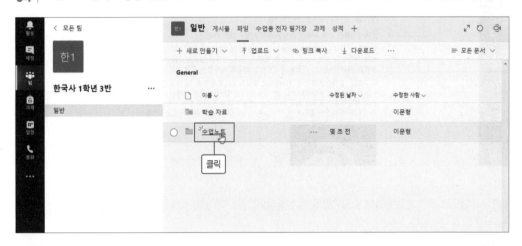

05 | '수업노트' 폴더로 이동하면 오피스 앱을 이용하여 문서를 만들기 위해서 (새로 만들기)를 클릭하고 팝업 메뉴에서 'Word 문서'를 선택합니다.

06 | 앱으로 이동하기 전에 파일명부터 설정해야 하기 때문에 Word 문서 대화상자가 표시됩니다. 파일명으로 사용할 이름을 입력하고 (만들기) 버튼을 클릭합니다.

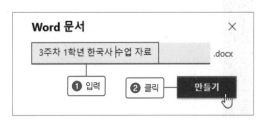

07 | 오피스 365 앱으로 이동하며 수업에 사용할 자료를 만듭니다. 수업 자료를 모두 만들었다면 오른쪽 상단에 있는 (닫기) 버튼을 클릭합니다.

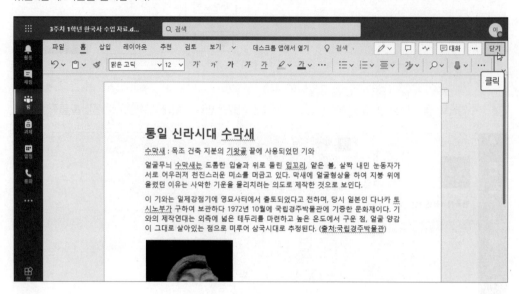

08 | 수업노트 폴더에 학생들에게 공유할 문서가 생성되었습니다. 현재 파일은 기본 공유 상태로 학생들이 파일을 수정할 수 있습니다.

09 | 공유된 수업 자료를 확인하기 위해서 '파일' 메뉴를 클릭합니다.

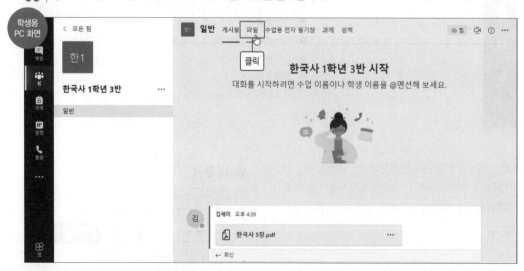

10 | 교사가 공유할 파일을 만든 '수업노트' 폴더를 클릭하여 폴더로 이동합니다.

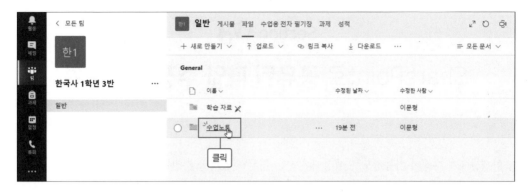

11 | 폴더 내에 있는 공유된 수업노트 파일을 클릭합니다.

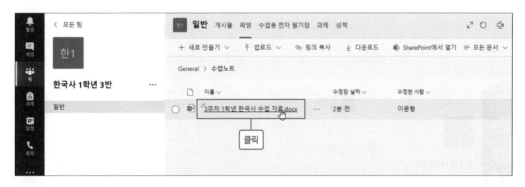

12 | Word 문서 앱에 해당 문서가 열리면서 문서를 확인할 수 있습니다. 현재는 수정이 가능한 상태로 상단에 Word 문서 앱의 메뉴들이 활성화되어 있습니다. 문서 내용을 수정하면 공유된 문서의 내용이 수정됩니다.

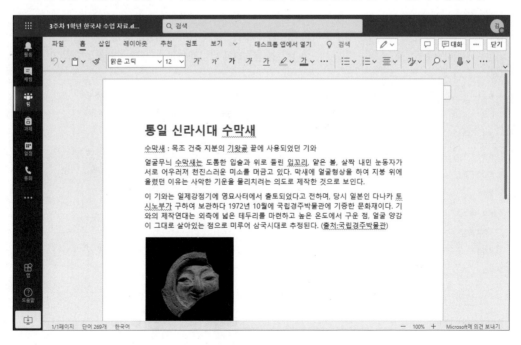

Section 03

SharePoint로 **공유된 파일 수정 제한하기**

학생들에게 수정이 가능하도록 설정해야 하는 경우도 있지만 수업 자료 등은 학생들에게 수정 권한을 주는 경우 수업 진행에 문제가 발생할 수 있습니다. 따라서 폴더 또는 파일 단위로 읽기 전용으로 보기 권한을 설정하여 제한할 필요가 있습니다.

01 │ 구성원 모두 수정 가능한 상태로 생성된 문서를 소유자만 수정할 수 있도록 제한하기 위해서 수정할 파일이 있는 폴더를 선택하고 상단의 메뉴에서 (더보기(⋯)) 버튼을 클릭한 다음 팝업 메뉴에서 (SharePoint에서 열기)를 선택합니다.

02 │ SharePoint 앱이 실행되면 해당 폴더로 이동됩니다. 권한을 수정하여 학생들에게는 보기만 할 수 있도록 하기 위해서 파일명 오른쪽에 있는 (더보기(⋮)) 버튼을 클릭하고 팝업 메뉴에서 '세부 정보'를 선택합니다.

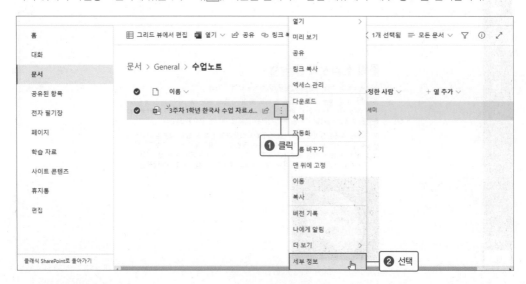

03 | 상세 정보가 오른쪽에 표시됩니다. 액세스 권한 있음 항목에서 권한을 조정하기 위해서 [액세스 관리]를 클릭합니다.

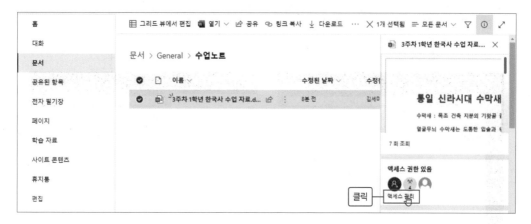

04 | 액세스 관리로 이동되며 수업명 오른쪽에 구성원이라고 된 항목에서 연필 모양의 [편집 가능] 버튼을 클릭하고 팝업 메뉴에서 '보기 가능'을 선택하여 수정 권한을 제한합니다.

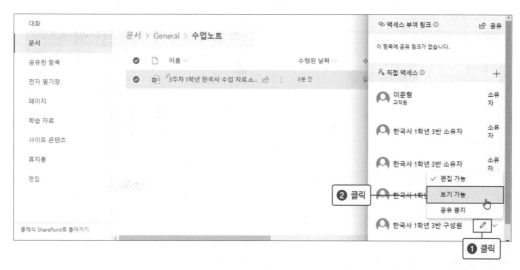

05 | 연필 아이콘에 사선이 그어지면서 수정이 불가능하며 보기만 가능한 읽기 전용 상태로 문서가 설정되었습니다. 지금부터는 소유자만 수정이 가능합니다.

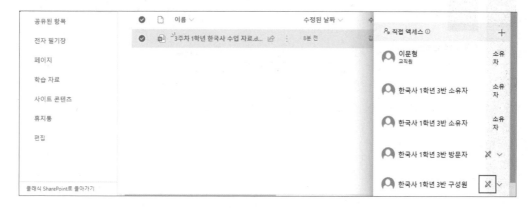

❶ SharePoint 앱을 직접 실행하여 공유할 콘텐츠와 대화 필기장 등 다양한 수업 관련된 내용을 관리할 수 있습니다. SharePoint 앱을 실행하기 위해서는 왼쪽 상단에 있는 '앱' 메뉴를 클릭합니다.

❷ 앱에 관련된 서랍 메뉴가 표시되면 오피스 365로 바로 이동이 가능하고 각각의 앱들을 선택하여 기능을 수행할 수 있습니다. 공유된 수업 내용을 관리하기 위해서 'SharePoint' 앱을 클릭합니다.

❸ SharePoint 앱으로 이동하며 현재 운영 중인 팀즈가 화면에 자주 사용하는 사이트로 등록되어 있습니다. 팀즈를 클릭합니다.

❹ 운영 중인 팀즈에 관련된 팀 사이트로 이동되어 수업에 사용하는 다양한 컨텐츠를 관리할 수 있습니다.

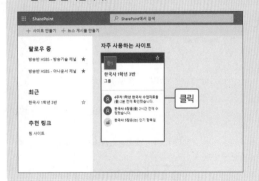

06 | Section 02에서 수정 권한이 있어서 수정할 수 있었던 수업 자료명의 연필 아이콘에 사선이 그어지면서 수정이 불가능합니다. 수업 자료를 확인하기 위해서 파일명을 클릭합니다.

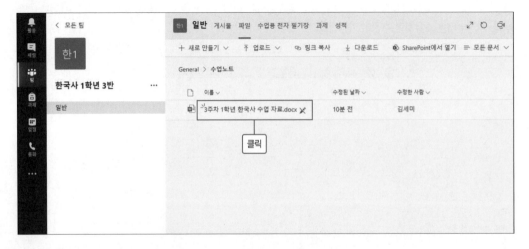

07 | 문서 확인은 가능하지만 Word 문서 앱의 편집 가능한 메뉴가 모두 사라진 상태로 문서가 열리며 수정이 불가능한 상태입니다.

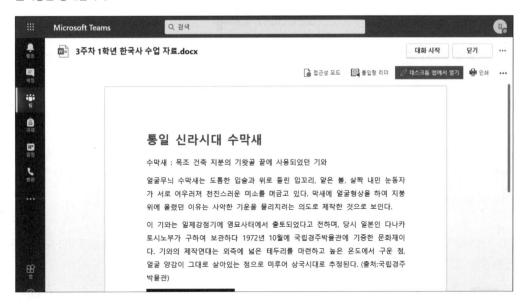

08 | SharePoint로 권한 설정이 완료되었다면 Sharpoint 탭을 닫거나 브라우저의 '팀즈' 탭을 클릭하여 팀즈로 이동합니다.

09 | 교사의 팀즈에서는 해당 문서의 권한 설정을 확인할 수 없으며, 학생들이 수정 가능한 상태인지 확인하려면 SharePoint로 이동하여 세부 정보를 확인해야 합니다.

Section 04

폴더 단위로 보기 권한 설정하여 **파일 수정 제한하기**

    파일 단위로 액세스 관리를 통하여 수정 권한을 제한할 수 있지만 수업에 사용하는 내용은 매번 파일마다 액세스 관리를 한다는 것은 불편할 수 있습니다. 따라서, 폴더 단위로 수정 권한을 변경하여 해당 폴더에 생성된 파일은 자동으로 수정 권한을 제한하도록 설정하겠습니다.

01 │ SharePoint 앱을 실행하고 보기 권한으로 변경하여 구성원의 수정을 제한하기 위해서 폴더명 오른쪽에 있는 (더보기(⋮)) 버튼을 클릭하고 팝업 메뉴에서 (세부 정보)를 선택합니다.

02 │ 폴더가 선택된 상태에서 권한을 변경하기 위해 오른쪽의 세부 정보에서 (액세스 관리)를 클릭합니다.

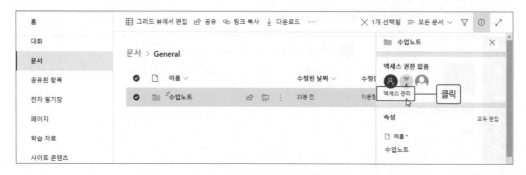

03 | 액세스 관리로 이동되며 수업명 옆에 구성원이라고 된 부분의 (편집 가능) 버튼을 클릭하고 팝업 메뉴에서 '보기 가능'을 선택하여 구성원의 수정을 제한합니다.

04 | 현재 방문자와 구성원 모두 보기 가능 상태로 설정이 되어 파일을 확인할 수는 있지만 수정은 불가능합니다. 액세스 권한이 변경되었으면 SharePoint 앱이 실행되는 브라우저 탭을 닫습니다.

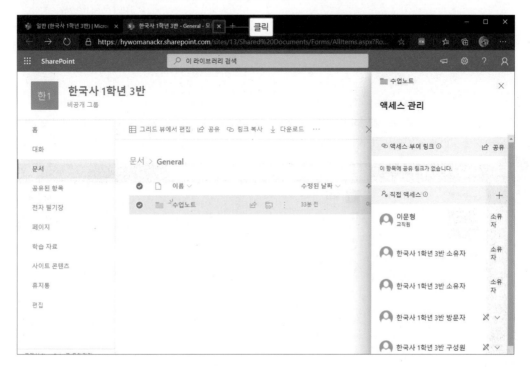

특정 폴더나 파일에 공유를 중지하여 더
이상 접근을 못 하도록 할 수 있습니다. 수
업에 방문자가 접속하여 내용을 확인할 수
없도록 하기 위해서 방문자 오른쪽에 〔편
집 가능〕 버튼을 클릭하고 팝업 메뉴에서
'공유 중지'를 선택합니다.

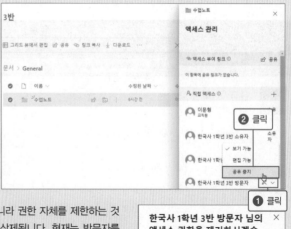

공유 중지는 단순히 공유만 중지하는 것이 아니라 권한 자체를 제한하는 것
이기 때문에 액세스 관리에서 선택한 그룹이 삭제됩니다. 현재는 방문자를
선택하였기 때문에 방문자들의 액세스 권한을 제거하게 됩니다. 대화상자에
서 액세스 권한을 제거하기 위해서 〔제거〕 버튼을 클릭합니다.

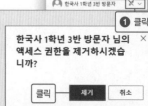

액세스 그룹에서 방문자 그룹이 삭제된 것
을 확인할 수 있습니다. 되돌릴 수 없기 때
문에 공유 중지할 경우에는 주의가 필요합
니다.

05 | 학생의 팀즈에서 파일을 확인하면 수업노트 폴더 오른쪽에 더 이상 수정이 불가능한 보기 권한으로 설정되
었다는 것을 확인할 수 있는 아이콘이 생성되었습니다.

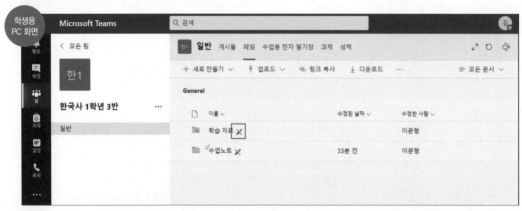

Section 05

게시물 이용하여 **파일 공유하고 공지하기**

게시물을 이용하여 자료를 공유하거나 공지할 수 있고 학생들과 대화가 가능합니다. 게시물을 잘 활용하면 팀즈를 효율적으로 운영하는 데 도움이 되며 수업에 대한 만족도가 높아질 수 있으므로 중요하게 관리할 필요가 있습니다.

01 | 게시물을 등록하기 위해서 (팀) 메뉴에서 원하는 수업을 선택한 다음 하단에 있는 (새 대화) 버튼을 클릭합니다.

02 | 텍스트 입력창이 표시되며 공지 또는 전달하고자 하는 대화 내용을 입력합니다. 입력할 때 Enter를 누르면 보내기가 되므로 Shift + Enter를 눌러야 줄바꿈을 할 수 있습니다.

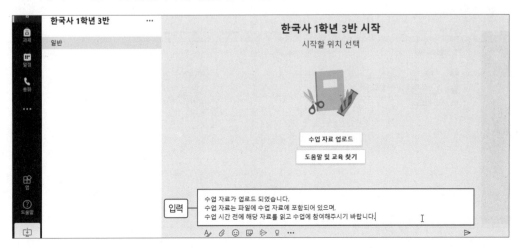

03 | 파일로 등록된 학습 자료를 게시물에 공유하여 학생들이 자료에 접근하기 쉽도록 하기 위해서 입력창 하단에 있는 [첨부] 버튼을 클릭합니다.

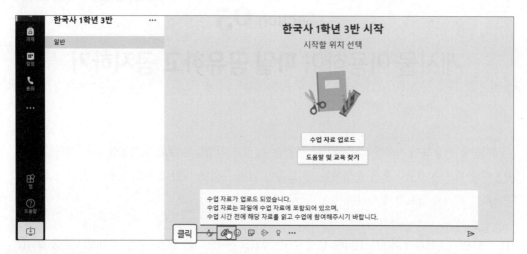

04 | 팝업 메뉴에서 팀에 등록된 파일을 사용하기 위해서 [팀 및 채널 검색]을 선택합니다. OneDrive 또는 컴퓨터에 저장된 파일을 선택할 수도 있습니다.

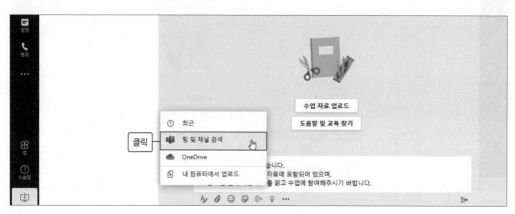

05 | General 대화상자가 표시되면 파일의 General 경로가 표시됩니다. 필요한 파일이 있는 [학습 자료] 폴더를 클릭하여 이동합니다.

06 │ 게시물에 등록할 파일을 선택하였다면 (링크 공유) 버튼을 클릭합니다.

07 │ 게시물에 파일이 등록된 것을 확인할 수 있으며 내용 작성 및 파일 추가가 완료되었다면 오른쪽 하단에 있는 (보내기) 버튼을 클릭합니다.

08 │ 게시물에 작성한 대화글이 적용되며, 작성자가 왼쪽에 표시됩니다.

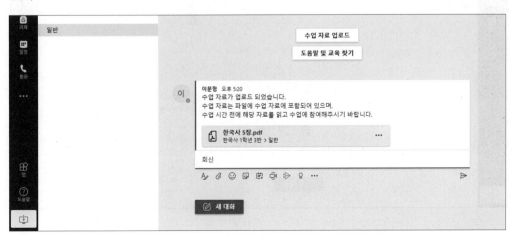

09 | 학생의 팀즈에 보면 작성된 게시글을 볼 수 있으며 파일도 등록된 것을 확인할 수 있습니다. 학생도 필요하다면 게시글을 새롭게 작성하거나 회신 기능으로 댓글을 달 수 있습니다.

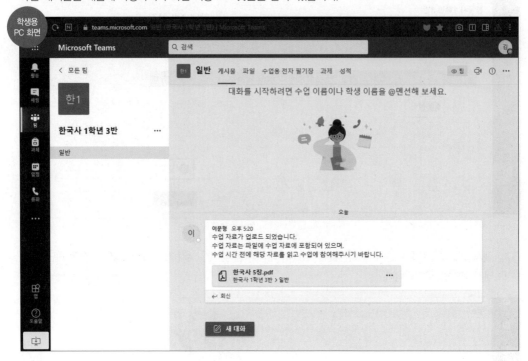

10 | 공유된 파일의 오른쪽에서 [기타 첨부 파일 옵션] 버튼을 클릭하면 팝업 메뉴에서 공유된 파일을 여는 방법을 선택할 수 있습니다.

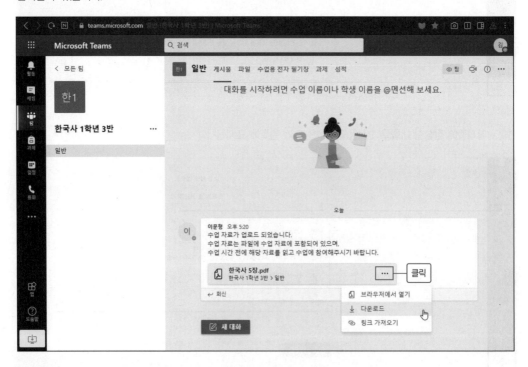

11 | 댓글을 달기 위해서 회신 부분에 댓글 내용을 입력하고 Enter를 누르거나 오른쪽 하단에 있는 (보내기) 버튼을 클릭합니다.

12 | 댓글 작성이 완료되면 작성자와 시간이 표시되고 작성자의 댓글 내용을 확인할 수 있습니다.

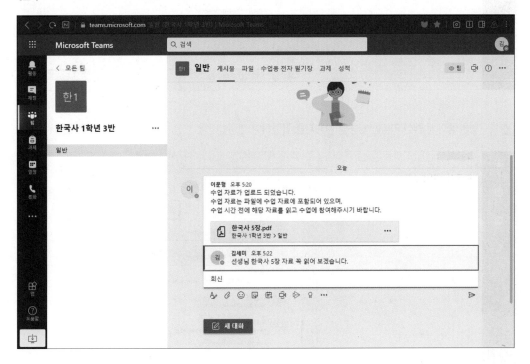

Section 06

멘션 기능으로 대화 상대 지정하여 댓글 보내기

게시글을 이용하여 구성원을 선택하여 댓글을 보낼 수 있는 멘션 기능을 지원하고 있습니다. 멘션 기능을 지정하였다고 비공개 상태로 되는 것은 아니지만 알림 메시지를 통하여 멘션된 상대방에게 알림을 주기 때문에 게시글이 많은 경우 유용하게 활용될 수 있습니다.

01 | 멘션 기능을 이용하여 특정 구성원에게 댓글과 알림 메시지를 보내기 위해서 게시물의 텍스트 입력창에 앳사인(@)을 입력하면 팝업 메뉴에 현재 팀즈에 속한 구성원들이 제안되어 모두 표시됩니다.

02 | 구성원 중에서 멘션 기능을 사용할 사용자를 클릭하여 선택합니다.

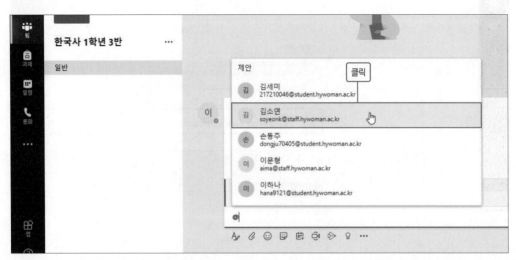

03 | 필요한 메시지를 입력하고 Enter 를 누르거나 오른쪽 하단에 있는 [보내기] 버튼을 클릭합니다.

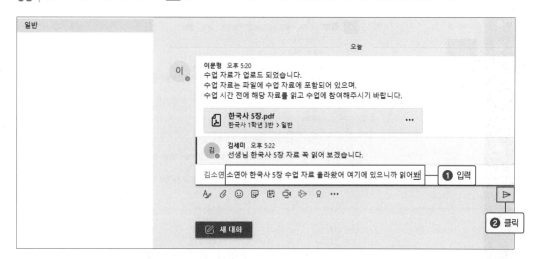

04 | 멘션된 구성원의 이름은 파란색으로 표시되며 이름 오른쪽으로 전송된 메시지가 표시됩니다.

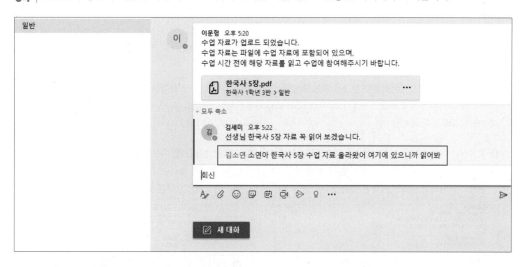

> **알아두기**
>
> 멘션된 구성원은 파란색으로 변경되면서 링크가 활성화되며 이름을 클릭하면 해당 구성원의 정보가 표시됩니다.

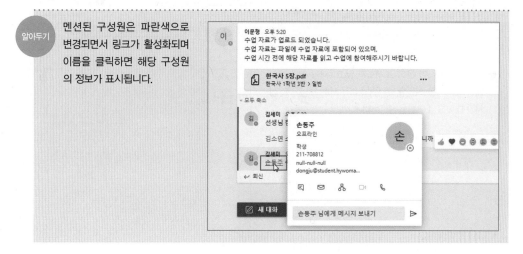

05 | 멘션된 사용자는 게시글 오른쪽에 멘션되었다는 표시를 확인할 수 있습니다.

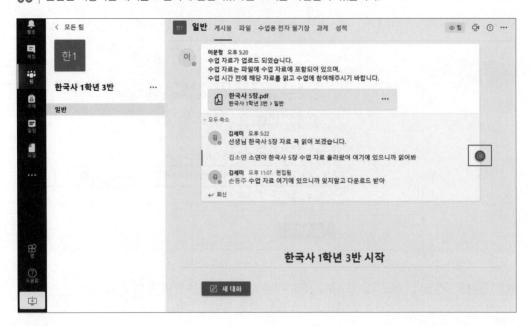

알아두기 **구성원에게 채팅 메시지 보내기**

게시물의 구성원을 보면 현재 온라인 상태인지 확인을 할 수 있으며 구성원 간 채팅을 쉽게 할 수 있습니다. 온라인의 경우 이름 아이콘에 녹색 체크가 표시되며 채팅 외에 메일이나 전화도 가능합니다. 자리 비움인 경우는 주황색으로 시계 모양의 아이콘이 표시됩니다.

❶ 구성원의 이름에 마우스 커서를 가져가면 온라인 상태로 '대화 가능'이라고 표시됩니다. 현재 녹색 체크 아이콘이 표시되어 온라인 상태인 것을 알 수 있습니다.

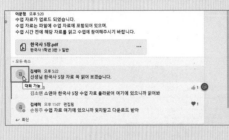

❷ 이름을 클릭하면 구성원의 정보가 표시되며 하단에 있는 메시지 보내기 창에 전달하고 싶은 메시지를 입력하고 [보내기] 버튼을 클릭합니다.

❸ 게시글에 입력한 글이 표시되지 않고 [채팅] 메뉴에서 해당 메시지를 확인할 수 있습니다. 서로 채팅으로 실시간 대화를 주고받을 수 있습니다.

Section 07

학습 효과 높이는 **과제 만들기**

수업을 듣고 복습을 위해서 과제는 유용하게 사용될 수 있습니다. 따라서 주기적인 학습 관리를 위해서 과제를 만들어서 학생들에게 제시할 수 있으며 LMS에서 중요한 기능이라 할 수 있습니다. 과제를 만들어서 학생들에게 할당해 보겠습니다.

01 │ 과제를 만들어서 학생들에게 할당하기 위해서 [팀] 메뉴에서 원하는 수업을 선택한 다음 상단에 있는 [과제] 메뉴를 클릭합니다.

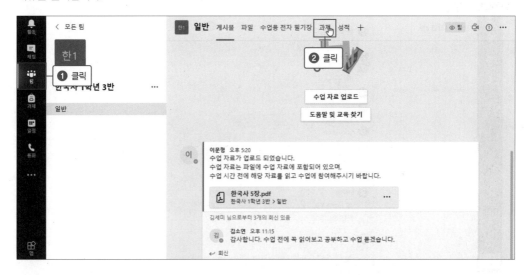

02 │ 과제 페이지로 이동하면 과제를 만들기 위해서 하단에 있는 [만들기] 버튼을 클릭하고 팝업 메뉴에서 [과제]를 선택합니다.

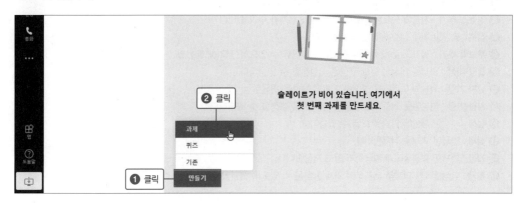

03 | 과제를 만들기 위한 새 과제 페이지로 이동합니다. 기본적으로 과제에 대한 내용을 입력합니다.

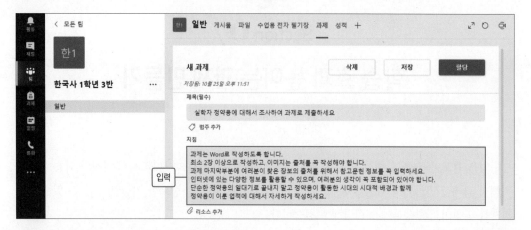

과제 페이지 살펴보기

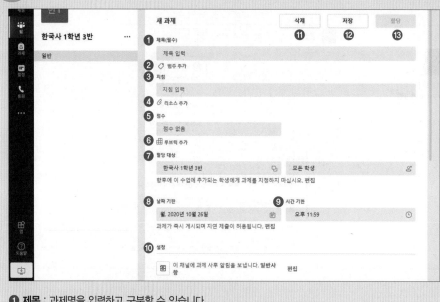

❶ 제목 : 과제명을 입력하고 구분할 수 있습니다.

❷ 범주 추가 : 범주(태그)를 이용하여 구분할 때 사용됩니다.

❸ 지침 : 과제를 수행할 때 필요한 세부 내용을 입력합니다.

❹ 리소스 추가 : 지침에 필요한 자료나 내용 등을 추가할 수 있습니다 .

❺ 점수 : 평가할 최대 점수(배점)를 입력합니다.

❻ 루브릭 추가 : 평가 기준을 설정하여 평가표를 만들 수 있으며, 평가에 활용할 수 있습니다.

❼ 할당 대상 : 과제를 제시할 팀과 구성원을 설정할 수 있습니다.

❽ 날짜 기한 : 과제의 마감일을 설정하고 지각 제출을 허용할 수 있습니다.

❾ 시간 기한 : 마감일을 기준으로 제출 마감 시간을 설정할 수 있습니다 .

❿ 설정 : 저장한 채널에 알림을 보낼 수 있습니다.

⓫ 삭제 : 만들던 과제를 삭제합니다.

⓬ 저장 : 과제를 학생들에게 할당하지 않고 저장합니다.

⓭ 할당 : 학생들에게 과제를 제시하여 과제를 받을 수 있도록 할당합니다.

04 │ 과제를 만드는 중 과제의 내용을 저장하여 보관하기 위해서 (저장) 버튼을 클릭합니다. 아직 할당되지 않았기 때문에 학생들에게 제시되지 않으며 언제나 과제 내용을 수정하고 할당할 수 있습니다.

05 │ 과제를 마감할 날짜와 시간도 설정하고 학생들에게 과제를 할당하여 과제를 받기 위해서 (할당) 버튼을 클릭합니다.

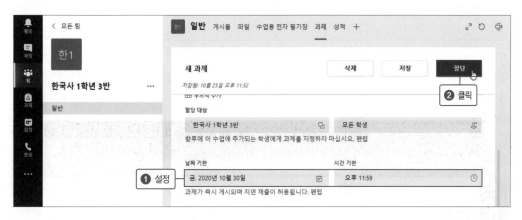

06 │ 과제 페이지로 이동하며 현재 과제를 할당한 상태이므로, (할당됨)을 클릭하면 출제한 과제를 확인할 수 있으며, 과제명과 기한이 표시됩니다.

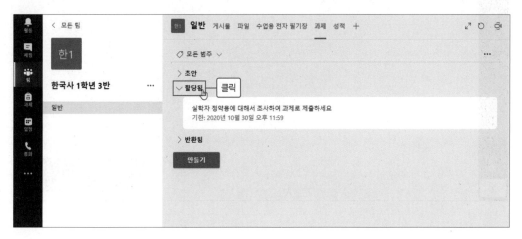

과제 페이지에서 과제명을 클릭하면 과제에 대한 페이지로 이동하며 학생별로 과제 내용 확인 유무, 제출 등을 확인할 수 있으며 피드백을 전달하거나 평가도 할 수 있는 과제 관리 페이지를 제공합니다.

07 │ 과제가 할당되면 학생의 팀즈 화면 오른쪽 하단에 과제 모양의 아이콘과 함께 과제가 출제된 것을 알려주는 알림 메시지가 표시되어 있으며, 상단의 '과제' 메뉴를 클릭하면 할당된 과제를 확인할 수 있습니다. 할당된 과제를 클릭합니다.

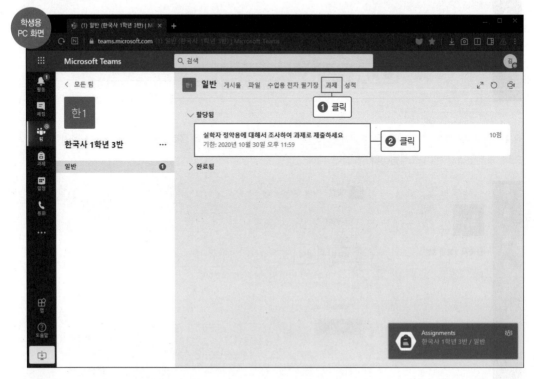

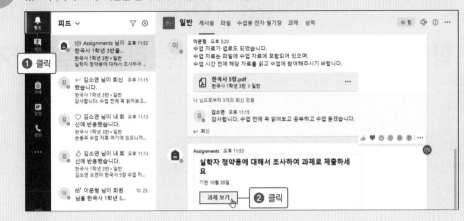

알림 메시지를 통하여 과제로 이동할 수 있습니다. [활동] 메뉴를 클릭하면 할당된 과제와 기한을 확인할 수 있으며 [과제 보기] 버튼을 클릭하여 과제 페이지로 이동할 수 있습니다.

08 | 과제 상세 페이지로 이동되었으며, 과제에 대한 기한 및 지침을 확인할 수 있습니다. 과제는 내 작업에서 [작업 추가]를 클릭하여 작성하거나 제공된 리소스를 활용한 다음 [제출] 버튼을 클릭하여 제출합니다.

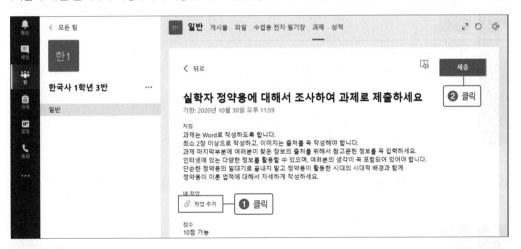

알아두기 접근성을 높여주는 몰입형 리더

과제의 상세보기 상단에 보면 [제출] 버튼 왼쪽에 [몰입형 리더] 버튼이 있으며 이 버튼은 과제의 내용을 읽어 주기 때문에 시각 장애가 있는 경우 매우 유용하게 사용될 수 있으며, 과제 내용을 크게 보여 주기 때문에 꼭 장애가 있지 않더라도 과제를 확인할 때 유용하게 활용할 수 있습니다.

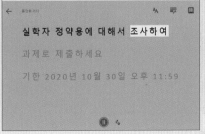

Section 08

학생들에게 과제 양식 제공하는 **리소스 추가하기**

학생들의 과제를 받을 때 일정한 양식을 제공하여 학생들이 작성하기 편리하도록 할 수 있습니다. 리소스 추가를 이용하여 미리 만들어 둔 양식을 사용하거나 제공되는 오피스 앱을 이용하여 양식을 만들 수 있습니다.

01 | 과제를 만들기 위해서 '과제' 메뉴에서 (만들기) 버튼을 클릭하여 팝업 메뉴에서 '과제'를 선택합니다.

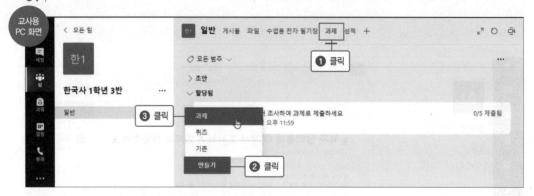

02 | 과제에 대한 기본적인 내용인 제목과 지침을 입력하고 학생들에게 과제 양식을 제공하기 위해서 (리소스 추가) 버튼을 클릭합니다.

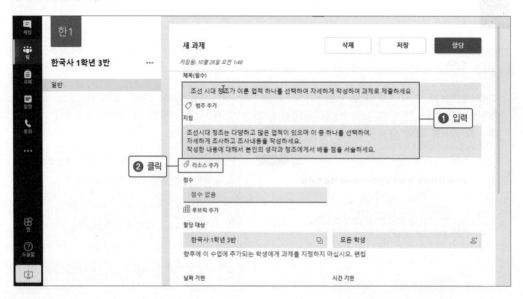

03 | 리소스 추가 대화상자가 표시되면 새로운 문서 파일을 만들기 위해서 왼쪽에서 (새 파일)을 선택하고 파일 형식 선택에서는 (Word 문서)를 클릭합니다.

04 | 파일 이름은 필수이므로 파일 이름을 입력합니다. 조선시대 정조에 대한 과제를 출제할 예정이므로 '과제 양식 _ 조선시대 정조에 대해서'라고 입력하고 (첨부) 버튼을 클릭합니다.

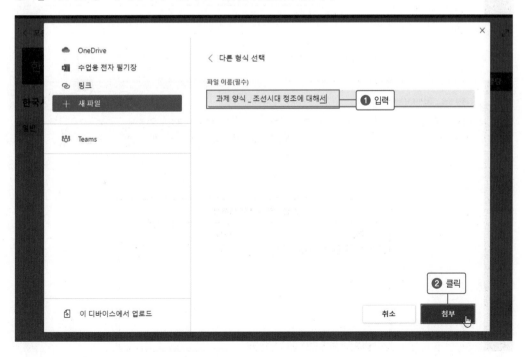

05 | 현재 첨부된 리소스 파일은 학생들이 양식 자체를 수정할 수 있는 상태이므로 학생들이 양식을 수정할 수 없고, 자동으로 복사본이 생성되어 제출될 수 있도록 파일 오른쪽의 (더보기) 버튼을 클릭하고 팝업 메뉴에서 (학생이 자신의 복사본 편집)을 선택합니다.

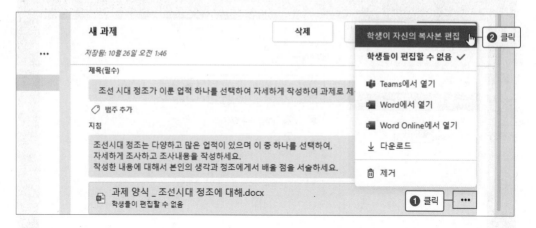

06 | 양식을 작성하여 학생들에게 제공하기 위해서 파일명을 클릭합니다.

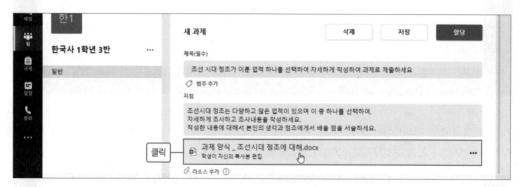

07 | Word 앱이 브라우저에서 열리며 양식을 작성하고 (닫기) 버튼을 클릭하면 자동으로 양식이 저장됩니다.

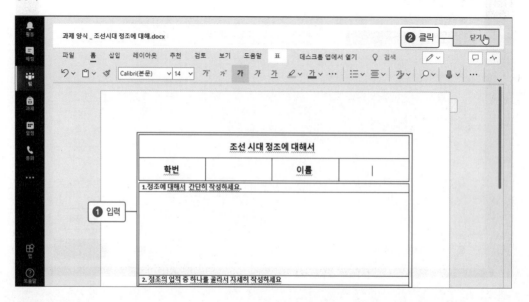

Section 09

루브릭으로 만든 평가표로 **과제 평가하기**

많은 과제를 평가하려면 매우 어렵기도 하지만 학생들도 평가 기준이 궁금할 수 있습니다. 이럴 때 사용하는 것이 바로 평가에 대한 기준으로 사용할 수 있는 평가표입니다. MS 팀즈에서는 과제를 만들 때 루브릭을 추가하여 평가표를 제시하고 평가할 때도 쉽고 편리하게 평가할 수 있습니다. 본 예제는 Section 08 – Section 10으로 이어서 진행합니다.

01 │ 평가를 편리하고 명확한 기준을 제시하여 학생들이 평가에 대한 궁금증을 갖지 않도록 하기 위해서 점수를 '20'점으로 입력하고 (루브릭 추가)를 클릭합니다.

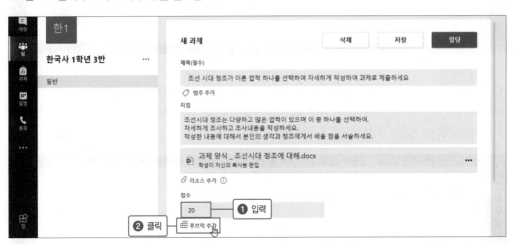

02 │ 루브릭 선택 대화상자가 표시되면 기존에 만든 루브릭을 선택할 수 있고 외부에 만들어 둔 루브릭을 업로드하여 사용할 수 있습니다. 별도로 만들어 둔 루브릭이 없으므로 새로운 루브릭을 만들기 위해서 (새 루브릭)을 클릭합니다.

03 | 평가표에 대한 제목과 설명을 입력하고 점수 평가 및 반영을 위해서 점수의 토글 스위치(◼)를 클릭하여 '예'로 변경합니다.

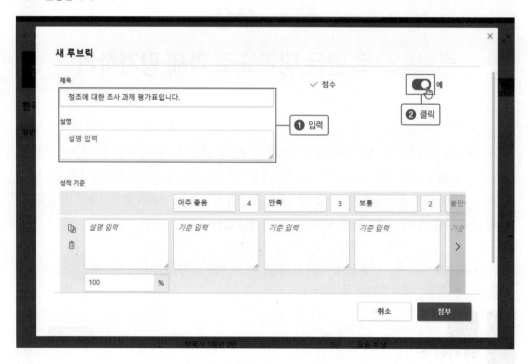

04 | 성적 기준에 평가를 구분할 점수를 입력합니다. 현재는 5, 3, 1, 0 총 4단계로 점수를 입력하였습니다. 평가 항목은 왼쪽에 평가 점수가 없는 항목에 입력하고 각 점수별로 설명을 입력합니다. 모든 내용을 입력하였으면 성적 기준을 추가하기 위해서 (더하기) 버튼을 클릭합니다.

05 | 같은 방법으로 총 3개의 평가 기준을 만들고 25%, 50%. 25%로 3개의 항목을 구분합니다. 가중치를 이용하여 평가 점수를 자동 합계로 만들 수 있습니다. 모든 항목의 입력과 설정이 끝나면 (첨부) 버튼을 클릭하여 루브릭을 완료합니다.

06 | 작성된 루브릭을 확인하기 위해서 과제 페이지의 점수 오른쪽에 있는 루브릭을 클릭합니다.

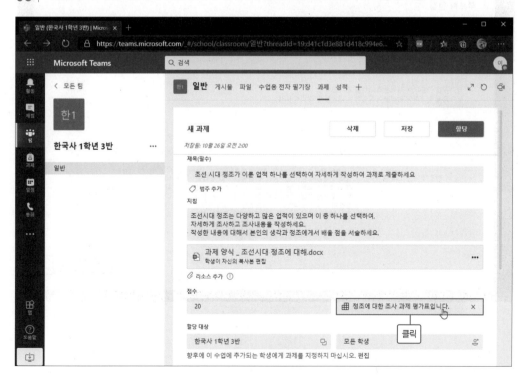

07 | 루브릭을 수정하여 평가표 내용을 수정하려면 (편집) 버튼을 클릭합니다.

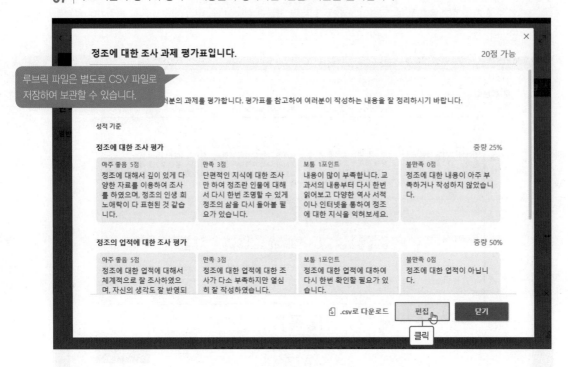

08 | 루브릭에 적용된 평가표 내용을 모두 수정하였다면 오른쪽 하단에 있는 (업데이트) 버튼을 클릭합니다.

09 | 과제 할당 대상과 기한을 지정하고 과제를 학생들에게 할당하기 위해서 오른쪽 상단에 있는 (할당) 버튼을 클릭합니다.

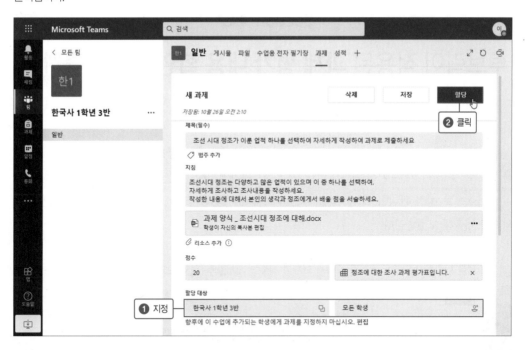

10 | 과제 페이지로 이동되며 할당된 과제가 표시됩니다. 초안에는 작성중이던 과제가 표시되어 있는 상태입니다.

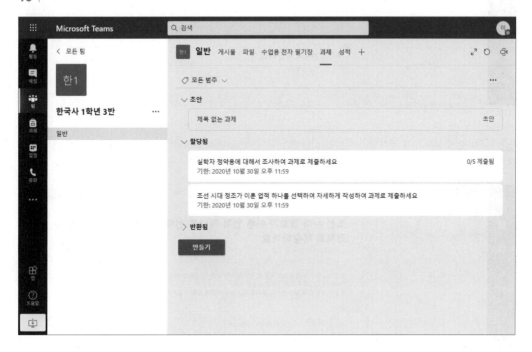

Section 10

루브릭이 적용된 **과제 평가 내용 확인하고 제출하기**

    루브릭을 이용하여 평가표가 적용되었다면 과제를 작성할 때 학생들은 평가 기준을 알거나 내용을 확인할 수 있기 때문에 질문이 줄어들 수 있고, 평가에 따른 내용을 확인할 수 있기 때문에 좀 더 효율적으로 성적 관리를 할 수 있습니다. 루브릭에 적용된 평가표를 확인하고 양식을 이용하여 과제를 제출해 보겠습니다.

01 | 과제를 제출하기 위해서 게시물 중에서 과제를 제출할 게시물의 (과제 보기) 버튼을 클릭합니다.

02 | 과제 상세 페이지에 루브릭이 적용된 것을 확인할 수 있습니다. 루브릭의 평가표를 확인하기 위해서 루브릭을 클릭합니다.

03 | 루브릭에 적용된 평가표에서 세부 내용을 확인할 수 있습니다. 평가표를 확인하면 (닫기) 버튼을 클릭합니다.

04 | 과제를 제출하기 위해서 내 작업에 포함되어 있는 리소스 즉 양식 파일을 클릭합니다.

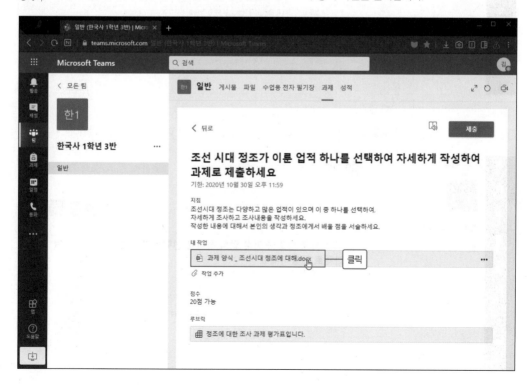

05 | docx 형식이기 때문에 Word 문서 앱에서 문서가 열리며, 과제를 작성 완료하면 (닫기) 버튼을 클릭합니다.

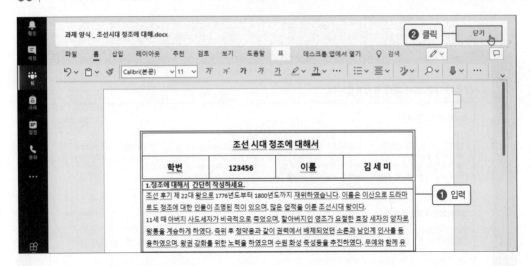

06 | 과제 페이지로 이동되며 과제를 제출하기 위해서 오른쪽 상단에 있는 (제출) 버튼을 클릭합니다.

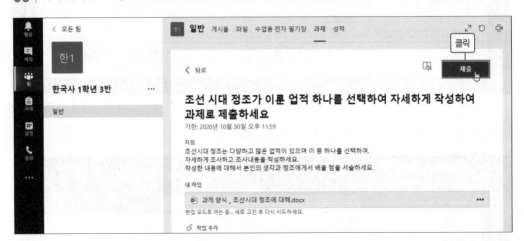

07 | 과제를 제출하는 경우 제출 버튼에 랜덤으로 애니메이션이 표시되면서 과제 제출이 완료됩니다.

Section 11

제출된 과제를 **루브릭 평가표로 평가하기**

과제를 평가할 때 평가 기준이 있다면 많은 과제를 평가할 때 편리하며, 학생들도 평가 기준에 맞춰 평가된 내용에 부정적인 의견이 생길 가능성이 낮아지게 됩니다. 과제를 만들 때 루브릭을 이용하는 방법에 이어서 평가해 보도록 하겠습니다.

01 | '과제' 메뉴에서 할당된 과제를 확인하면 현재 5명의 학생 중 2명이 과제를 제출한 것을 확인할 수 있습니다. 과제를 평가하기 위해서 평가할 과제를 클릭합니다.

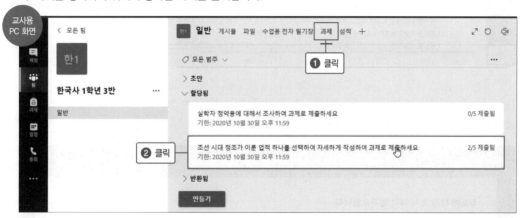

02 | 과제 평가 페이지로 이동되며 과제를 제출한 학생의 상태는 '제출됨'으로 표시되어 있습니다. 과제를 평가하기 위해서 [제출됨]을 클릭합니다.

03 | 과제를 평가할 수 있도록 제출된 과제를 확인할 수 있습니다. 평가표를 활용하여 평가하기 위해서 오른쪽에서 루브릭을 클릭합니다.

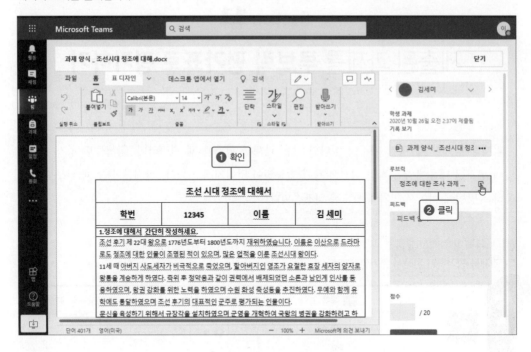

04 | 루브릭 대화상자에 표시된 평가 내용을 각각 클릭하면 파란색으로 변경되며 점수가 자동으로 가중치를 고려하여 변경됩니다. 각각의 항목별로 피드백도 입력하고 (완료) 버튼을 클릭합니다.

05 | 전체 평가에 대한 피드백을 입력하고 평가된 성적을 학생이 확인할 수 있도록 (반환) 버튼을 클릭합니다.

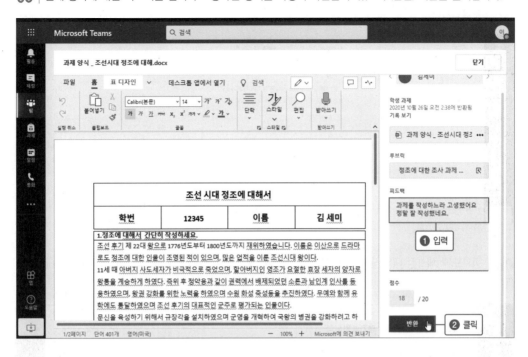

06 | 학생의 팀즈에서 과제를 보면 완료됨 항목에 평가가 완료되어 과제 오른쪽에 체크가 표시됩니다. 평가된 과제의 내용을 확인하기 위해서 완료된 과제를 클릭합니다.

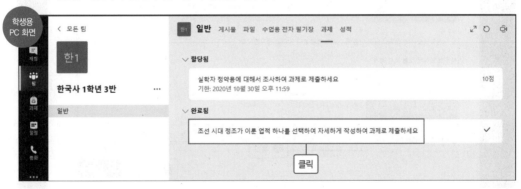

알아두기

과제 평가가 완료되어 반환되면 알림과 채팅에 표시됩니다. 현재 할당 반환됨이 두 번 표시된 것은 교사가 평가를 하고 다시 수정하여 반환을 한 경우로, 평가를 반환할 때마다 메시지가 표시됩니다.

07 │ 과제 상세 페이지로 이동되며 피드백 및 점수가 표시됩니다. 루브릭을 확인하기 위해서 루브릭에 적용된 평가표를 클릭합니다.

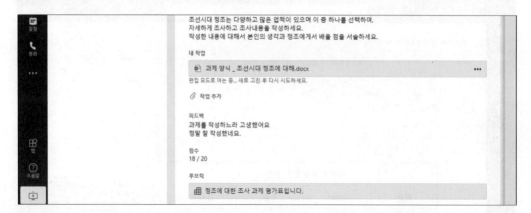

08 │ 평가표에 체크된 내용 및 각 항목별로 피드백을 확인할 수 있습니다. 모든 평가 내용을 확인하였다면 〔닫기〕 버튼을 클릭합니다.

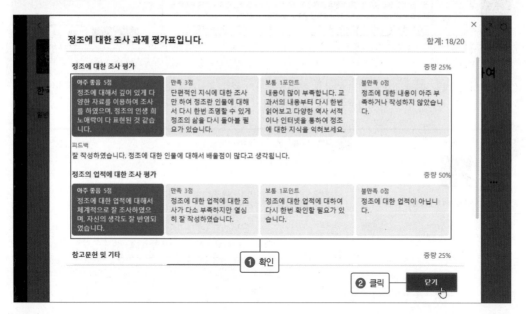

09 │ 〔성적〕 메뉴를 클릭하여 성적을 확인하고 현재 과제에 대한 평가 진행을 확인할 수 있습니다.

Section 12

퀴즈 과제로 **수업 내용 확인하기**

과제보다는 가볍게 학생들이 수업에 열심히 참여하도록 확인하는 방법으로 퀴즈를 활용할 수 있습니다. 퀴즈를 출석체크로 활용할 수 있으며, Forms 기능을 활용하여 만들 수 있습니다.

01 | 퀴즈를 통한 과제를 만들기 위해서 '과제' 메뉴에서 (만들기) 버튼을 클릭하고 팝업 메뉴에서 '퀴즈'를 선택합니다.

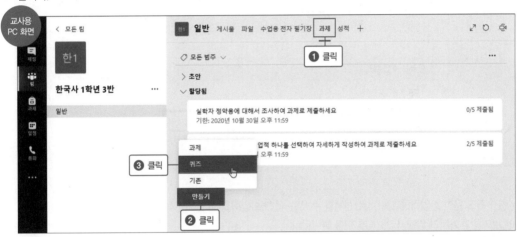

02 | 양식 대화상자가 표시되면 미리 만든 퀴즈가 없기 때문에 퀴즈 선택 항목이 비어 있습니다. 새로운 퀴즈 문제를 만들기 위해서 (새 퀴즈)를 클릭합니다.

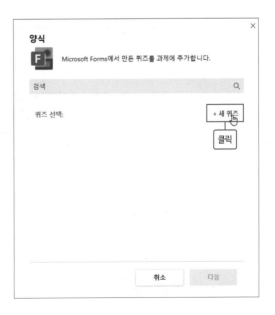

03 | Forms 앱이 새로운 탭에 열립니다. 퀴즈의 제목과 기본적인 설명을 입력하고 퀴즈 문항을 만들기 위해서 [새로 추가] 버튼을 클릭합니다.

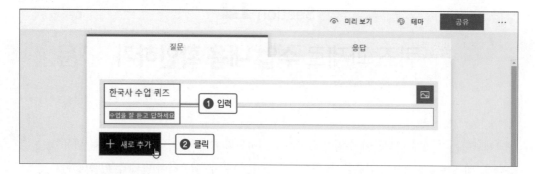

04 | 퀴즈의 종류를 객관식 퀴즈로 설정하기 위해서 [선택 항목]을 클릭합니다.

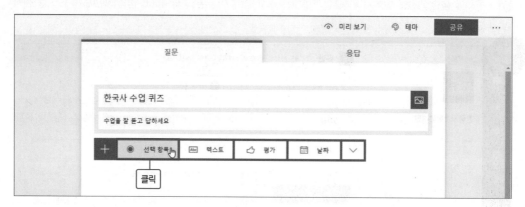

05 | 퀴즈 문항을 입력하고 보기로 선택할 수 있는 옵션을 입력합니다. 기본적으로 2개의 옵션만 제공되기 때문에 보기를 추가하기 위해서 [옵션 추가]를 클릭합니다.

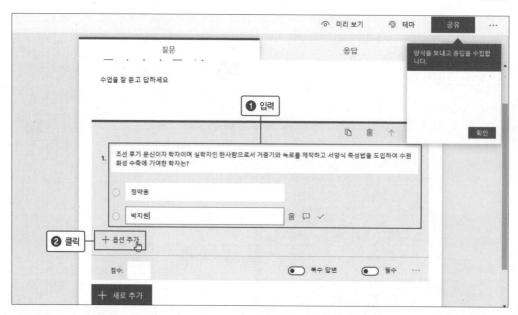

06 | 옵션을 추가하면서 총 4개의 보기를 만들어 줍니다. 평가를 위해서 점수에 '1'점을 입력하고 필수의 (토글 스위치)를 클릭하여 필수로 설정합니다.

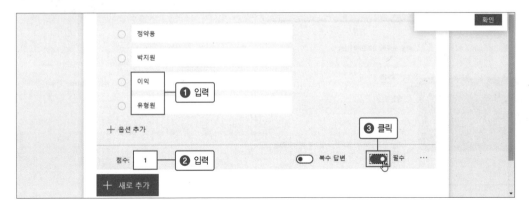

07 | 답변에 대한 설명을 적용하기 위해서 해당 보기 옵션의 오른쪽에서 (이 답변을 선택한 응답자에게 메시지 표시) 버튼을 클릭합니다. 4개의 항목 모두 각각의 보기에 설명을 입력합니다.

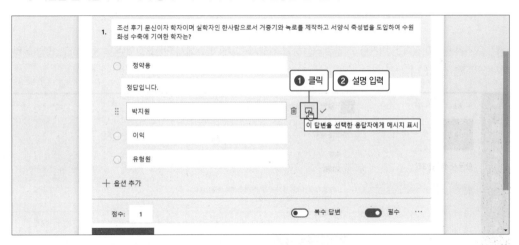

08 | 평가가 자동으로 되어 성적을 적용하려면 정답을 표시해야 합니다. 예제에서 퀴즈의 정답은 첫 번째 보기 이므로 보기 옵션의 오른쪽에 있는 (정답) 버튼을 클릭합니다.

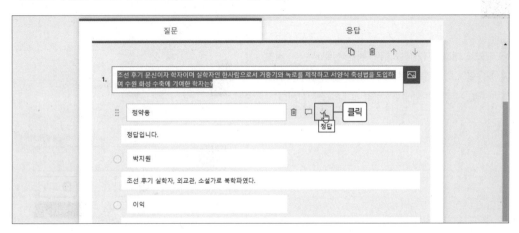

09 | 정답으로 지정된 옵션에 체크와 함께 정답 표시가 적용됩니다.

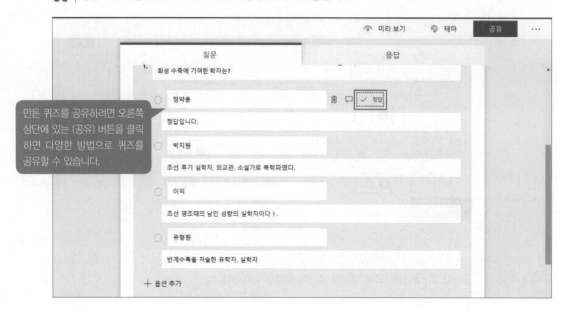

> 만든 퀴즈를 공유하려면 오른쪽 상단에 있는 (공유) 버튼을 클릭하면 다양한 방법으로 퀴즈를 공유할 수 있습니다.

10 | 퀴즈가 만들어졌다면 퀴즈를 과제로 적용하기 위해서 (과제) 메뉴에서 (만들기) 버튼을 클릭하고 팝업 메뉴에서 (퀴즈)를 선택합니다.

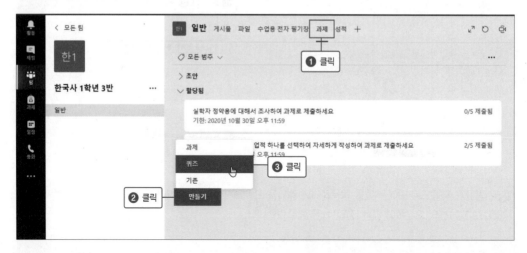

11 | 양식 대화상자가 표시되면 퀴즈 선택에 만든 퀴즈가 적용되어 있습니다. 적용할 퀴즈를 클릭합니다. 퀴즈를 과제를 적용하기 위해서 (다음) 버튼을 클릭합니다.

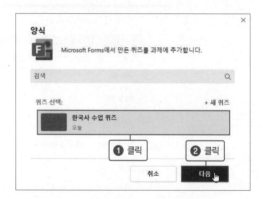

12 | 새 과제에서 과제에 대한 제목과 지침, 할당 대상, 기한 등을 모두 설정하고 오른쪽 상단에 (할당) 버튼을 클릭합니다. 퀴즈로 적용할 Form은 지침 하단에 자동으로 적용되어 있습니다.

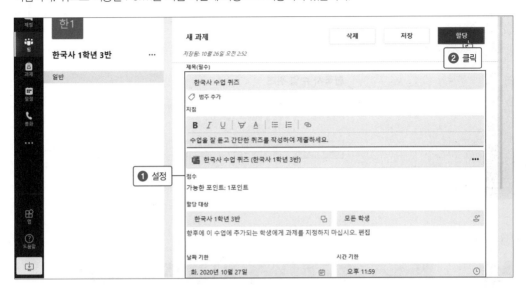

13 | 퀴즈 과제가 할당됨 항목에 적용된 것을 확인할 수 있습니다.

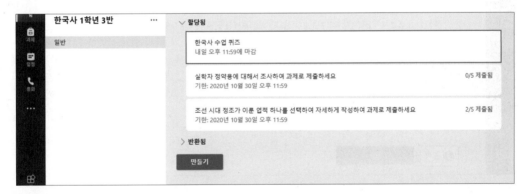

14 | 퀴즈 과제를 답변하기 위해서 '게시물' 메뉴에서 한국사 수업 퀴즈의 (과제 보기) 버튼을 클릭합니다.

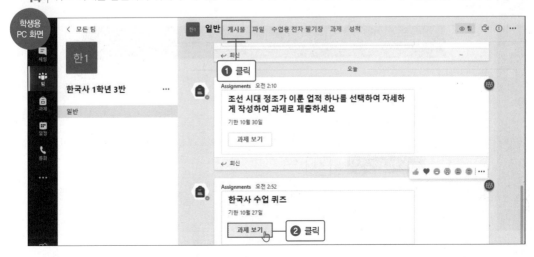

15 │ 퀴즈 과제에 답변하기 위해서 내 작업에 적용되어 있는 퀴즈를 클릭합니다.

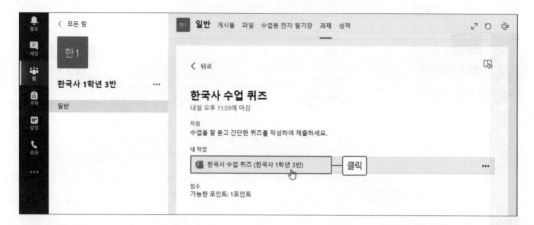

16 │ 답변을 선택하고 [제출] 버튼을 클릭합니다.

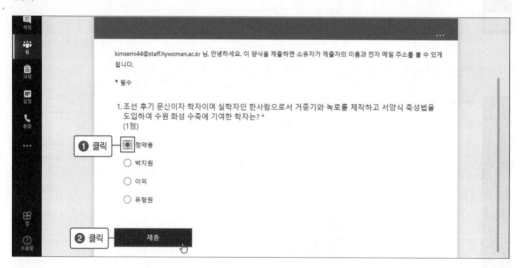

17 │ 응답이 제출되었으며 자동으로 채점이 되도록 설정되어 있으므로 결과를 확인하기 위해서 [결과 보기] 버튼을 클릭합니다.

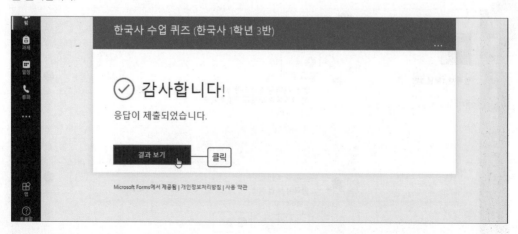

18 | 정답을 선택하였기 때문에 정답이라는 메시지가 표시되어 있습니다. 만약 오답을 선택하였다면 미리 입력해 둔 설명이 표시됩니다.

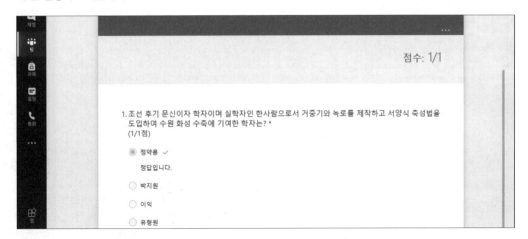

19 | 퀴즈는 자동으로 성적이 평가되는 기능이 있으므로 교사는 '과제' 메뉴에서 평가할 퀴즈 과제를 클릭합니다.

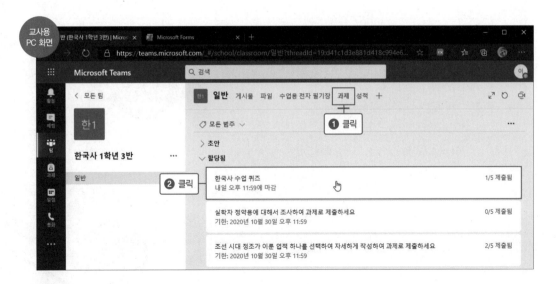

20 | 과제 항목을 보면 과제가 제출되고 평가 점수도 자동으로 적용된 것을 확인할 수 있습니다.

EBS 온라인 클래스로
온라인 수업하기

EBS에서는 정상적인 학사 일정이 온라인을 통해 이루어질 수 있도록 EBS 온라인 클래스 서비스를 제공하고 있습니다. EBS 온라인 클래스 서비스는 선생님들이 학급 단위, 학년 단위, 과목 단위로 자유롭게 구성할 수 있으며 학생들의 학습 여부 체크 및 게시판을 활용한 학급 관리가 가능합니다. 학생들이 EBS 온라인 클래스를 가입하면, 선생님이 학생의 이름을 확인후 승인을 해주셔야 해당 학생들의 학습이 가능합니다. 기본적으로 제공되는 EBS 강의에 선생님만의 9가지 유형의 보충 강의를 추가하여 새로운 강좌를 구성하여 제공할 수도 있습니다.

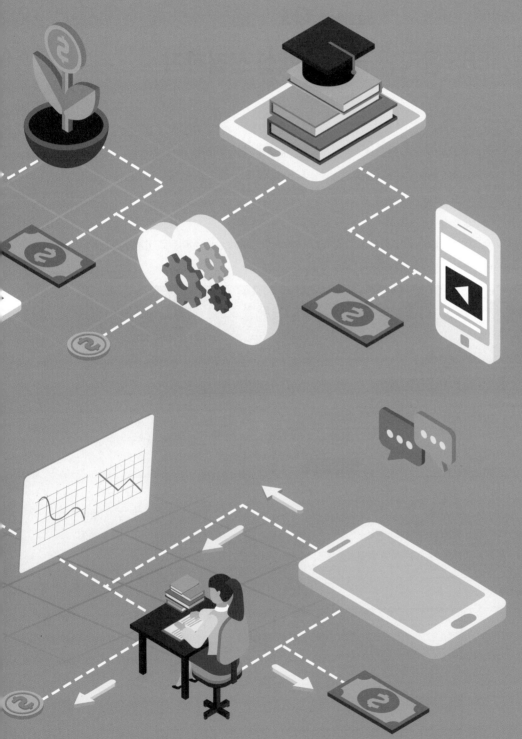

Part 3

Section 01

EBS 온라인 클래스 개설 신청하기

　　EBS 온라인 클래스는 교사 인증된 EBS 계정으로만 개설이 가능합니다. 학생에게 식별이 용이하도록 클래스 이름에 학교명을 함께 기입하는 것이 좋으며, 클래스 주소를 통해서 직접 접속이 가능한 URL을 생성할 수도 있습니다.

01 | 구글 검색 사이트에서 'EBS온라인 클래스'로 검색하여 https://oc.ebssw.kr 사이트로 이동합니다. 지역, 학교급, 학교명을 입력하고 (학교 가기)를 클릭합니다.

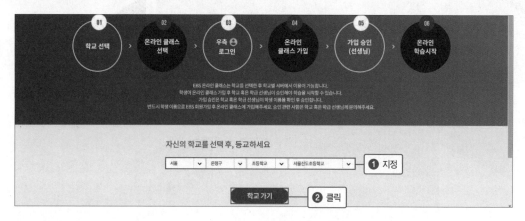

02 | 온라인 클래스는 교사 인증된 EBS 계정으로만 개설이 가능합니다. 클래스 이름, 클래스 URL 주소, 학년, 과목을 입력하고 (등록) 버튼을 클릭합니다. 온라인 클래스 개설이 완료되면 개설한 클래스 메인 페이지로 이동됩니다. 이동한 다음 개설한 클래스로 이동하여 클래스를 관리하거나 강좌를 추가할 수 있습니다.

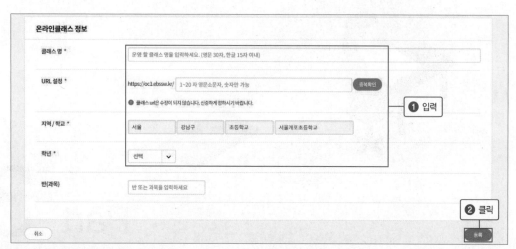

Section 02

선생님이 제작한 강의로 새 강좌 만들기

EBS 온라인 클래스에서는 클래스를 개설한 선생님이 직접 새로운 강좌를 만들고 새로운 강의를 추가하거나 삭제할 수 있습니다. 강좌 구성 관리 화면에서는 학생에게 실제 제공할 목차를 재구성할 수 있습니다.

01 | EBS 온라인 클래스 관리 페이지에서 (강좌 관리) - (강좌 만들기)를 클릭합니다.

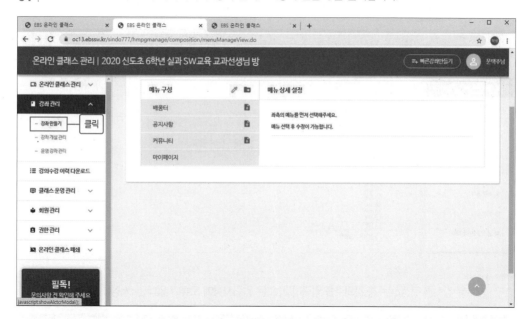

02 | 강좌 만들기 창이 뜨면, 선생님이 제작한 새로운 강좌를 만들기 위해 '새 강좌 만들기'에 체크하고 (선택) 버튼을 클릭합니다.

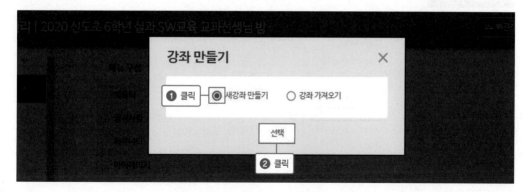

03 | 원하는 강좌명, 학습대상을 선택하고 (⊕ 추가) 버튼을 클릭합니다.

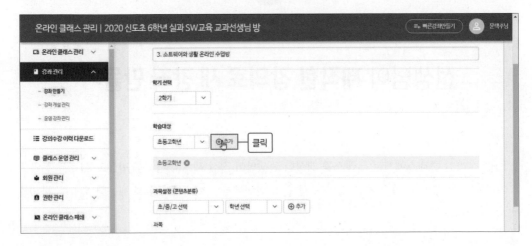

04 | 과목 설정을 위해 학교급, 학년, 과목을 순서대로 선택하고 (⊕ 추가) 버튼을 클릭합니다.

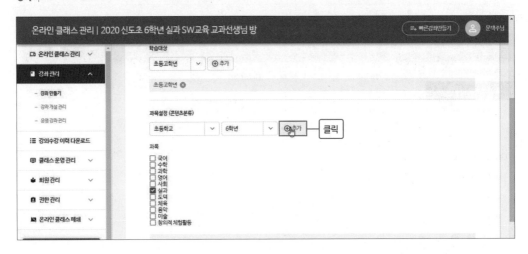

05 | 새로운 강좌를 구성하는 총 강의수를 입력하고, 모든 입력사항에 오류가 없다면 (저장) 버튼을 클릭합니다.

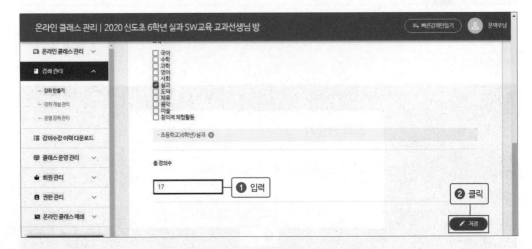

Section 03

EBS 제공 강의로 새 강좌 만들기

EBS 온라인 클래스에서는 EBS에서 제공하는 초·중·고 강좌를 기반으로 새로운 강의를 추가하거나 삭제할 수 있습니다. 강좌 구성 관리 화면에서는 학생에게 실제 제공할 목차를 재구성할 수 있습니다.

01 │ 다음으로 EBS에서 제공하는 강의를 기반으로 새로운 강좌를 만들기 위하여 EBS 온라인 클래스 관리 페이지에서 (강좌 관리) – (강좌 만들기)를 클릭합니다.

02 │ 강좌 만들기 창이 뜨면, 이번에는 EBS에서 제공하는 강의를 기반으로 새로운 강좌를 만들기 위해 '강좌 가져오기'에 체크하고 (선택) 버튼을 클릭합니다.

03 │ 강좌 가져오기 창에서 원하는 강좌를 기준에 따라 검색합니다. (강좌 목록 다운로드) 버튼을 클릭하면 개설이 가능한 EBS 강좌 목록을 엑셀 파일 형태로 다운로드하여 볼 수 있습니다.

04 | EBS 온라인 클래스에서 제공할 강좌를 선택한 다음 〔강좌 가져오기〕를 클릭하면 강좌 가져오기가 완료됩니다. 〔취소〕 버튼을 클릭 시 팝업 창이 닫힙니다.

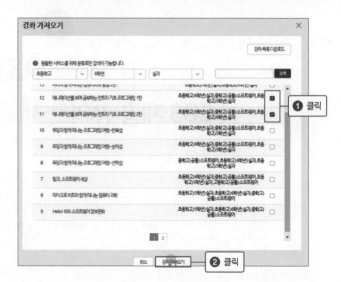

05 | 이후 강좌 개설 관리 페이지로 이동합니다. 여기서 학생에게 실제로 제공할 강의 목차를 재구성할 수 있습니다.

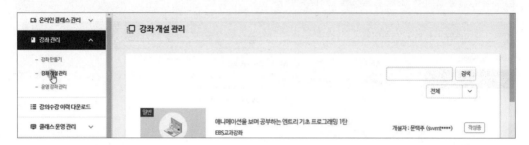

06 | 개설할 강좌를 목록에서 확인하고 클릭하면 강좌 구성 화면으로 이동합니다.

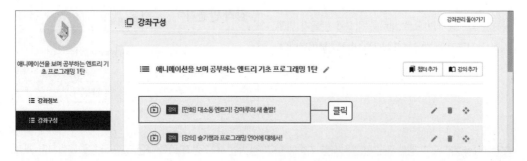

07 | 강좌 이름 변경은 펜 모양의 아이콘(✏️)을 클릭하여 수정할 수 있습니다.

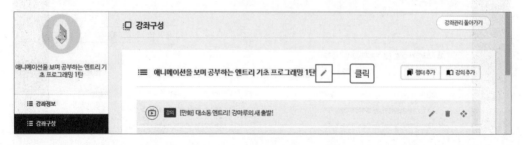

08 | (챕터 추가) 버튼을 클릭하고 강의 묶음을 구분할 수 있으며, (강의 추가) 버튼을 눌러 강의를 추가할 수도 있습니다.

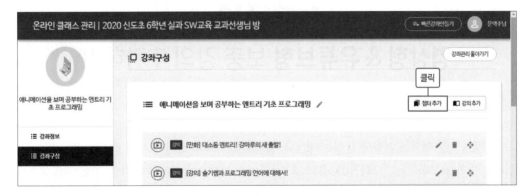

09 | 강의 순서 변경은 마름모 모양의 아이(✛)콘을 클릭한 상태로 위아래로 드래그하여 수정합니다.

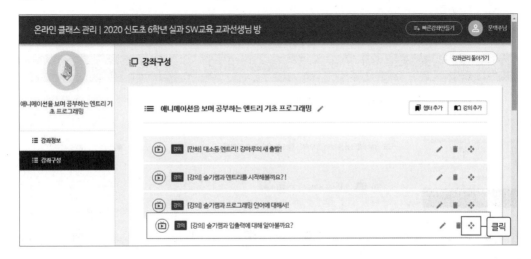

10 | 모든 단계가 마무리되면 (저장) 버튼을 클릭합니다. 최종적으로 (강좌 개설) 버튼까지 눌러야 실제로 강좌가 개설됩니다.

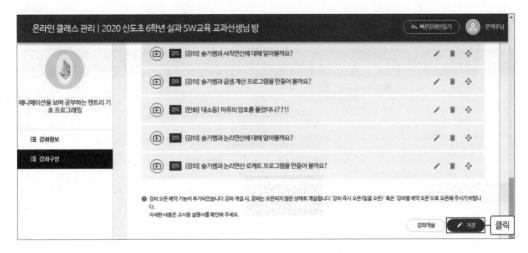

Section 04

영상형 & 유튜브형 보충 강의 추가하기

영상형 콘텐츠에서는 보유하고 있는 영상을 업로드하여 보충 강의 추가가 가능합니다. 영상 파일은 일반화질(모바일용), 고화질(PC용)으로 두 파일을 필수로 등록해야 하지만, 같은 파일을 2번 등록해도 됩니다. 또한 유튜브 영상을 등록하여 보충 강의 구성도 가능합니다. 실제 유튜브 영상이 존재하는 경우에만 썸네일이 표시되며, 저작권 범위를 확인 후 저작권 설정을 해야 합니다.

01 | 강의를 추가하여 오픈한 강좌를 클릭합니다. '추가 강의' 항목에서 보충할 강의 유형을 선택합니다.

02 | 유형 중 (영상)을 선택하면 보유하고 있는 영상을 업로드하여 보충 강의 구성이 가능합니다. 업로드 형태는 '파일 업로드'를 선택합니다.

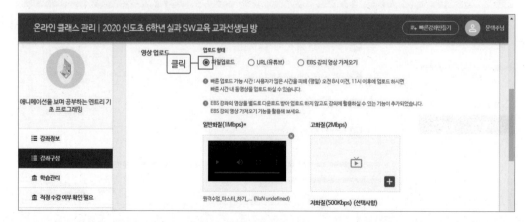

03 | 업로드 형태를 'URL(유튜브)'를 선택하면 연계할 유튜브 영상 URL을 입력하여 유튜브 영상도 첨부가 가능합니다. URL이 존재한다면 해당 영상 썸네일이 아래에 표시됩니다.

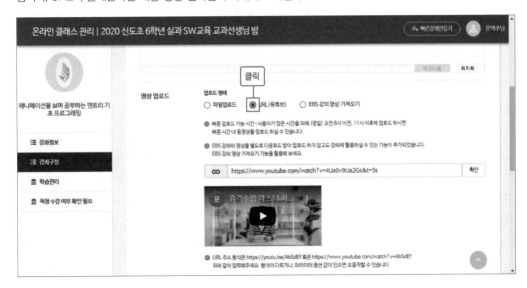

04 | 영상의 재생 시간과 강의의 저작권을 설정하고, 저작 지침 항목의 '저작 가이드 내용보기'를 클릭하여 확인합니다.

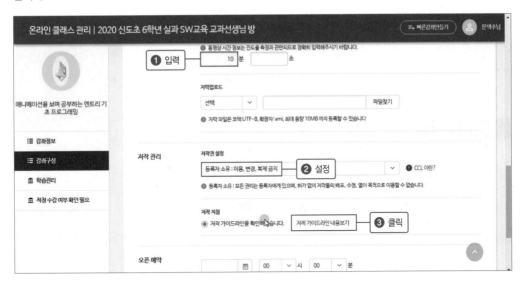

05 | 모든 항목을 등록하고 (저장)을 클릭하여 정보를 저장한 다음 (강의 오픈하기)을 클릭하여 강의를 오픈합니다.

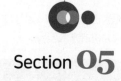

Section 05

문서나 이미지, 텍스트형 보충 강의 추가하기

문서형 콘텐츠에서는 파일 형태의 학습자료를 등록할 수 있습니다. 업로드가 가능한 파일 형식에는 PDF, HWP, DOCS, PPTX, XLXS, TXT가 있습니다. 학생들은 파일을 다운로드하여 학습하게 됩니다. 이미지형 콘텐츠에서는 이미지 파일 형태의 학습 자료를 등록할 수 있으며, 업로드가 가능한 파일 형식에는 JPG, GIF, PNG가 있습니다. 학생들은 온라인상에서 전용 뷰어를 통해 학습하게 됩니다. 텍스트형 콘텐츠에서는 웹 문서 형태의 학습 자료를 웹 에디터 형태로 등록합니다. 학생들은 온라인상에서 전용 뷰어를 통해 학습하게 됩니다.

01 | 강의를 추가하여 오픈한 강좌를 클릭합니다. '추가 강의' 항목에서 (문서)를 선택하면 파일 형태의 학습 자료를 등록할 수 있습니다.

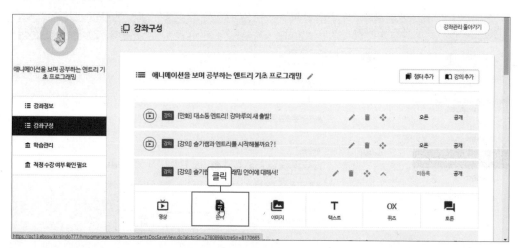

02 | 강의에 대한 소개 내용을 입력하고, (파일 추가)를 클릭하여 수업에 필요한 문서를 첨부합니다. 학생들을 파일을 다운로드 받아 학습하게 됩니다.

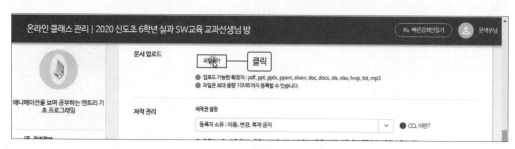

03 | '추가 강의' 항목에서 [이미지]를 선택하면 이미지 형태의 학습 자료를 등록할 수 있습니다.

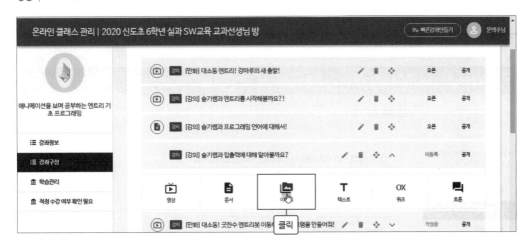

04 | 강의에 대한 소개 내용을 입력하고, 이미지 업로드 항목에 [+(➕)] 버튼을 클릭하여 이미지를 첨부합니다.
학생들은 온라인상에서 뷰어를 통해 학습하게 됩니다.

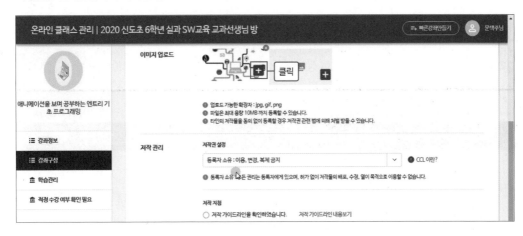

05 | '추가 강의' 항목에서 [텍스트([T])]를 선택하면 웹 문서 형태의 학습 자료를 등록할 수 있습니다.

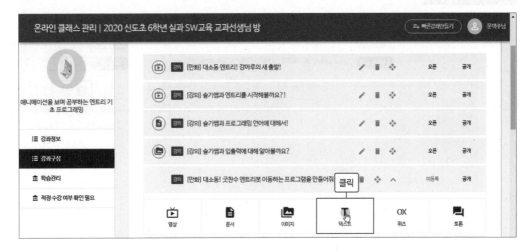

06 │ 강의 소개글에 자세한 내용을 입력하고, '저작 가이드라인 내용보기'를 클릭하여 확인합니다. 학생들은 온라인상에서 뷰어를 통해 학습하게 됩니다.

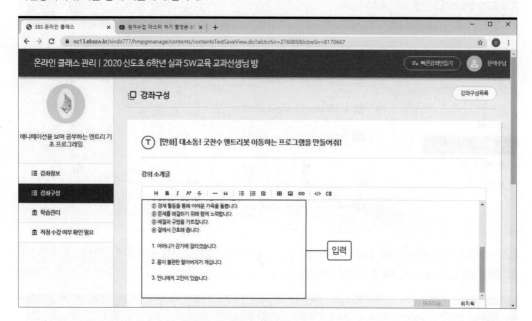

07 │ 모든 항목을 등록 후 (저장)을 클릭하여 정보를 저장한 다음 (강의 오픈하기)을 클릭하여 강의를 오픈합니다.

Section 06

객관식과 주관식, OX 퀴즈형 보충 강의 추가하기

퀴즈는 객관식, 주관식, O/X의 3가지 유형이 있으며 기본은 객관식 퀴즈입니다. 학생의 정답 시도 횟수를 설정할 수 있으며, 복수의 정답이 인정되는 문제도 출제할 수 있습니다. 객관식의 경우 이미지 파일로도 보기 문항을 등록할 수 있지만 이미지 형식으로 나머지 보기도 통일해야 합니다. 주관식, OX 퀴즈의 경우 기본으로 세팅된 객관식 문항을 삭제하고 (새 퀴즈 만들기) 메뉴를 통해 다른 문제 유형을 생성할 수 있습니다.

01 │ 강의를 추가하여 오픈한 강좌를 클릭합니다. '추가 강의' 항목에서 (퀴즈)를 선택하면 3가지 유형의 퀴즈를 등록할 수 있습니다.

02 │ 객관식 퀴즈를 등록해 보겠습니다. 정답 시도 횟수, 질문 내용을 입력합니다.

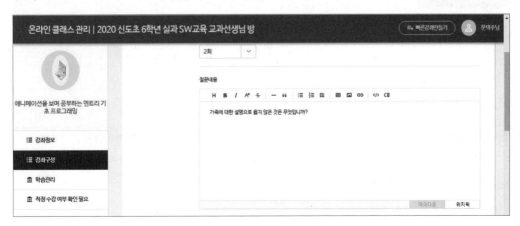

03 | 객관식 보기를 입력합니다. 보기 문항 개수를 추가하려면 [+], 줄이려면 [–]를 눌러 설정합니다.

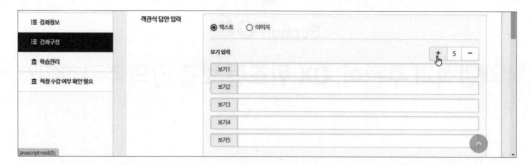

04 | 보기 문항을 이미지 파일로 등록하고자 하는 경우 [파일 찾기] 버튼을 눌러 등록합니다. 보기 문항을 이미지로 등록하면 텍스트 보기 입력은 비활성화 됩니다.

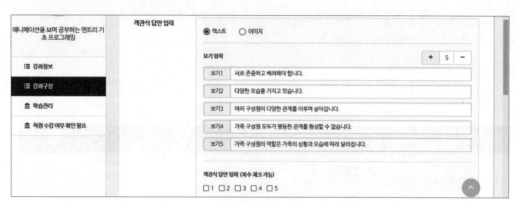

05 | 보기 중 객관식 정답 번호에 체크합니다. 복수로 체크 시 중복 정답이 인정됩니다.

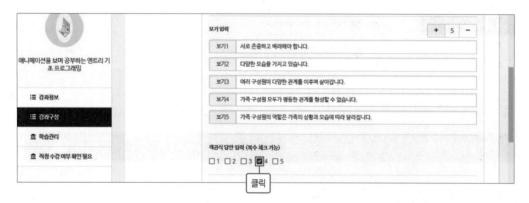

06 | 두 번째로, 주관식 퀴즈를 등록해보겠습니다. [새 퀴즈 만들기]를 클릭하고 '주관식'을 선택합니다.

07 | 질문 내용과 주관식 답안 입력, 정답 해설을 차례로 입력합니다. 〔삭제〕 버튼을 누르면 해당 문제가 삭제됩니다.

08 | 세 번째로, OX 퀴즈를 등록해보겠습니다. 〔새 퀴즈 만들기〕를 클릭하고 'OX퀴즈'를 선택합니다.

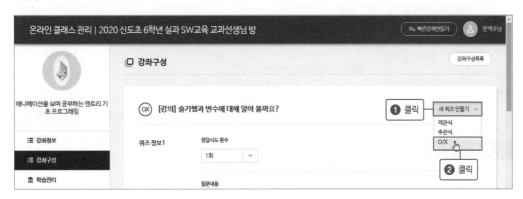

09 | 질문 내용, OX 정답, 정답 해설을 입력하고 〔저장〕 버튼을 눌러 강의 정보를 저장한 후, 〔강의 오픈하기〕를 클릭하여 강의를 오픈합니다.

Section 07

토론형 보충 강의 추가하기

토론형 강의의 경우 토론 주제를 주고 자유 또는 찬반 토론을 진행할 수 있습니다. 학생들은 주제 아래 댓글을 입력하여 토론을 진행할 수 있으며, 선생님은 학습관리 메뉴에서 학생들이 작성한 토론 글을 확인할 수 있습니다.

01 │ 강의를 추가하여 오픈한 강좌를 클릭합니다. '추가 강의' 항목에서 (토론)을 선택하면 토론 주제를 주고 자유 또는 찬반 토론을 진행할 수 있습니다.

02 │ 토론 주제 내용을 입력합니다. 학생들은 주제 아래 댓글을 입력하여 토론을 진행할 수 있습니다.

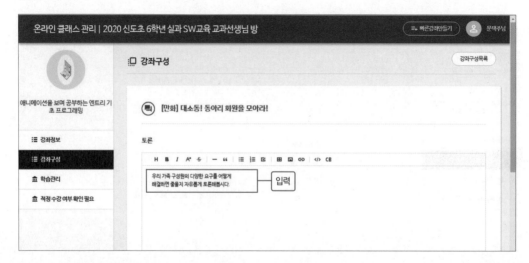

03 | 토론 형태에서는 '형식 없이 자유롭게 토론 의견을 등록'할 수 있는 〔자유토론〕과 찬성/ 대/중립 선택 후 의견을 등록할 수 있는 〔찬반토론〕 2가지 중에서 선택할 수 있습니다.

04 | 모든 항목을 등록 후 〔저장〕을 클릭하여 정보를 저장한 다음 〔강의 오픈하기〕을 클릭하여 강의를 오픈합니다.

Section 08

학습 관리 메뉴에서 **학생들의 진도 확인하기**

　EBS 온라인 클래스에 가입한 학생들의 학습 진도 및 이력은 학습 관리 메뉴에서 강좌별로 확인이 가능합니다. 학습자 관리에서는 해당 학생의 강의별 학습 정보를 확인할 수 있으며, 전체 강의 수강현황에서는 강의별로 전체 수강생의 총학습시간과 완강률을 확인할 수 있습니다. 또한 개설하여 운영 중인 강좌를 폐쇄할 수도 있으며, 강좌 수강 학생이 있을 경우에는 수강 중인 학생이 있다는 메시지가 나타납니다.

01 | EBS 온라인 클래스 관리 사이트에서 왼쪽 메뉴의 [학습관리]를 클릭하면, 해당 강좌의 학습 현황을 확인할 수 있습니다.

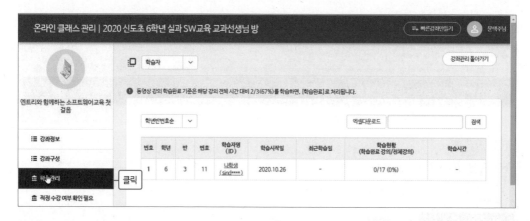

02 | [학습자]를 선택하면 '학년반별순', '이름순' 중에 선택하여 학생 목록을 정렬할 수 있습니다.

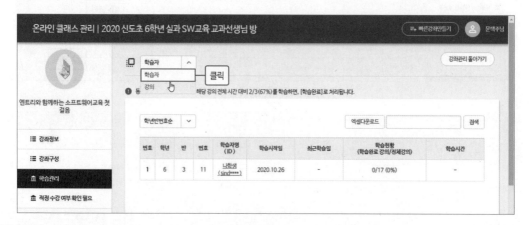

03 | 학생 이름을 선택하면, 해당 학생의 강의별 학습 상태를 확인할 수 있습니다.

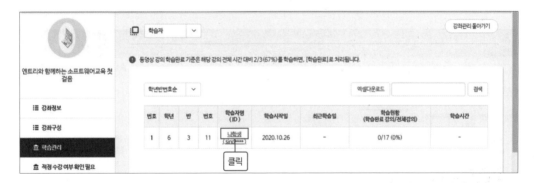

04 | 학습관리 메뉴에서 [강의] – [전체강의 수강현황]을 선택하면 학생들의 '강좌'별 학습 진도를 확인할 수 있습니다.

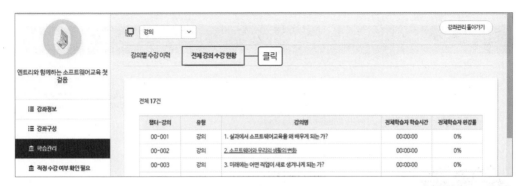

05 | 강좌를 구성하는 강의목록을 확인하고, 강의별로 전체 수강생의 '총학습시간'과 '완강률'을 확인할 수 있습니다.

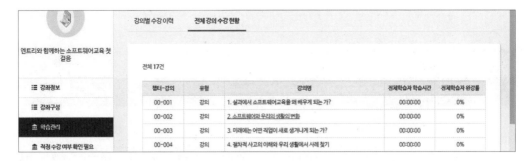

06 | 토론형 강의 이름 클릭시, 학생들이 작성한 토론 글을 확인할 수 있습니다.

07 │ 학습관리 메뉴에서 (강의) – (강의별 수강 이력)을 선택하면 선택한 강의에 대한 학생별 학습 상태를 확인할 수 있습니다.

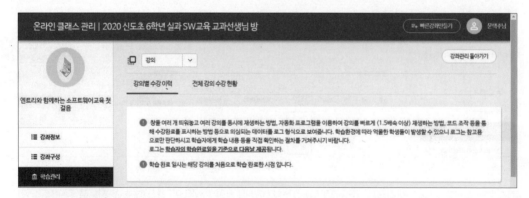

08 │ '학년반번호순', '이름순' 중에 선택하여 학생 목록을 정렬할 수 있습니다.

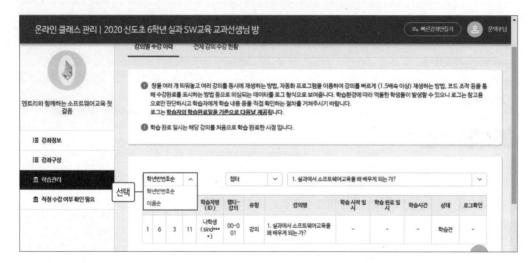

09 │ 조회할 강의명을 선택하면 선택한 강의에 대한 학생별 학습 상태를 표시합니다.

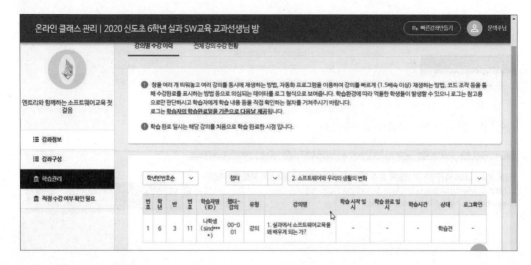

10 │ [엑셀 다운로드]를 클릭하여, 조회 내용을 엑셀 파일로 다운로드할 수 있습니다.

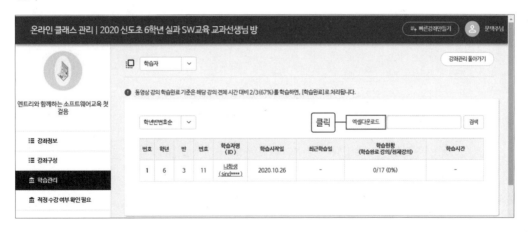

11 │ EBS 온라인 클래스 관리 사이트에서는 개설하여 운영 중인 강좌를 폐쇄할 수도 있습니다. [강좌 관리] − [운영 강좌 관리]를 클릭하여 폐쇄할 강좌를 확인 후 [폐쇄] 버튼을 클릭합니다.

12 │ 강좌 폐쇄 안내 문구를 확인하고, [확인] 버튼을 클릭하면 폐쇄가 완료됩니다.

줌 & 구글 클래스룸 MS팀즈

2020. 11. 23. 1판 1쇄 인쇄
2020. 11. 30. 1판 1쇄 발행

지은이 | 문택주, 이문형, 앤미디어
펴낸이 | 이종춘
펴낸곳 | BM (주)도서출판 **성안당**
주소 | 04032 서울시 마포구 양화로 127 첨단빌딩 3층(출판기획 R&D 센터)
       10881 경기도 파주시 문발로 112 파주 출판 문화도시(제작 및 물류)
전화 | 02) 3142-0036
       031) 950-6300
팩스 | 031) 955-0510
등록 | 1973. 2. 1. 제406-2005-000046호
출판사 홈페이지 | **www.cyber.co.kr**
ISBN | 978-89-315-5695-7 (93000)
정가 | 25,000원

이 책을 만든 사람들
책임 | 최옥현
기획 | 조혜란
진행 | 앤미디어
교정·교열 | 앤미디어
일러스트 | 김학수
표지·본문 디자인 | 앤미디어, 박원석
홍보 | 김계향, 유미나
국제부 | 이선민, 조혜란, 김혜숙
마케팅 | 구본철, 차정욱, 나진호, 이동후, 강호묵
마케팅 지원 | 장상범, 조광환
제작 | 김유석

■ **도서 A/S 안내**

성안당에서 발행하는 모든 도서는 저자와 출판사, 그리고 독자가 함께 만들어 나갑니다.
좋은 책을 펴내기 위해 많은 노력을 기울이고 있습니다. 혹시라도 내용상의 오류나 오탈자 등이 발견되면 **"좋은 책은 나라의 보배"**로서 우리 모두가 함께 만들어 간다는 마음으로 연락주시기 바랍니다. 수정 보완하여 더 나은 책이 되도록 최선을 다하겠습니다.
성안당은 늘 독자 여러분들의 소중한 의견을 기다리고 있습니다. 좋은 의견을 보내주시는 분께는 성안당 쇼핑몰의 포인트(3,000포인트)를 적립해 드립니다.
잘못 만들어진 책이나 부록 등이 파손된 경우에는 교환해 드립니다.

핵심만 쏙쏙! 한번에 원격수업 마스터하기

줌 & 구글 클래스룸 MS 팀즈 ➕ EBS 온라인 클래스

한 권으로 끝내는 비대면 수업을 위한 줌 & 구글 클래스룸, MS 팀즈의 모든 것!

비대면 수업을 위해 줌과 구글 클래스룸, MS 팀즈, EBS 온라인 클래스까지 한 권으로 묶어 핵심 기능을 뽑아 구성하였습니다. 수업을 개설한 다음 과제 제작, 등록부터 평가, 쌍방향 피드백하는 기본 학습 방식에서 창의성을 발휘하여 프로그램이나 앱을 적재적소에 함께 공유하고 사용하면 보다 효율적인 온라인 수업이 가능할 것입니다.

1 영상 수업부터 소회의실까지 줌 & 영상 편집

줌을 이용한 기본적인 영상 수업뿐만 아니라 자료를 전송하고 원격 제어를 이용하여 자료를 공유하고 수정하는 방법과 팀별 회의를 위해 소회의실을 만들고 팀원들을 할당하고 제어하는 방법을 학습합니다. 강의를 녹화한 영상은 컷 편집을 진행하는 방법까지 소개합니다.

2 효율적인 온라인 수업을 위한 구글 클래스룸

구글 클래스룸을 이용하여 수업을 개설하고 과제를 제작, 등록할 수 있으며, 기준표를 이용하여 과제 채점과 평가를 합니다. 영상 수업을 위한 구글 미트, 구글 설문 기능을 이용하여 퀴즈 형태의 과제부터 다양한 유형의 과제를 만들고 커뮤니케이션을 합니다.

3 다양한 MS 기능의 비대면 교육 MS 팀즈

온라인을 기반으로 MS 팀즈를 이용하여 다양한 기능을 통합하고 탑재하여 학습 효과를 높이기 위한 다양한 소통 방식을 제공합니다. 수업을 신청하거나 수업 내용을 확인할 수 있으며 수업 진행 시 실시간 화상 수업과 채팅을 포함하여 학생의 수업 관리를 위한 과제 출제, 채점, 피드백 등이 가능합니다.

4 EBS 강좌와 연계 수업이 가능한 EBS 온라인 클래스

EBS에서는 정상적인 학사 일정이 온라인을 통해 이루어질 수 있도록 EBS 온라인 클래스를 제공합니다. EBS 온라인 클래스는 선생님들이 학급 단위, 학년 단위, 과목 단위로 자유롭게 구성할 수 있으며, 학생들의 학습 여부 체크 및 게시판을 활용한 학급 관리가 가능합니다.

값 25,000원
ISBN 978-89-315-5695-7
93000
9 788931 556957